Биографии

Наталья ПУШНОВА

Валентина Серова.
Круг отчуждения

аст
ИЗДАТЕЛЬСТВО
МОСКВА
2006

УДК 791.43
ББК 85.374(2)
   П91

Серийное оформление С.Е. Власова

Компьютерный дизайн Ю.Ю. Герцевой

Подписано в печать 8.12.05. Формат 84×108$^1/_{32}$.
Усл. печ. л. 20,16. Доп. тираж 4000 экз. Заказ № 3109.

Пушнова, Н.
П91   Валентина Серова. Круг отчуждения / Наталья Пушнова. — М.:
АСТ: АСТ МОСКВА, 2006. — 384 с.: 16 л. ил. — (Биографии).

   ISBN 5-17-006960-X (ООО «Издательство АСТ»)
   ISBN 5-9713-1480-7 (ООО Издательство «АСТ МОСКВА»)

Она была подлинной легендой сталинской эпохи. Не просто кинозвездой, но — идеалом советской красавицы сороковых — начала пятидесятых. Ее копировали, ей подражали едва ли не ВСЕ женщины нашей страны! О ней мечтали, ею восхищались, пожалуй, ВСЕ мужчины.

О ней ходило бесчисленное множество слухов, легенд и сплетен. Но — была ли в них хоть доля правды? И если была, то какая?

Перед вами — история жизни Валентины Серовой, величайшей кинодивы советского официоза и женщины трудной, трагической судьбы. Книга, развенчивающая множество «серовских» мифов — и, возможно, рождающая мифы новые...

УДК 791.43
ББК 85.374(2)

ЧАСТЬ I

ГЛАВА 1

«ЦЕ Ж МОЯ МАМО!»

Июнь. Краски яркие, дни бесконечные, вечера прозрачные, светлые. Русалкины ночи. Взрослых нет — они на покосе.

Весь день по Боборыкиной улице носятся дети. Сидя на заборе, грызут семечки, мальчишки наблюдают за дорогой; с ними Валька, самая упрямая и заводная девчонка лет пяти; растрепанная, лохматые косы уже расплелись, рыжее лицо сияет, как подсолнух. Вдруг в конце улицы — явление! Что за неожиданность такая? В белом платье и с сундучком, легкой походкой надвигается барынька. Городская.

— Ой, Валька, дывись, яка барыня иде!

— Та це ж не барыня, це ж моя мамо!

Она сразу узнает свою красивую, синеглазую, строгую, опрятную, словно из воскресной церкви, мать. Вот незадача!

Мама Клава, уезжая, наказывала:

— Чтоб вшей не разводила! Чистенькой ходи.

Мало того, еще и мыться заставляла.

Мигом промелькнуло в голове у Вальки: «Немытая, нечесаная, косы лохматые. Что сейчас будет!»

И с этим сумбуром в голове, сиганув с забора, наметила кадку с водой, стоящую неподалеку. Сразу смекнула — если волосы мокрые, даже пусть не совсем чистые, мама похвалит. Да и потом, выбора у нее уже нет, и она — плюх в кадку вниз головой! Но тут мама Клава ее настигла. Вокруг вся земля, вытоптанная до серого цвета курами, забрызгана водой. С кос Валькиных вода ручьем стекает.

— Валентина! Опять немытая. Дай-ка уши посмотрю.

Валя покорно подчинилась.

И вот тут-то мама увидела, что у Вальки вши, очень рассердилась и сказала:

— Так, девочка, надо нам подстричься. Придется косы тебе, если не хочешь мыться, отстричь.

Маленькой девочке, не понимающей, что такое зараза, страх как обидно. Подстричься! Да еще и наголо! Вот беда!

Тем не менее хитрая мама Клава уговорила доверчивую дочь поистине тонкой уловкой:

— Глупая, чего ты боишься? Разве не понимаешь? Я тебя подстригу вечером, вымоемся как следует, а утром у тебя новые косички вырастут. Ночью-то тебя лысой никто не увидит.

— Правда, новые вырастут?

— А то как же?

Обманула.

Посмотрев на себя в маленькое зеркало, Валька увидела все: огромные синие глаза — жалкие, длиннющий нос, но вместо своих любимых кос — большой голый лоб. Даже страшно стало. Черт знает кто! Мальчишка не мальчишка, девчонка не девчонка. И даже челки мама Клава не оставила!

Ежась от непривычного холодка, несчастная, колючая, Валька забралась под одеяло и стала ждать, когда начнут расти косы. Они все не появлялись. Наверное, надо заснуть.

Рано утром, проснувшись, первым делом схватила себя за голову — лысая!!! Не может быть... Где ее новые длинные красивые косы?

Вот это был настоящий шок. Ведь даже допустить мысль о том, что мама может ее обмануть, она не хотела. Но уж конечно, поверить теперь, что косы вырастут, обязательно вырастут, но постепенно и сейчас они уже растут, но незаметно для нее — так объясняла мама Клава, — она уже не могла. После такого обмана со стороны взрослых, надо полагать, не каждый ребенок поверит, что волосы вообще могут расти.

Мама уехала, а дочь осталась у деда с бабкой на хуторе с дивным названием «Валки Пасуньки Боборыкина улица» залечивать свое небывалое горе. Мальчишки дразнились:

— Валька лысая, Валька вшивая!!!

Впрочем, горе это быстро забылось. Первые перышки незаметно для нее снова покрыли упрямую голову.

Мама, Клавдия Михайловна Половикова, молодая провинциальная актриса, приезжала на хутор близ Харькова к дочери время от времени. Ее родители, украинцы Диденко, взяли девочку совсем маленькой. Деревня Валки (сейчас город), хутор Пасуньки — от слова «пасти», ну и Боборыкина улица. Валентина говорила, что жила в те годы у родителей матери.

Деда помнила очень смутно. Только ощущения: тепло, запахи, цвета. Помнила, как дедушка приезжал с ярмарки и привозил ей сахарные пальцы — желтые леденцы, завернутые в бумагу. В бороде у деда Михайла белела мука, и потому позже она решила, что дед ее работал мельником. Возможно, что борода была седой и белой, но запах муки все же остался в памяти. Как звали бабушку, Валентина не помнила.

Еще одно яркое, как внезапная вспышка, воспоминание. Она совсем маленькая. Может быть, года три... Мама привезла из города большую куклу с синими глазами и густыми пушистыми ресницами — точно как у Вальки! Дивная кукла в нарядном городском платьице с кружевами, моргает, говорит: «Ма-ма! Ма-ма!» Малышка взяла ее на руки и с тех пор не расставалась с ней ни на секунду.

А на хуторе Валки Пасуньки Боборыкина улица в те годы было неспокойно, бродили какие-то банды, страшные мужики, которых деревенские жители боялись и, крепко закрывая двери на ночь, выпускали на улицу голодных сторожевых собак. Но страшные мужики приходили и средь бела дня.

Воспоминания высвечиваются словно кадры старого фильма.

Зимним вечером жарко натоплена печка. Вот малышка играет, сидя на глиняном полу хаты. Вдруг открывается дверь, и входят какие-то грязные, большие люди. Запах дыма, ночи, леса... Бабка тотчас толкает девочку за печку, закрывает собой — ее не видно. Дверь открыта настежь, луч луны освещает куклу. Сокровище, она валяется посреди горницы. Огромный сапог наступает прямо на ее прелестное фарфоровое личико. Раздается хруст. У девочки в глазах меркнет свет, словно ей на лицо наступили.

Детские воспоминания почему-то заканчиваются большими неприятностями. Обманом, болью... Это из-за матери, Клавдии Михайловны.

Две сценки Валентина Серова очень хорошо, как ей казалось, помнила и часто рассказывала близким. Поначалу реальность этих историй казалась мне совершенно очевидной. Пока я не познакомилась с другими версиями.

Тут надо рассказать читателю об одном странном, пожалуй, даже мистическом свойстве биографии Валентины Васильевны Серовой (урожденной Половиковой). Почти на каждый факт ее биографии — пусть даже и несущественный, исключение составляют только сыгранные ею роли в театре и кино — существует несколько версий. Иногда такая поразительная многовариантность имеет смысл, иногда — и вовсе бессмысленна, так как, по сути, ничего в судьбе нашей героини не меняется. Тем не менее сама эта странность наводит на мысль, что образ Валентины — эпический, собирательный и к истории конкретного человека имеет только то отношение, что она, Валентина Серова, современница и однофамилица собственного образа. Вернее сказать, прообраз «жертвы века».

Начать хотя бы с такой интересной детали. В разных источниках приводятся разные дни рождения Валентины Серовой: 23 декабря, 23 февраля (взяла это число, потому что военных любила), наконец 11 февраля («Васька! Завтра твой день рождения!» — из письма Симонова, датированного 10 февраля 1946 года). Но это только дата. А год рождения?

В самых ранних публикациях указывается 1916 год, затем год отнимается — практически все газеты и журналы отмечают ее восьмидесятилетие в 1997-м. Далее, часто упоминается, что умерла в 57 лет. Получается, родилась в 1918-м. И наконец, в автобиографии, написанной собственной рукой Валентины Васильевны, стоит 1919 год рождения и день — 23 февраля.

Вот другая странность: кого Валентина Серова вспоминала, когда рассказывала о раннем детстве? Михаила Диденко, деда по материнской линии, отца Клавдии Михайловны Половиковой.

Но никак не могла она помнить дедовскую бороду в муке, если родилась в 1919 году. И есть тому достаточно объективное свидетельство.

Подробно о приезде матери Серовой, Клавдии Михайловны Половиковой, в Москву и ее приемном экзамене в школу-студию Малого театра рассказывает в «Воспоминаниях» Н.А. Смирнова, режиссер и актриса театра-студии Малого театра, жена известного критика Н.Е. Эфроса: «На сцену вышла довольно нескладная девушка, и хотя все мы в тот тяжелый год не очень франтили, в ней по костюму и прическе можно было сразу узнать провинциалку. Она начала читать и тотчас же остановила на себе внимание, с одной стороны, звуком красивого трепетного голоса, с другой — сильным украинским акцентом, придававшим ее речи комический оттенок. Но, несмотря на этот акцент, в ее чтении было так много чувства, искренности, простоты, что она меня глубоко заинтересовала... Я горячо ратовала за несомненно талантливую девушку, убеждая всех, что ее акцент исправим. Половикова прошла большинством только одного голоса...

...Во главе со мной и с Николаем Ефимовичем курс наш крепко спаялся и к весне уже не был просто случайным собранием молодежи, а коллективом стремящихся к одной цели дружных товарищей. Недоставало в этом коллективе талантливой Клавдии Половиковой, которую в самом начале сезона вызвали в Харьковскую губернию на родину, где скончался в то время ее отец. Она должна была позаботиться о судьбе своих младших сестер».

Это 1919 год.

Очевидная неточность: если дед умер в 1919-м, откуда могли взяться воспоминания о нем у девочки, родившейся в том же году (если принять эту версию года рождения Серовой)?

Н. Смирновой известно и то, что все братья и сестры К. Половиковой остались сиротами — их мать умерла при последних родах, и Клавдия заменила всем мать, детей же было одиннадцать человек, и Клавдия — старшая. В таком случае и бабку по материнской линии не могла помнить Валентина.

Или же она все-таки родилась на несколько лет раньше?

К. Половикова, талантливая провинциалка с сильным украинским акцентом, скрывала от сокурсников и преподавателей свое семейное положение. Тем не менее замуж вышла за Василия Половикова прежде, чем появилась в Москве, ведь поступала в студию под фамилией мужа. Значит, вполне осознанно могла утаить и тот факт, что имеет маленькую дочь.

В книге Маргариты Волиной «Черный роман» объясняются ошибочные детские ощущения В. Серовой, сохранившиеся в памяти. (Впервые обращаясь к этой книге, скажу, что близкие В. Серовой утверждают: все в этой книге — ложь. Роман написан грубо, зло. Его тон — голос улицы, шепот за кулисами, официальные мифы и молва. Но вот другая особенность. Некто — в контексте повествования его инкогнито не раскрыто — знал Валентину Серову и Константина Симонова слишком хорошо, так хорошо, что каждое слово, без сомнения, сказано было ему самой героиней нашей книги. Серова в книге — человек естественный и благодаря этой естественности очаровательна, сколь бы ни были тяжелы ее грехи. Симонов — человек искусственный, лживый и потому в любых проявлениях сугубо неприятный...)

Итак, М. Волина пишет:

«Она (Клавдия) бежит в Москву, подальше от обманщика! Вальку подкинула бабушке. Матери Васыля! И может быть, не собиралась забирать обратно. Бабка внучку любила: ласкала, тискала, приговаривала: «Ножки як у Васыля! Спинка як у Васыля! Губки як у Васыля! И тильки очи — Клавкины!» (Последнее — в сердцах!)»

Таким образом, получается, что Валки Пасуньки — это родина отца Валентины Васильевны, а не матери. Так что, возможно, в воспоминаниях Серовой речь идет именно о родителях отца, у которых она и провела первые годы своей жизни. А кроме того, Валентина Серова не упоминает о том, что в раннем детстве с ней рядом были младшие сестры и братья К. Половиковой.

Но с другой стороны, тот факт, что маленькая Валя не могла знать родителей матери, а жила у родителей отца, никак не доказывает, что она родилась до первого приезда матери в Москву. Представим: женщина покидает столицу в 1919-м, а возвращается через несколько лет. Может, тогда и родила Вальку? Ведь раньше никто о существовании дочери не обмолвился ни словом...

Еще одна загадка — Василий Половиков. Валентина познакомилась с ним в 40 лет!

Отца Валя никогда в детстве не видела и совсем не помнила. Поначалу Клавдия Михайловна рассказала ей, что отец умер. Со временем девочка услышала от старших или из их разговоров поняла, что папа ее, Василий Васильевич, сменил в свое время украинскую фамилию родителей — Половык — на русскую — Половиков. Узнала, что он жив, что «красивый, мерзавец», что человек он плохой — «предатель и сволочь», мать бросил на произвол судьбы. Поняла — даже упоминать о нем нехорошо, маму это раздражает. Больше она о нем ничего не знала — только фамилию и это короткое материнское резюме. Маме она тогда верила. Более того, авторитет Клавдии Михайловны был велик у дочери необыкновенно.

Тем не менее в семейном архиве Серовой хранилась фотография, где В. Половиков запечатлен в Москве, в комнате, где жила Клавдия Михайловна. Причем с дочкой на руках.

Позже Валентина узнала, что отец был инженером гидротехнических сооружений, как говорили в семье, «сел за растрату» в 1930-м, вышел из заключения, потом, видимо, году в 1937-м, опять «попал в переделку», его арестовали и сослали на Соловки. Бросил ли Половиков семью или скрывался, чтобы не портить жене и дочери жизнь, остается лишь догадываться.

Вернулась Клавдия Михайловна в Москву с тремя девочками — сестрами Наташей, Машей и дочкой Валькой. Наташа Диденко родилась в 1911 году, Маша — в 1914-м.

«Бабьи сплетни в пору успеха Половиковой настаивали: Маша не сестра ее, а дочь, — отмечает М. Волина. — Зовется сестрой, оттого что взросла для молодой матери и взрослостью своей старит ее. В сплетнях этих есть резон. Став актрисой, Мария Михайловна звалась Половиковой, а не Диденко, какой была до замужества».

Не думаю, что резон есть: ко времени поступления Марии Михайловны на сцену фамилия «Половикова» была уже известна московским театралам, и младшая сестра, видимо, решила поддержать актерскую династию.

Девочки звали Клавдию не по имени и не мамой — Роднушей, и такое обращение к ней сохранится у родственников и близких навсегда. Пожалуй, так зовут действительно любимого человека. (Это важно: через много лет встанет вопрос о любви в этой семье, и он будет решаться в трагические минуты и в судебном порядке.)

В каком году Валентина приехала в Москву?

«Мне было 6 лет, когда мама привезла меня в Москву. До этого я жила у своей бабушки — крестьянки в деревне под Харьковом».

Так вспоминала она в молодости, когда память еще не подводила. Автобиографию, где указан год рождения — 1919-й, — писала незадолго до смерти. Четыре даты рождения означают, что она могла оказаться в Москве в 1922 году, а могла и в 1926-м. (Не случайно любимой ролью В. Серовой станет математик Софья Ковалевская — наверное, из чувства противоречия, с цифрами в семье обходились вольно.)

В общем, долго ли, коротко, настал наконец день, когда девочку, радостную, как августовский подсолнух, собрали, одели, умыли и повезли на поезде в Москву.

Семья, молодая женщина и три девочки, сняла комнатку недалеко от Петровки, в Лиховом переулке, где позже обосновалась студия документальных фильмов. По другим источникам К. Половикова с семьей поселилась в Каретном ряду, а в Лиховом, дом 5, жил Симонов с матерью и отчимом.

Пока девочка жила на хуторе Валки Пасуньки, она чувствовала, что есть другая жизнь, откуда является ее мама и где женщины ходят красивые, одетые, как ее растоптанная кукла, чистые и душистые. Без вшей в волосах, это уж точно. Более того, вши для них — такой позор, что и сказать о них стыдно.

Все, что с первых дней обрушилось на Валю в Москве, поражало и восхищало. Город притягателен, и жизнь так не похожа на деревенскую, провинциальную, с ее убогим бытом и леденцами с базара, завернутыми в белую тряпку. Только что открывшиеся московские магазины — коммерческие — походили на диковинные сахарные дворцы. Можно было часами любоваться на дам, которые подъезжали на извозчиках, в причудливых шляпках, нежных платьях, отражались в сияющих витринах и исчезали в заповедных недрах. А сквозь золото дверей проникал на улицу такой незнакомый, манящий, соблазнительный аромат, что кружилась голова.

Москва постепенно просыпалась от разрухи и обрастала множеством увеселительных театриков, клубов, кафешантанов и кабаре. Стоит лишь выйти из темного подъезда, пройти несколько шагов — и ты в гуще событий. Вокруг кипела жизнь! Сладкая сказка!

Клавдия Михайловна в глазах дочери являла собой лучший пример городской прекрасной дамы, достойной восхищения и поклонения. Конечно, Валя видела: комнатушка их убога и тесна. Платья перешиваются и перелицовываются, переходя от старших к младшим. Но Роднуша молодая, красивая, веселая. Иногда она брала дочку с собой в трактир, где кормили артистов, для них был заведен свой стол. В Каретном ряду, совсем недалеко от Лихова переулка, располагался сад «Эрмитаж», и там — чудный трактир в русском стиле, с русской же печью, что особенно смешило Валю, потому что печь она помнила по дому в своих далеких Пасуньках.

Маму окружали приятели, поклонники — кто побогаче, кто победнее. Много говорили дома о некоем Лео Ройсе, роскошном человеке американского происхождения, видимо, дипломате. У Роднуши, поняла Валя, закрутился с этим Лео бурный роман. Потом он куда-то пропал, и связь с иностранцем никаких пагубных последствий для семьи, слава Богу, не имела.

Зато, пока иностранец не исчез, магазины, освещенные фонариками, обернутыми в бронзовые листья, украшенные смешными гипсовыми фигурками толстопузых малышей с факелами, добродушно встречали маленькую Вальку. Вкуснющее печенье, продаваемое здесь, никак не походило по вкусу на любимую деревенскую макуху.

Другая жизнь, другая. И самое изумительное, что Валентина увидела в Москве, — диковинные автомобили, которые с бешеной скоростью сновали между испуганными лошадьми. Другая реальность неслась навстречу, и расстояние уже сокращалось. Необычная жизнь ждала ее впереди.

Но все же главные впечатления провинциальной девочки связаны с театром.

Театральная жизнь в Москве кипит. Разговоры, споры вокруг сценической эстетики Всеволода Мейерхольда. Новая техника — биомеханика. Мастер явил миру златовласую Стеллу — новую женщину Мусю Бабанову. Все новое, новое, новое.

Валя знала, что мама — актриса. Но что это такое — не понимала.

Впервые попав в театр, сначала растерялась — что за место такое странное? В зале кого только нет: и нарядные дамы, и господа в причудливых белых туфельках на мягком ходу, и простые мужики в грубых вонючих сапогах. И никто никого не знает. Зачем собрались? Но вот открылся занавес... и она повела себя как самая настоящая деревенская недотепа!

Шел спектакль «Бабьи сплетни» Карло Гольдони. Мама играла роль прачки. Вальку сразу оглушили музыка, пение, искрометные, как украинские частушки, женские перебранки. Она, конечно, ничего ни в разговорах, ни в сплетении интриг не понимала. И среди шумных баб — болтливых итальянок — свою мать не узнавала. Но вот взвились пестрые юбки, белые переднички, бабы пустились в пляс, и

Валька неожиданно узнала: лучшая, отчаянная, бешеная плясунья — ее Роднуша!

Приподнялась:

— Мамо?

На нее тут же зашикали.

Тогда она вскочила на стул и закричала во всю глотку:

— Це ж моя мамо! Дывитесь! Це ж моя мамо!

Тетки, Наталья и Маша, тут же схватили ее и поволокли из зала.

Она все никак не могла уразуметь: разве не самое важное — немедленно сообщить всем собравшимся в зале незнакомым людям, что Роднуша на сцене!

Привели рыдающую скандалистку за кулисы.

Как отчитывал ее дядя Федя Каверин! Как смеялись Вечеслов, Оленев, Царева, Цветкова!.. Мама не слишком рассердилась. Да и сама Валька, когда от горькой обиды отошла, быстро поняла, что выходка ее всех вокруг скорее порадовала, чем огорчила. И еще Валька почувствовала, что Роднушу любят. Не только свои, но и зрители.

Молодые театралы влюблялись без памяти в ту пору не только в новую женщину Мусю Бабанову. Клавдию Половикову, блиставшую в театре Каверина (студии Малого театра), встречали с не меньшим восторгом. Кручинина в «Без вины виноватых» удивляла знатоков тонкостью трактовки.

— Видели «Без вины» у Каверина?

— А где билет достать!

— Вечеслов — Незнамов! Оленев — Шмага! Царева — Коринкина! И все вне традиций... Все по-кав*** искрометны!

— Все хороши! Но лучше всех Клавдия Половикова!»

...Девушка из деревни стала в Москве героиней моднейшего спектакля «Кинороман», восхищала аристократизмом и изысканностью видавшую разных актрис Москву. И уж представить себе, что эта дама совсем недавно нянчила чуть ли не дюжину деревенских братьев и сестер на Украине, никто бы не мог.

«— Видел «Кинороман» у Каверина?

— Три раза!

— А я — четыре!

— Половикова для такого сына, как Вечеслов, молода!

— Зато — хороша!

— За Клашу Половикову сто красавиц Гоголевых отдашь с обаяшкой Марецкой в придачу!» (Реплики театралов приведены в книге М. Волиной.)

«Кинороман», постановку, гремевшую в Москве 1926 года, Валя не понимала, но каждую реплику знала до малейшей интонации. Клавдия Михайловна играла возрастную роль Карин Братт.

«Не умеешь говорить по-русски — молчи!» — как-то сказала Вальке Роднуша.

Про первый год, проведенный Серовой в столице, обычно рассказывают так: поначалу разговорчивые москвичи девочку пугали. Валя сидела в доме и боялась даже выйти одна на улицу. Разговаривала шестилетняя Валя только на малороссийской мове. Быстро, звонким, певучим голоском.

«...В Москву В. Серова приехала из украинского села, где воспитывалась у бабушки. И в первый же день ребята во дворе жестоко высмеяли ее певучий и мягкий южный говорок. Конечно, обиделась, поплакалась, маме пожаловалась. Год почти на все попытки заговорить с ней отвечала лишь кивком: да, нет. В девять лет она уже играла на профессиональной сцене вместе с матерью. Разумеется, от мягкого говорка и следа не осталось», — пишет В. Алейникова.

Впрочем, чрезвычайно часто повторяющаяся история о том, что Валя год в Москве молчала, кажется невероятной.

К матери приходили гости, и девчонку заставляли что-нибудь почитать. Думаю, особенно настаивать не приходилось, она никогда не канючила, не стеснялась, напротив, очень любила рассказывать наизусть детские стихи, пела складные украинские песенки и делала это с превеликим удовольствием. Но это только дома. Для знающих толк людей, которые могли оценить, как хороша маленькая артистка. А ровесников на улице смешила своим южным говорком: «Какая смешная Валька!» И поэтому предпочитала иногда помалкивать, из гордости, хотя большей пытки для живого ребенка не придумаешь. Она росла общительной, и ей, конечно, было что рассказать. Но девочка умела слушать, как говорят другие. Слух от Бога ей достался отменный. И Валя поняла: так, как говорила она, не говорили ни капельдинеры в театре, ни дядьки-билетеры. Так болтали домработницы, уличные торговки на базаре. Малороссийский акцент, столь милый и естественный у бабки с дедом, совсем не подходил театральному миру 20-х годов со всем его непостижимым разноголосьем. Валька бывала с матерью решительно на всех знаменитых и шумных премьерах. Она слушала шутовские скороговорки вахтанговских масок, резкие, острые реплики мейерхольдовцев, высокую речь великих мхатовцев. Музыка голосов незаметно делала свое дело. Постепенно южный говорок исчезал.

Валька была разговорчива. И потому она приставала к матери: «Мамо! Як говорить: або кабонец, або порося?» Ехидная девка сил нет как любила уколоть Клавдию: «Мамо! Не кажи сэрняки, кажи спички!»

В общем, история с задумчивой, стеснительной девочкой, обходящей сторонкой ребят во дворе, к нашей героине не подходит. Ну не мог такой ребенок год молчать, никак не мог! Когда же это здоровые дети, энергия так и рвется наружу, молчали год?! Тоже выдумка, милая ошибка самой Валентины Васильевны. Или — внутреннее самоощущение.

Она была задира и драчунья, это наверняка. Но ее любили. Не могли не любить — слишком забавная. Украинский она не забыла и лихо, смешно вставляла словечки — для выразительности. Смешила соседей по квартире, ребят во дворе, актеров театра Каверина. Непоседа. Озорница. Куплеты из «Бабьих сплетен» поет, не детонируя и не путая слов. Музыку из «Кинороманa» насвистывает, а грустный старинный романс, что поют в «Без вины» дуэтом Шмага и Незнамов, исполняет одна — на два голоса!

Валентина будет актрисой — вот уж в чем никто из друзей не сомневался. Школу она не любила, слишком скучными и длинными казались уроки. Что-нибудь сыграть — другое дело. Физкультурные смотры, агитбригада — это пожалуйста. Летом, когда начинались каникулы, Валя уезжала с Роднушей на гастроли.

В семь лет Валентина внезапно почувствовала, что мама не просто так мама, она — женщина и Валька — тоже крошка-женщина. Острый, чуть исподлобья взгляд — и глазастый ребенок привлекал чье-то внимание. Какая-то связь устанавливалась мгновенно, на девочку смотрели пристально, приглядывались. Близких раздражало ее невольное кокетство. Раздражение смешивалось с материнским, вполне понятным тщеславием. Красивый ребенок! Театральные друзья не просто любовались Валей. Они убедительно и настойчиво доказывали матери, что девочку надо срочно показать на сцене. Против этого Клавдия Половикова возражать не могла. Может быть, это и непедагогично — тащить малышку на сцену, но Валька же — готовая артистка!

И как только маленькое чудо произошло — дочь заговорила гладко, безупречно, по-московски, — Клавдия Михайловна привела Валентину в театр.

Первая роль, сыгранная Валей, — мальчик Давид, юный патриот в спектакле «Настанет время», поставленном в 1928 году в театре Каверина. Собственно, такие роли в театре играют травести — взрослые маленькие женщины в искусственных мальчишеских париках соломенного цвета и со следами активной работы гримерш на лице. Поэтому талантливая девочка была настоящей находкой. Сохранилась старая фотография: Валя — Давид с мамой на сцене. Лицо серьезное, сосредоточенное, важное. Нежный подбородок, острый мальчишеский нос, упрямые губки бантиком. Короткие темно-русые волосы. Слишком длинные для небольшого роста руки. И как это ни странно, ни намека на ту легендарную, будущую женскую красоту. Самое интересное — на фотографии 28-го года малышке ну никак не дашь больше девяти — десяти лет!

Конечно, Валя волновалась.

Клавдия Михайловна Половикова, известная талантливая московская актриса, играла роль героической вдовы фон Витте. Она была уверена в себе и, как всегда, энергично готовилась к выходу. Рядом с ней в гримерной — давно готовый, вызубривший роль назубок, бледный, полный решимости сразить наповал премьерную публику и в то же время замирающий от неведомого чувства встречи с залом сидел сын погибшего генерала Витте. Наконец спектакль начался. Все шло как надо. Старательный Давид с блестящими неправдоподобно огромными серыми глазами звонко и четко выкрикивал фразы. Внизу, за рампой, за оркестровой ямой, в темноте и полной тишине сидели восхищенные зрители.

Потом коллеги говорили: это талант. Клавдия Михайловна и сама видела, что ее девятилетняя дочка — настоящее, изысканное творение гармонии. Она была теперь уверена — у девочки не будет проблем в будущем. Клавдия Михайловна была чрезвычайно довольна. Природа, она сама и «мерзавец Василь» вместе постарались и дали дочери все необходимое. Будет красивой, очень скоро расцветет красотой совершенно неповторимой, даже немножко сверх необходимого, выразительной и яркой, а пока — нежная, обаятельная, никакой зажатости, неловкости на сцене. Прекрасный голос, абсолютный слух. Но главное все-таки — характер, сила воли, желание справляться со всеми трудностями.

Девочка росла, любила театр, сцену, актерскую жизнь и прилежно впитывала все, что видела, слышала и понимала. Было в малышке Половиковой, усыпанной веснушками, одетой в детское бумажное платье, старенькое пальтишко и грубые чулки, нечто более ценное, чем красота, то, что всегда и более всего ценили театральные люди, — женский магнетизм. Это чувствовалось безошибочно.

Валя играла и другие роли в студии Малого театра.

В пьесе «За океаном» Гордона в том же 1928 году — сын Эсфири. Через год — слуга в спектакле «Кин». А в следующем сезоне она играла в детском спектакле «Хижина дяди Тома». В автобиографии Серова не написала, какую именно роль она получила в этом спектакле. Понятно только, что роль была мальчишеской. Творческая жизнь девочки-актрисы кипела. Впрочем, эта ранняя театральная работа воспринималась ею как детская веселая игра. А кроме того, театр стал, пожалуй, единственным местом, где Валентина воспитывалась, наблюдая за истинно интеллигентными взрослыми коллегами. Ее детство — это мир театра, в который она сбегала от суетной и, как она сама позже вспоминала, несчастливой жизни дома. Может, поэтому адекватно Валентина Серова вспоминала только театр своего детства. Себя — только на сцене. Рампа, закулисный шумок, волшебная тишина, ее выход!

Жизнь семейная в те годы не походила на театральную ни в малейшей степени. Жили трудно — в коммуналке, все рядышком. Для Вальки отгорожен угол за занавесочкой. Наблюдательная, зоркая девочка ничего не упускает, с интересом следит за старшими. В памяти сохранились забавные сценки: Роднуша и сестры ее, молодые, привлекательные тетушки, принимали гостей, веселились без устали, по ночам гуляли. И детские переживания Золушки: маленькую Вальку использовали как домработницу. Она без устали мыла посуду, стирала в корыте, бегала в лавку за керосином и на базар за продуктами. Причем бегала босиком!

Другая картинка — Роднушина.

Жили, да, трудно. Клавдия Михайловна, ее сестры, Маша и Наташа, Валя — все в одной комнате. Вернее, это была лишь часть большой комнаты, перегороженной фанерной стенкой. Перебивались еле-еле, на одно жалованье, и Клавдия Половикова подрабатывала шитьем, известная актриса, популярная и удачливая, но денег все же не хватало. Утром — репетиции, вечером — спектакли, каждый день по ночам — надомная работа. А в доме царят мир да любовь. Не покой, но нормальная жизнь. (Здесь и дальше иногда возникает спор — хороша ли была Клавдия? Хороша ли Валентина? А если плохи, то кто хуже? Не с детства ли дочь познала все жизненные пороки? Короче, «Кто виноват?». Кто виноват в трагической судьбе Валентины? — неразрешимый вопрос вообще и между этими женщинами — в частности.)

Клавдия Михайловна помогала дочери. Она сама привела ее на первые пробы к фильму «Соловей-соловушка». Валя угловатая, светло-русая, кокетливый завиток, кепочка набекрень, глаза хитрющие.

> За окном пепелища, дома чреноребрые,
> Снова холод, война и зима...
> Написать тебе что-нибудь доброе-доброе?
> Чтобы ты удивилась сама...
> ...
> Начинаются русские песни запевочкой.
> Ни с того ни с сего о другом:
> Я сегодня хочу увидать тебя девочкой
> В переулке с московским двором.
>
> Увидать не любимой еще, не целованной,
> Не знакомою, не женой,
> Не казнимой еще и еще не балованной
> Переменчивой женской судьбой.
>
> Мы соседями были. Но знака секретного
> Ты мальчишке подать не могла:
> Позже на пять минут выходил я с Каретного,
> Чем с Садовой навстречу ты шла.
>
> Каждый день пять минут; то дурными, то добрыми
> Были мимо летевшие дни.

Пять минут не могла подождать меня вовремя.
В десять лет обернулись они.

Нам по-взрослому любится и ненавидится,
Но, быть может, все эти года
Я бы отдал за то, чтоб с тобою увидеться
В переулке Каретном тогда.

Я б тебя оберег от тоски одиночества,
От измены и ласки чужой...
Впрочем, все это глупости. Просто мне хочется
С непривычки быть добрым с тобой.

Даже в горькие дни на судьбу я не сетую.
Как заведено, будем мы жить...
Но семнадцатилетним я все же советую
Раньше на пять минут выходить.

Они могли бы встретиться тогда, в 20-е годы: Костя Симонов, который написал эти мечтательные стихи в 1942 году, и Валя Половикова. И наверняка встречались. Не раз. Лихов, Каретный — общий пятачок, общие московские дворы.

Костя идет куда-нибудь в библиотеку или на поэтический семинар. Мимо пробегает девчонка. Босиком! Ей 14 лет. Смешливая, беззаботная... Он сочиняет рифмы. Она воображает себя великой артисткой. Друг друга они не замечают.

ГЛАВА 2

ХОЧЕТСЯ ЖИТЬ — ЖИВИ!

Последние дни в школе, ненавистные экзамены за седьмой класс. Валька очень смешная, сероглазая, вся физиономия в веснушках, отчего рыжий нос кажется слишком длинным. Впрочем, никаких комплексов! Она, как дере-

венская девчонка, грызла семечки с утра до вечера, ела макуху, выжатые из семечек лепешки, и весело хохотала над
шутками приятелей. Клавдия Михайловна, тоже очень простая в быту, как часто бывает, чуралась простоты на людях.

Крестьянка по происхождению, попав в столицу, она
обрела внешний лоск, манеры, но по внутреннему своему
миру оказалась обычной плебейкой. Своенравная, вздор-
ная, конфликтная. Валька же не умела ни врать, ни лукавить, всегда откровенно говорила то, что думала. Если делала что-то плохое, никогда не скрывала. Эта открытость и
наивность особенно злили Клавдию Михайловну. Она учила — сдерживай свои эмоции, лучше соври, не открывайся
кому попало! Мы — гордые, мы — актрисы!

Воспитание дочери нелегко давалось Роднуше. Младшая в семейном женском квартете, Валя часто слышала в
свой адрес обидные упреки. Намеки на скрытые наслед-
ственные грехи и пороки — от «Василя». Росшая без отца и
отца не знавшая, она верила матери. Наслоение непонят-
ных детскому уму изломов человеческих отношений, которые она увидела и узнала очень рано в своем доме, могло
повлиять на ее психику.

Половиковы, мать и дочь, часто появлялись на одной
сцене. Женщина и ребенок. Ребенок превращался в иную
женщину. Более одаренную, по-особому притягательную.
Мать пристально наблюдала за дочерью. Гордость сосед-
ствовала с ревностью. Странное, тяжелое чувство постепенно
прогрессировало. Ревность порождала резкость в отношениях.

Сказать, что Роднуша чему-то принципиальному учила
Валю на сцене, значит преувеличить. Актриса Клавдия Половикова усвоила классическую манеру Малого театра со
свойственным времени революционных перемен налетом
героического романтизма и патетики. Тем не менее она пе-
редала дочери свой сценический талант, смелость, наблю-
дательность. И еще — чувство премьерства, наследствен-
ное... Впрочем, Валентина была еще дитя...

И дитя современное — резкое и непосредственное. Именно эта непосредственность пугала и настораживала Роднушу.

Тосковать и дальше в школе Валька не хотела: скука, считала она, — самая страшная болезнь. Она же готовая артистка, у нее ролей в студии Каверина — некогда взять учебник в руки! Покрутилась с ребятами у ворот театрального техникума, есть, конечно, взрослые парни, девушки. Но мимо нее никто не посмотрит. Она — заметная, хорошенькая, голос — самый звонкий. Знает столько театральных хитростей — тут ей нет конкурентов. Любому может рассказать, как одеться, как гримироваться, как читать стихи на прослушивании. Напрасно было бы ждать от нее глубоких знаний по истории театра: системы Станиславского, теорий Мейерхольда и прочее, и прочее. Но она выросла в театре и чувствовала сцену. Валентина знала о театре нечто значительно более важное. Знала, что театр — искусство грубое, в закулисных соображениях его гораздо больше простой технологии, чем может показаться; знала, что театр состоит из интриг, житейских, сиюминутных настроений, антипатий и привязанностей, случайных ссор и внезапных симпатий, семейных обстоятельств, бурных романов и трагических разрывов. Все это вместе дышит, бурлит, кипит — и рождается чудо! Она сама не раз присутствовала при таком рождении.

В 1933 году Валентина решила подать документы в Центральный техникум театрального искусства (ЦЕТЕТИС — сегодня РАТИ им. Луначарского). Лет ей явно недоставало, и она схитрила, подчистив себе метрику: 1919 год рождения исправила на 1916-й. Вот откуда, как утверждала сама впоследствии, происходит путаница с ее возрастом. В четырнадцать лет она оказалась в списке допущенных к экзаменам. Между прочим, для девушки, поступающей в ЦЕТЕТИС, вполне зрелый возраст без всяких поправок.

* * *

На первом прослушивании обаятельный подросток Валька потрясла приемную комиссию. Читала басню Веры Инбер «Еж»:

> Жил да был на свете еж,
> Он такой колючий,
> Он на щетку был похож
> И на муфту тоже.
> У ежа с такой душой
> Друг был закадычный,
> Поросенок небольшой,
> Но вполне приличный.
> Ты да я да мы с тобой,
> Еж кричит, бывало...

Валентина выпалила стишок звонким, как колокольчик, голоском и потом после выразительной паузы — хитрая! — посмотрела исподлобья, махнула длиннющими ресницами и доверительно сообщила:

— А это был не еж, а ежиха!

Вся приемная комиссия — народные артисты, мхатовцы — хохотала, а председатель, Илья Яковлевич Судаков, не скрывал удовольствия и коллегам шептал:

— Ну черт девчонка! Бриллиант!

Ее приняли с ходу.

Роднуша ждала дочку в коридоре. Знакомый Клавдии Михайловны, старшекурсник Женя Кравинский, сидевший на приемных экзаменах, выскочил вслед за Валькой:

— Клавдия Михайловна! Ваша дочь принята единогласно, она сдала блестяще!

Училась Валентина недолго, но, видимо, с отчаянным интересом. Педагоги предоставляли юной нахальной поросли шанс пробовать свои силы в лучших пьесах русского классического репертуара. Студенты — народ самостоятельный и предприимчивый: очень многие актеры, начинавшие в 30-е годы, стремились на сцену, проучившись буквально месяцы. Работали порой полуподпольно — в драматических театрах, антрепризах, на эстраде. Иногда, конечно, такая практика преследовалась: вылавливая «недорослей» за столь недостойным занятием, отдельные мастера выговаривали им за дилетантство и самодеятельность, порой, случалось, исключали из институтов. Но, как правило, мудрые педагоги понимали — молодым нужна практика, а еще больше — заработок.

Начало театральной карьеры Валентины Половиковой сложилось как нельзя удачно:

«Когда я была на втором курсе, режиссер И.Я. Судаков просмотрел мои зачетные работы — роли Аксюши в «Лесе» и Марии Антоновны в «Ревизоре» — и пригласил в труппу Московского театра молодежи, где он тогда работал художественным руководителем».

Собственно, Судаков увел из ЦЕТЕТИСа два юных дарования — Валю Половикову и Пашу Шпрингфельда, способных ребят, одновременно отличившихся как в комических, так и в драматических ролях.

Это вовсе не означало, что учеба Валентины завершена. ТРАМ создавался как учебный театр, условно его можно было назвать театральным училищем со своей постоянной сценой, своеобразным филиалом школы-студии МХАТ. Здесь преподавали мастерство знаменитые мхатовцы — Баталов, Грибов, Соловьев. Сюда приглашали совсем юных, начинающих актеров.

Учеба в ТРАМе включала в себя, помимо сценических занятий, разнообразный спектр молодежной комсомольской жизни во всей его полноте: субботники и шефские концерты всем коллективом с песнями и танцами. Валентина очень любила такие поездки, она знала множество русских и украинских песен.

Театр рабочей молодежи в мгновение ока превратился в ее родной дом. Эти первые годы, когда с раннего утра и до позднего вечера молодые, веселые, полные надежд, не знающие настоящих разочарований, плохо одетые, вечно голодные, отчаянно злые на работу девчонки и мальчишки были неразлучными друзьями, стали для Серовой лучшими годами в ее жизни. Позже она вспоминала:

«Мы сами делали декорации, налаживали свет, красили помещение, мыли полы. Заповедь Станиславского о том, что театр начинается с вешалки, была для нас свята. Каждый из актеров чувствовал ответственность буквально за все происходящее в стенах театра.

Не знаю, откуда находилось время, но, кроме того, что я выполняла массу комсомольских поручений, я еще занималась спортом — плаванием, верховой ездой, волейболом».

В 1934 году известный московский театральный критик И.И. Юзовский рассказал читателям о новом театре:

«В Москве открылся новый театр — ТРАМ, Театр рабочей молодежи. Эти театры, в особенности наиболее яркий из них — Ленинградский, имели в свое время большой и заслуженный успех, как театры большого агитационного действия.

Но в своей работе они настаивали на методах, основанных на ложных пролеткультовских идеях, и зашли в тупик. *Основная ошибка состояла в том, что театры рабочей молодежи противопоставляли себя профессиональному театру,* выступали против старой театральной культуры на том основании, что это-де буржуазная культура, что, следовательно, у нее нечему учиться.

Эти театры уничтожили самое понятие «актер», заменив его понятием «взволнованный оратор» или «взволнованный докладчик». Они давали спектакли, в которых не хотели, да и не умели раскрыть сложную психологию людей, которых они показывали, заменяя все это публицистическими монологами и диалогами. Они демонстрировали, скажем, кулака, но не *показывали* во всем многообразии его классовую психологию, а *сообщали* об его идеологии.

Трамовцы имеют ряд превосходных агитационных спектаклей. Однако с ростом советской драматургии, с ростом требований зрителя глубоко показать человеческую психологию трамовцы оказались без оружия... С «взволнованным докладчиком» они бессильны были удовлетворить требования зрителя. Нужно было знание сложного искусства актера, искусства глубокого воздействия. Это искусство, создававшееся старой театральной культурой, отрицалось трамовцами.

И трамовцы призвали к себе на помощь тех, против которых в свое время наиболее резко выступали, — работников МХАТ. Судаков, Хмелев и другие пришли как постановщики и педагоги, и результаты их работы уже сказались. Мы имеем в виду два последних спектакля Московского театра рабочей молодежи: «Девушки нашей страны» Микитенко и «Продолжение следует» Бруштейн.

На сцене в спектакле «Девушки нашей страны» уже не «докладчики», но живые люди, они не только докладывают о своих мыслях и чувствах, но действительно думают и чувствуют. Мхатовцы помогли обнаружить интересные, многообещающие актерские дарования.

Однако учеба у МХАТ не предполагает отказа от лучшего трамовского опыта, от их достижений, от их публицистической заостренности и боевого духа, которым так характерен был ТРАМ. Не надо превращаться... в филиал МХАТ.

В «Девушках нашей страны» эти нужные традиции порой забывались. Временами рабочие ребята — комсомольцы и комсомолки — напоминали студенток или курсисток довоенного образца, — это сказывалось в интонациях, в жестах и движениях. Временами они казались слишком «интеллигентскими».

Спектакль «Продолжение следует» выправляет линию, боевой дух Театра рабочей молодежи чувствуется здесь больше, чем в предыдущем спектакле.

Пьеса Бруштейн «Продолжение следует» — актуальная пьеса о фашистской Германии. Недостаток пьесы — чрезмерно мелодраматическое подчеркивание различных событий за счет глубокого раскрытия психологии, образов фашистов. Но все же пьеса смотрится с напряженным вниманием. Трамовцы сумели дать волнующую характеристику событиям.

Трудность заключалась в том, что актеры играли не «себя», а немецких студентов, рабочих, социал-демократов, профессоров. Правда, порой иной немецкий студент сильно смахивал на рабфаковца, но вообще трудный экзамен выдержан трамовцами».

С абсолютной точностью И. Юзовский определил суть движения трамовцев и рассказал, чем, собственно, новый театр, куда по прихоти судьбы попала Валя Половикова, принципиально отличался от этого движения, что сулило ему действительно долгую жизнь — современный молодежный взгляд на вещи плюс настоящая мхатовская школа — и благодаря чему в итоге театр этот в отличие от своих многочисленных предшественников не только выжил, но и стал одним из самых популярных театров в стране.

Интересно, что статья появилась в «Правде» 17 марта 1934 года, то есть меньше чем через год после поступления Валентины в ЦЕТЕТИС, а сама она буквально с первых дней привлекла благосклонные взгляды опытных театралов. Спектакль, который «выправлял линию» трамовского движения — «Продолжение следует», критикой был замечен, и никто не оставил без внимания работу маленькой актрисы В. Половиковой.

«Продолжение следует»

«Маленькой Франци — всеобщей любимице — «Чижику» из всех металлов больше всего нравится алюминий. Такое это вкусное слово: а-л-ю-м-и-н-и-й! От него ужасно пахнет супом, точь-в-точь как от большой алюминиевой кастрюли тетушки Куф. Изголодавшаяся Франци не знает на свете лучшего запаха, нежели запах еды.

Эта девочка, и старая коммунистка — тетушка Куф, и ее сын — мужественный комсомолец Густ, и старый еврей — портной Мозес со своими детьми, так же как и остальные персонажи пьесы «Продолжение следует» Александры Бруштейн, — подлинные, реальные люди, в существовании которых невозможно сомневаться».

«У совсем еще молодой актрисы Половиковой (Франци) нет, пожалуй, ни одного неестественного жеста или слова. Она держится на сцене с такой легкостью, играет свою роль так непринужденно, что невольно привлекает симпатии зрителя к изображаемой ею чудесной девочке, живущей настоящими, взрослыми мыслями и соединяющей их с детской непосредственностью...

Название последней постановки ТРАМа «Продолжение следует» мы понимаем в некотором роде символически. Мы надеемся, что вслед за первыми хорошими спектаклями мы увидим много постановок ТРАМа, в которых его творческий коллектив покажет еще новые, высокие художественные достижения. В этом смысле мы и ждем продолжения в уверенности, что оно, безусловно, последует».

Это рецензии 1934 года.

Критики точны: уже в первой самостоятельной роли Валентины они отмечают редчайшее сценическое качество актрисы — поразительную естественность, органичность. Качество, в те годы редчайшее, не гротеск, не приподнятость, не пафос или романтика — играет как дышит. Это редко в театре, еще реже в кино...

Серова вспоминала, что впервые снималась тоже в 1934 году. К сожалению, ее эпизод в фильме «Соловей-соловушка» не вошел и в киноархивах не нашелся.

Фотографии спектакля «Продолжение следует» хранятся в музее Ленкома. На них Валентине пятнадцать или восемнадцать лет — в зависимости от *выбранной вами* даты рождения. Судя по старым, но вполне четким кадрам, ей действительно не больше пятнадцати лет. В простеньком ситцевом мешковатом платье и фартучке в крупный горошек, в черных чулках и плоских туфельках — она совсем девочка, без единого намека на будущую красавицу. Воло сы — темно-русые, гладко зачесанные, короткие. Даже на старой фотографии видно, как искренне она отдается стихии игры.

А вот общая фотография труппы с И.Я. Судаковым после юбилейной премьеры спектакля «Бедность не порок», 1935 год. Валя уже другая. Маленькая женщина, очень юная, уверенная в себе, с гордой осанкой, стоит подбоченясь. Среди сорока человек труппы не ошибешься, безошибочно выделишь ее. Прима!

В ТРАМе и вокруг кипела жизнь, только крутись, не отставай. Валентина успевала все. Съемки, студия, массовки, наконец приглашение на главные роли. Она всегда в центре внимания. Никогда не отказывалась, если дело касалось концертов и выступлений. Сказать, что характер у Валентины был простой, — значит, намеренно слукавить. Непосредственная, вспыльчивая, творческая натура, она могла ответить резко. Три актрисы в семье — она привыкла отстаивать свое мнение и за словом в карман не лезла. Но было в ее характере нечто особенное — она терпеть не могла фальши и двусмысленности. Не скрытная, откровенная. Прямота вредила ей бесконечно: при всей симпатии руководство театра все же относилось к ней с некоторой опаской. Интуиция подсказывала: девочка еще покажет себя, и не только творчески, нет, в этом как раз сомнений не было.

Маленькая заметка в «Вечерке» за 17 апреля 1935 года, первое ее самостоятельное интервью:

«Здорово! Хорошо! Замечательно!»

«Вале Половиковой 18 лет, и она гордится этим. Гордится, потому что она член ВЛКСМ, потому что она играет в театре Ленинского комсомола. Валя говорит: *«Как хорошо, что комсомол дал нам такой театр. Ведь ни в одном другом театре я не смогла бы в 18 лет, на второй год моего пребывания в театре, видеть такой результат своей работы. А ведь так хочется, чтобы все было хорошо и чтобы создано только своими руками. Два с половиной месяца я работала над ролью. Тяжело было и приятно. Приятно, что доверили такую серьезную роль, и вместе с тем страшно боязно — выйдет или нет? Но я решила — должно выйти, иначе какая же я комсомолка?»*

Интервью смешное. В духе времени. Комсомолец не может подвести! В жизни все по-другому. Валя не случайно с первых дней премьерствует. Она юная, но нахальная, по-хорошему пробивная, и хватка у нее настоящая. В театре много талантливых девочек, но роль досталась ей. Она пока не белокурая красавица, веснушки, длинный нос, толстые губы. Но среди подруг — первая.

Как только появилась пресса на спектакль, критики — все без исключения — отметили ее несомненный талант.

«Изверги естества»
На спектакле Московского ТРАМа

«Вряд ли знает трамовский зритель о горячих спорах, звучавших в 60-е годы по поводу пьесы Островского. Есть ли это «приторное приукрашивание» патриархального купеческого быта, как писал Чернышевский, или здесь разоблачается «бессмыслие самодурства», как утверждал Добролюбов? И действительно ли в образе Любима Торцова Островский дал опоэтизированное изображение «правды и совести русской народности»?

Время переставило акценты в пьесе. Нашего зрителя, как и театр, менее всего волнует «проблема Любима Торцова». Каков бы ни был процент приукрашивания отдельных элементов старого быта (а оно, бесспорно, имеется в пьесе), — слишком уж чужд зрителю весь этот быт, слишком неприглядны его основы, чтобы в какой-то мере обмануться в истинном его характере.

«Изверг естества»! — так называет самодура Гордея Карпыча Любим Торцов. Но не только ли самодур-купец является «извергом естества», человеком, нарушающим элементарные человеческие права своих ближних, родных, подчиненных? Не покажутся ли зрителю «извергами естества» (другого рода, конечно) и лица «страдательные» в пьесе, молодые люди купеческого дома, покорно склоняющие головы перед оголтелым самодурством...

...Заслуга театра, что именно эту тему — об «извращении человеческой природы», о «рабской форме» жизни в буржуазном обществе — он сделал основной в спектакле.

Зрители замечательно слушают пьесу. Своеобразным аккомпанементом происходящему на сцене служат почти непрерывные реплики из зала: то гневные, то насмешливые, то радостные реплики, звучащие порой на фоне — не будем скрывать! — многоголосого всхлипывания. И то, что зритель так искренно, так сердечно (слово это здесь, пожалуй, будет наиболее точным) воспринимает старую пьесу, говорит, что спектакль дошел в своем замысле...

...Любушка... показана исключительно мягко, ласково, лирично...»

«"Парад" трамовцев»

«...Очень интересно разрешен образ Любови Гордеевны. Режиссура вполне разумно отошла от обычного трафарета этой роли («писаной красавицы» с золотыми косами) и, идя от непосредственных данных исполнительницы (В. Половиковой), создала вместе с актрисой очаровательный в своей необычайной свежести, юности и лукавой детскости облик девушки, почти еще ребенка...»

Н. Горчаков

«Островский, прочитанный юностью»

«...Актриса Половикова создает необычайно трепетный и нежный образ молодой девушки. Она появляется на сце-

не белая, тонкая, задумчивая, робкая, грустная и полусчаст-
ливая. Ее эмоции задавлены, смяты. Ее чувства приглуше-
ны. Ее жест не развернут. Ее поступки недейственны. Она
не умеет бороться, и, следовательно, она не умеет жить...»

Н. Латков

«...Блестяще справилась с ролью Любови Гордеевны самая юная артистка ТРАМа — Половикова. Без надрыва, ровно, с большой мягкостью ведет она роль. Половикова... впервые получила большую центральную роль и вполне
оправдала доверие...»

А. Высоцкий

А вот и возлюбленный Любушки, Митя, приказчик Торцова:

«Очень хорош Митя в исполнении Полякова — ясный,
простой и одновременно очень сложный. За кротким и добрым Митей чувствуются тысячи других таких же Митей —
пасынков российского капитализма».

Хорошего Митю — Валю Полякова Валентина привела
к маме. Представила:

— Мама, это Валентин. Мой муж. Мы будем жить вместе.

Году в 1934-м Клавдия Михайловна получила небольшую двухкомнатную квартиру в доме на Никитской (где и
прожила всю дальнейшую жизнь). К тому времени ей было
39 лет, две ее сестры, Мария и Наталья, вышли замуж.

Одну комнату отвели молодым. Валентин и Валентина
жили шумно, беспечно, приходили за полночь, приводили
с собой ораву друзей и подружек, и до утра — смех, музыка,
танцы. У Роднуши, за стенкой, своя жизнь, которой безалаберная Валька мешала, как никогда. Впрочем, терпеть Клавдии Михайловне пришлось недолго: видимо, молодой муж
показался Вале, как и критикам, «одним из тысячи таких
же других». Роман с Поляковым быстро закончился, и он
покинул гостеприимную квартиру Половиковых. Были ли

молодые расписаны, жили гражданским браком, как расстались — неизвестно, может, и миром. Однако на той фотографии спектакля «Бедность не порок», где Валентина — подбоченясь, в роли Любушки, одно лицо — мужское — стерто, сорвано до белого пятна. Словно на снимок попал некто, больно ранящий память о дивном ансамбле актерской юности...

Все впереди, зачем связывать себя скучным браком? Надоел Поляков — и нет его. У Валентины много соблазнов, поклонники, ухажеры, вечеринки, но все же профессия — самое интересное.

«В театре с самого его создания появилась подающая надежды Валя Серова, и так получилось, что мы с ней и ровесницы и одновременно шагнули на сцену и в кино, — вспоминала Татьяна Окуневская. — А познакомилась я с ней давно, в юности, на необычном семинаре, который организовало театральное общество.

Семинар задуман так: никаких лекций, все «мастера», а для нас великие артисты Хмелев, Качалов, Р. Симонов, Ильинский, Гоголева, Михоэлс могли с нами делать все, что им заблагорассудится, заниматься, сколько они захотят, чем захотят, как захотят.

На открытие семинара пришли все «они» и все «мы». Для знакомства мы должны показать сцену из сыгранных ролей и сыграть заданные «ими» этюды.

Валя показывала сцену из спектакля их театра «Бедность не порок» и всех очаровала. Женственная, ни на кого не похожая, обаятельная, хорошенькая, маленькая, изящная, с серыми теплыми глазами со взглядом обиженного ребенка.

Мы все перезнакомились и от счастья подружились. Семинар длился весь сезон, а потом мы расползлись по своим весям. Валя блистала у себя в театре, у меня что-то получалось в моем. Я снималась, она снималась».

Роль Любушки в пьесе Островского была первой взрослой ролью Вали Половиковой. Раньше она играла девочек, мальчиков, подростков. Метр шестьдесят пять — в 70-е она казалась окружающим очень маленькой, а для того времени, когда актриса начинала свою карьеру, — весьма представительный сценический рост. Ее занимали в ролях травести скорее благодаря детской непосредственности, открытой улыбке, угловатости. Впрочем, постепенно и именно на сцене это ощущение исчезало. Валентина в жизни не производила впечатления красавицы. Никогда, ни по каким канонам и стандартам. У нее были очень длинные руки, длинные ноги, фигура мальчишеская, прямая: широкие плечи, узкие бедра, попка плоская. И большая высокая грудь. В общем, что называется, непропорционально сложена. И физиономия — скорее забавная, смешная. Но когда выходила на сцену — потрясающий эффект! Возникало ощущение внезапного чудесного перерождения, не только внутреннего, но и внешнего. Менялось все — ее лицо, повадка, ее сценическая форма.

В те годы актрисы кино походили друг на друга, как родные сестры, не чертами лица или обликом, а некоей уверенной и проверенной формой официального оптимизма. У маленькой Половиковой эта форма начисто отсутствовала. И первый фильм, в котором она снялась, абсолютно выбивался из общего ряда: странный, невообразимый по восприятию, совсем не похожий на картины о молодежи и о любви, которые выходили на экраны в 30-е годы.

В судьбе каждого актера есть мистический поворот судьбы. В ранней юности Валентине выпала удача, редкая по тем временам — вторая половина тридцатых, апофеоз культа Сталина, — участвовать в съемках уникального соцмодернистского шедевра.

Валентина Половикова дебютировала в картине «Строгий юноша» у режиссера Абрама Роома по сценарию Юрия Олеши. Фильм этот положили навечно на полку, полвека он был совершенно неизвестен зрителю, тем не менее современные знатоки называют его одной из самых гениальных лент нашего кинематографа.

Сталинский декаданс. Невероятный стиль. Представим: античные герои оказались в среде комсомольско-спортивных парадов и оптимистически-радужного восприятия действительности в тот момент, когда она уже начинала проваливаться в прорву, и с необычайным рвением пытались эстетически и высокоморально осмыслить — но что?

Почитатели настоящего Олеши — не «Трех толстяков», а «Зависти», «Заговора чувств», «Смерти Занда» — знают особенный почерк сегодня почти забытого писателя (а Михаил Левитин в своем «Эрмитаже» много лет экспериментирует с удивительными олешевскими страстями).

Олеша — идеалист, романтик — искал созвучия абсолютным проявлениям чувств. Его герои постоянно сверяли свои поступки и мысли с некими максималистскими взглядами. Этих высоколобых философов-мечтателей, сгорающих от всевозможных страстей и совершенно неприспособленных к реалиям, Олеша заставлял жить в нашем мире. Но они, индивидуалисты и фантазеры, знали только воображаемый мир иллюзий своего создателя. Их города будущего неизменно оказывались декорациями, их мир не имел отношения к нашему, унылому и настоящему. Промучившись с ними и с собой не один десяток лет, талантливый Олеша бросил писать прозу. Но фильм — и это самое невероятное — сохранился, мы увидели его впервые в конце 90-х годов.

Прекрасный парк. Резная решетка. Нега. Море. Роскошная вилла. Гадкий тип смотрит вожделенно и алчно, как из моря выходит Афродита. К воротам виллы подъезжает авто.

Что это, где это? Из какой жизни роскошь и великолепие?

Читаем: «Советская власть окружила вниманием известного хирурга Степанова. Ему принадлежит дача, сад. Здесь он живет со своей женой, и живет при нем нахлебник Федор Цитронов».

Из машины выходит человек. Глазам не веришь. Он так похож на Сталина! Он старый, уставший психопат, этот профессор. Его услужливый приживал — фискал и предатель. Его красавица жена под неусыпным наблюдением. Тем не менее приводит в это чудное имение юного спортсмена-студента-поклонника. Любовь чиста, как слеза ребенка. Герой, похожий на греческого атлета, невинен и прекрасен.

Мы попадаем на стадион. Древняя Греция? Двое юношей на легких повозках стоя управляют лошадьми. Затем они входят в античный же павильон, уставленный скульптурами олимпийцев. Это утопия... Компания не менее прекрасных собою юношей и девушек обсуждает смысл жизни, кодекс красивых чувств. И среди них неожиданно реальная смешная девушка. Она выходит на первый план, и живой звон заполняет утопию, сон постепенно растворяется. Может быть, именно это дитя фантазирует? Все герои произносят речи. Валя говорит. Все думают о чувствах и чувства свои выстраивают. Валя живет и чувствует.

У Половиковой всего несколько сцен в фильме. Но одна — поразительная. Мы понимаем — богини судьбы наплели Олеше и Роому текст, который произносит девочка — на бегу. Еще не роскошная блондинка и не красавица, а именно девочка, симпатичная, бойкая, полненькая, с пышной грудью и длиннющими тонкими руками, которыми она машет, как уже вполне выросший, но неоперившийся птенец. Девочка, у которой действительно впереди все сюжеты ее жизни.

— Нужно, чтоб исполнялись все желания, — щебечет она. — Тогда человек будет счастлив! И если желания не исполняются, человек делается несчастным. Неужели ты не понимаешь? Нельзя подавлять желания! Подавленные желания вызывают горечь!

И говорит ведь ребенок просто так, среди многих умных слов других героев, говорит себе, для себя, как предчувствие, выкрикивает роковой эпиграф своей судьбы — и летит на пол стакан, глаза горят, и ей больно от счастья.

Идет дальше этот невероятный любовно-интеллектуальный сюжет, а девочка подарила нам маленькое пророчество и одновременно причудливую роспись своих актерских возможностей, которые некому было использовать — увы! На миг показалась «сумасшедшей, нежной и злой».

Затем после детской, нелепой, шумной бравады своей плюхается на стул. Как она симпатична двум атлетам, они не скрывая любуются девочкой.

— Фу, как я устала от своей разнузданности!

ГЛАВА 3

ОПАСНЫЕ СВЯЗИ

(Версии)

Удивительная вещь, но о первых «опасных связях» юной Вали Половиковой в ТРАМе, о ее конфликтном характере осталась косвенная, совсем незначительная запись в книге, казалось бы, совершенно никакого отношения к искусству не имеющая.

Долгие годы публицист З. Чалая писала о Герое Советского Союза летчике Анатолии Серове. Ее первая книга, сохранившаяся в Центральной Государственной библиотеке, датирована 1939 годом (хотя многое указывает на то, что книга вышла в 1940-м). Со страниц последующих изданий книги неожиданные откровения исчезают.

«Валентина Васильевна Половикова — молодая актриса Театра Ленинского комсомола, дочь заслуженной артистки РСФСР Клавдии Михайловны Половиковой.

Валентина Васильевна родилась в 1916 году и, с детских лет крепко полюбив театр, рано ушла на сцену. Комсомолка, активная в общественной жизни, передовая в работе, талантливая, она скоро выдвинулась в театре и играла ведущие роли. Но некоторые товарищи по театру, руководимые недостойным чувством зависти, создали вокруг молодой, быстро выдвинувшейся актрисы атмосферу недоброжелательства и сплетен и довели свою травлю чуть ли не до исключения Вали из комсомола. Этим преследованиям содействовало и прежнее руководство ВЛКСМ, куда проникли враги народа; они охотно поддерживали всякую травлю молодых талантливых людей. К моменту встречи с Анатолием (Серовым. — *Н.П.*) Валентина Васильевна только что, со страшным напряжением сил, добилась разоблачения клеветников и снятия с себя вздорных обвинений».

«Только что» — значит, 1938 год, год ареста трех секретарей ЦК ВЛКСМ — А. Косарева, В. Пикиной, С. Богачева.

Но при чем тут Валентина? «В 1936 году меня приняли в комсомол», — сказала она как-то в интервью. И больше о комсомоле — ни слова.

Как ее травили и каким образом, кого она разоблачала?

Собственно, из вышеизложенного трудно вывести реальную ситуацию: перед глазами встает классическая сцена из фильма «Девушка с характером», где Валентина — Катя Иванова — ловит шпиона. Тем не менее совершенно ясно, что конфликт у Половиковой в театре был нешуточный, и Лизина формула — реплика из фильма «Строгий юноша» («Нельзя подавлять желания! Неужели ты не понимаешь?») — стала осуществляться с первых шагов на сцене. Исключение из комсомола в Театре имени Ленинского комсомола — это прежде всего статья о нравственности. Может быть, история связана с В. Поляковым? Острую неприязнь к этому актеру Серова сохранила на долгие годы, о чем свидетельствует письмо к ней С. Гиацинтовой, написанное в середине 50-х годов.

Сплетни... О Вале судачили как о девушке нестрогого поведения, ветреной, непостоянной. Она и была легкомысленной, открытой в проявлении чувств. Подвижность характера, нормальное здоровое желание жить в полную силу, без оглядки. Везде бывать, все видеть, со всеми знакомиться. И любить. Почему нет? Рано ощутила себя взрослой и самостоятельной.

Но все у Вальки чересчур, без тормозов — считали окружающие. Компании и вечеринки, многочисленные поклонники — и прибавьте к этому очарование и ласковый взгляд исподлобья на окружающих, и эти манящие ресницы, и пухлые губки, никакой косметики, аккуратное закрытое платье туго обтягивает соблазнительную фигурку.

Она была обольстительна, это бесспорно. Равнодушные встречались не часто. Хотя были, были. Ей нравились, а влюблялись и в Валиных подружек. Впрочем, она печалилась недолго.

Более всего раздражало: эта девчонка с ее ужимочками, уменьшительными словечками, с подвижным, как у обезьянки, лицом, по-малороссийски шумная, грызущая семечки, казалось, случайно зашла в театр — какое дело ей до искусства? — но выходила на сцену и вдруг обретала такую уверенность и такую спокойную естественность — ничего лишнего, — собранная, органичная, она была абсолютно артистична!

Подружки в театре завистливые. Любили ее, но судачили...

Многочисленные слухи и сплетни о Серовой на протяжении всей ее жизни — не отголоски ли ее равнодушия к отвергнутым мужчинам или женской ревности к ней? Возможно, и это скорее всего, кто-то из ухажеров не понравился Валентине Половиковой. Кому-то другому показалось, что слишком много внимания уделяется именно этой актрисе. Мало ли что... Главное, что она «добилась разоблачения клеветников». Ну что еще скрывается за решительными строчками довоенной книги З. Чалой — самой ранней публикации о Серовой (не актрисе — женщине)?

Итак, у М. Волиной есть следующая версия.

У Валентины появился первый влиятельный любовник. Вернее, как утверждали «бабьи сплетни», появились такие мужчины и у матери, и у дочери Половиковых.

У мамы, Клавдии Михайловны, был необычайно влиятельный друг — секретарь ЦИК СССР Авель Софронович Енукидзе (ленинец старой гвардии, ближайший друг Сталина). Он был, естественно, женат и не думал разводиться-жениться, об этом и мечтать не приходилось, но помог Половиковой с квартирой, помог получить здание театру Каверина на улице Воровского, дом 36. Артистам театра К. Половиковой и Н. Свободину присвоили звания заслуженных РСФСР. Посвященные прекрасно знали старую партийную кличку Енукидзе — Золотая Рыбка, и это, естественно, предполагало, что Клавдия Михайловна со всей своей родней стала жить далеко не бедно. Да что там не бедно — весело жила и богато. Енукидзе мастер был устраивать пиры да гулянья для кремлевских обитателей тех лет и этим прославился. Пировала ли Роднуша в кругу сластолюбивой элиты — неизвестно, да и была ли связана с Енукидзе? — в этой главе ни за одну «опасную связь» поручиться не могу.

Высокие покровители семьи — причина процветания в 30-х годах и матери, и дочери, так считает М. Волина. Проверить ничего нельзя. Но и не привести ее строки неправомерно. Откуда-то все же автору «Черного романа» стала известна информация о первом звездном покровителе Валентины. И был им не кто иной, как Александр Васильевич Косарев, секретарь ЦК ВЛКСМ с 1929 по 1938 год. Обратимся к роману.

«— Серьезную актерскую карьеру Вальке Косарев делает! — шепчут завистницы-подруги.

— Она к нему на правительственную дачу ездила! С ночевкой. Оттого из спектакля в спектакль — центральные роли! Скажешь — не ездила?

— Ездила! А почему бы и не поехать? Саша Косарев — не старик... Он с девятьсот третьего!

— Он женат!

— А мне плевать на его жену!

— Секретарь ЦК комсомола из-за тебя с женой не разведется!

— А мне плевать, что он секретарь! Я замуж больше ни за кого не выйду! Хватит с меня Вальки Полякова!»

Умная? Глупая? Распутная девчонка? Хитрая женщина? Интриганка, делающая карьеру? Комсомолка-общественница?..

«...Этот секретарь ЦК комсомола ходил к артисткам ТРАМа, как барин в девичью», — скажут (после 37-го года) о Косареве другие мелкие секретари.

А мы скажем — хороший вкус был у Александра свет Васильевича. Артистки ТРАМа были все дивчины хоть куда!

Огненная Зина Нарышкина? Рыжие кудри по плечам, зеленые искры в глазах, быстрота реакции, смена ритмов — дерзкая на сцене и в жизни!.. Люба Калюжная. Вальяжная, темнобровая! А улыбка хищная: близко парень не подходи — съем! В «Бедности не порок» — мать Вали. В жизни — ее ближайшая подруга. Ну и многие другие.

И все же героиня ТРАМа не Калюжная, не Нарышкина, а Половикова...

Всеволод Мейерхольд термин «молодая героиня» заменил, как ему казалось, более точным: «первая любовница» Мейерхольд считал, если три четверти зрителей (мужского пола) не жаждут схватить, спасти, защитить, обнять, поцеловать... — актриса для роли «первой любовницы» не годна.

Валю Половикову, кого бы она ни играла: Тоню в «Как закалялась сталь», Топсика в «Дальней дороге», — три четверти зрителей (мужского пола) жаждали схватить, спасти, защитить... Такая тонкая талия и такая пышная грудь, что тут уж было не до смеха! Обнять и унести эту Топсик... куда-нибудь в кусты! Вот что зрителям мужского пола требовалось.

А Вале в ту пору не хотелось никого обнимать. Уже не девушка — что такое «отдаться» мужчине она не знала. Случалось, ее брали, она вставала, встряхивалась и уходила не оглянувшись.

Валя отдавалась жизни: быстрой езде в машине, на конях (бегала в манеж), танцам, пению и... театру!

На сцене Валя любила не страстно, а нежно и покорно. На сцене она была чиста, добра и наивна».

Любопытно. Так интимно рассказать о тайнах сердца могла только сама Валентина Васильевна. Но юность идеализируют. Вспоминают сокровенное, нежное. Развязная близость к героине «Черного романа» легко объяснима только в одном случае: М. Волина использует собственные ощущения.

Что касается Александра Косарева, то, с одной стороны, неизвестно, где здесь фантазия, а где факт. С другой — в биографии Серовой фантазии занимают самое решительное, можно сказать, основное место. Раз так, попробуем согласиться — был Косарев в ее судьбе. Тогда эта «опасная связь» в какой-то мере проливает свет на загадочную реплику З. Чалой в книге 1940 года.

Косарев был репрессирован в 1938 году, через год — расстрелян, и можно предположить, что «дело Вали Половиковой», за которое ее могли исключить из комсомола в начале 1938 года, касалось ее отношений с Косаревым. Совсем не обязательно интимных. Предположу, что существовала компания избранных молодых людей, что бывал там и первый секретарь и говорил маленькой Половиковой комплименты. Но беспечность Вали, ее жизнелюбие и любовь к веселой жизни сделали свое черное дело. Сплетня пошла гулять по коридорам.

Но если уж романы мать и дочь с Енукидзе и Косаревым действительно крутили, то проблемы у семейства Половиковых начались серьезные.

Сначала слетел Енукидзе.

«Существует несколько версий о причинах самоубийства Аллилуевой, — писал Лев Разгон. — Среди них и та, что она не выдержала преследования Сталиным старых партийцев, в том числе и ее друзей. Думаю, что это было не так, и желаемое выдавалось за действительное. В кругах, близких к партийному Олимпу, о причинах самоубийства жены Сталина были более точные сведения. Это было время, когда Сталин объявил, что «жить стало веселее». Очевидно, он полагал, что веселее должны жить не только его подданные, но и он сам. И начал участвовать в той свободной и веселой жизни, которую вел его самый близкий, еще с юности, человек — Авель Енукидзе. И тогда пошли слухи о том, что железный Коба размягчился...

Содержание письма, оставленного Аллилуевой, было известно там, «наверху», и живо обсуждалось в семейных кругах. Надежда Сергеевна писала, что она не может видеть, как вождь партии катится по наклонной плоскости и порочит свой авторитет, который является достоянием не только его, но и всей партии. Она решилась на крайний шаг, потому что не видит другого способа остановить вождя партии от морального падения.

Широкое хождение получила легенда, что Аллилуеву застрелил сам Сталин. Это совершенный апокриф; Сталин сам никогда никого не убивал и, вероятно, был просто не способен это сделать. А о том, что такая легенда может возникнуть, он понимал. Когда Сталина и Авеля вызвали с гульбища, где они предавались изнеженности нравов, Енукидзе предложил составить акт о скоропостижной смерти из-за сердечного припадка. Сталин был мудрее и отказался...

«Общественное мнение» тех, которые составляли основной слой «старейших» ригориствующих функционеров, — было смущено и даже возмущено всей этой историей. Бедный Сталин должен был еще считаться с этой толпой старых, ничего не понимающих дураков. Надо было им кого-то кинуть... И он бросил на пики своего ближайшего друга. На последовавшем вскоре Пленуме ЦК Енукидзе был обвинен в моральном разложении. Его исключают из состава ЦК, снимают с поста секретаря ЦИКа и выгоняют из Москвы — отправляют руководить Минераловодскими курортами».

* * *

Черед Косарева приближался.

21 июля 1937 года на встрече в Кремле состоялась у него тяжелая беседа со Сталиным. Приглашены комсомольские секретари. Сталин обратился с упреком: «ЦК ВЛКСМ не помогает органам внутренних дел разоблачать врагов народа в комсомоле. А их, мол, пруд пруди не только среди рядовых комсомольцев, но и в руководстве ВЛКСМ на разных уровнях».

Косарев возражал, настаивал на честности и преданности своих сподвижников. Кампания по разоблачению секретарей комсомола, на которой настаивал вождь, шла вяло.

«Косарев, я вижу, вы не желаете возглавить эту работу», — холодно, отстраненно бросил на прощание Сталин. И ни единого слова, ни единого вопроса либо совета по содержанию комсомольской работы.

Это был первый звонок. Затем Сталин объявил ему, что косаревский тесть, В.И. Нанейшвили, — его враг. Косарев конфликтовал в открытую с Берией. Постепенно он узнавал, что повсюду арестовывали районных секретарей комсомола — его близких друзей, товарищей по работе. Ну и главное — Косарев действительно не хотел разоблачать врагов народа. Не получалось у него.

Кампания по разоблачениям во всю мощь разворачивалась и в театральном мире. Шпионы, враги и диверсанты проникали уже в святая святых. В 1936 году — кто бы мог подумать! — подпольная группа мхатовцев из МХАТа-2 вела подкоп под Большой театр, где проходили съезды партии. Хотели взорвать правительственную ложу Сталина, ни больше ни меньше. Поэтому помещение МХАТа-2 на Театральной площади отдали Центральному детскому театру, а вторую мхатовскую труппу расформировали. Другие театры тоже порядком потрепали. Ю. Завадского с труппой отправили в Ростов-на-Дону.

Театр Каверина закрыли еще в 1936-м. Труппу слили с Московским рабочим художественным театром, и теперь он стал называться Новым. Разогнали Театр миниатюр. Тучи сгустились над Мейерхольдом. Репрессии шли полным ходом.

ТРАМ слили со студией Рубена Симонова.

«А когда сливали, то, уж конечно, часть трамовцев выплеснулась, — рассказывает М. Волина. — Огненная Зина Нарышкина, где она? В Ташкенте! А муж ее? Трамовец Николай Рытьков? Он... только тихо, оказался иностранным агентом! Семперантист... Семперантисты все шпионы. Не расстреляли... 25 дали! Зинка его ждать собирается... В Ташкенте!

А Валька? Что Валька? Она с Зинкой из-за Рытькова дралась. Ну и что? Замуж за Рытькова Зинка вышла, а не Валька!.. Зинка очутилась в Ташкенте — Валька осталась в Москве.

В 1938 году художественным руководителем ТРАМа назначается бывший худрук так называемого МХАТа-2 Иван Николаевич Берсенев. Логики тут вроде бы нет. МХАТ-2, один из любимых театров москвичей, закрыли, Берсенева заклеймили, а двух лет не прошло, как поставили во главе другого театра.

Логики искать не приходится. ЦДТ, стараниями его худрука Наталии Сац — молодой, энергичной, завлекательной (шуба из леопарда, французские духи), — отдается помещение МХАТа-2. А... через недолгое время молодую завлекательную Наташу обвиняют в связи с французским послом Буллитом. Она, дескать, вместе с ним по подкопу, мхатовцами-вторыми вырытому, под ложу Большого театра подкапывалась. Наталию Сац арестовывают.

А Берсенев приводит вместе с собой в так называемый ТРАМ (изживший себя) группу сорокалетних мастеров: Гиацинтову, Бирман, Оленева, Плятта и др. И театр, сразу постарев в своем составе на двадцать лет, нарекается именем Ленинского комсомола?!

Но почему огорчается Клавдия Михайловна?

С приходом группы сорокалетних мастеров ушла из театра Любовь Калюжная — сниматься пригласили в «Поднятую целину» на роль Лушки. Валя в кино пробуется, но в театре (теперь имени Ленинского комсомола) по-прежнему занимает первое положение... Нет, почти первое! Некоронованная королева в Ленкоме — Софья Владимировна Гиацинтова (жена Берсенева).

Гиацинтова — мастер, и во МХАТе-2 она была хороша! Но в 45 лет играть малютку Нору в «Кукольном доме»?! Нора — Валина роль. И с какой стати «Валенсианская вдова» отдана Гиацинтовой? Разве Валентина Половикова с этой ролью не справилась?

Так думает (и не скрывает этого) Валька, и так думает ее мать. И это ее огорчает.

Пугает Клавдию Михайловну другое... Валентина сказала: «Сашка хмурый и злой приходит в театр» (Косарев. — *Н.П.*). Сказала задумчиво. Любви к нему у нее никогда не было, но сердечная Валька людей, попавших в беду, всегда жалела. И как могла старалась утешить, помочь! Александр Васильевич Косарев от ее помощи уклонился. И отчего хмурый ходит, не объяснил.

Отчего же невесел Косарев? В Театре имени Ленинского комсомола в общем-то дела идут не под гору. Новый платный комсорг, проявляя инициативу, наладил марксистско-ленинское воспитание. А ведь это заслуга и самого комсомольского вождя! При его личном участии было созвано в ЦК ВЛКСМ совещание, на котором он, А.В. Косарев, предложил: объявить войну «митрофанушкам в искусстве». Артисты Ленкома (бывшие трамовцы) включились в учебу, а Косарев... хмурится? ТРАМ по решению ЦК ВЛКСМ, то есть по решению А.В. Косарева, стал именоваться Театром имени Ленинского комсомола. А Косарев — мрачнее тучи...

То, что рассказал Косарев жене, он не считал нужным говорить шальной любовнице. И Валя не думала, говоря матери о хмурости Косарева, что дни его сочтены. Вообще она о

Косареве мало думала, она думала — не часто, но думала — о
Кольке Рытькове. Где он сейчас? И дождется ли его Зинка
Нарышкина? Думала, что сама она ждать не умеет! Не умеет и
не хочет кого-нибудь ждать. Слишком коротка молодость,
чтобы ее на ожидания тратить.

Клавдия Михайловна думала о Косареве, вспоминала
свой роман с Енукидзе, и ей было страшно! Страшно за
Валю, за себя, страшно за страну...» (М. Волина).

Кроме всего прочего, Валин отец сидел в лагере. Теперь
она знала об этом. Правда, он не проходил по статье «враг
народа», не был «политическим». Тем не менее Роднуша
посоветовала — хуже не будет, и Валя публично отреклась
от отца на собрании, когда вступала в Рабис (профсоюз работников искусств).

Все — «бабьи сплетни». Это так. Наверное, Валентина,
сама того не желая, ввязывалась во всевозможные интриги.
Не случайно Роднуша с детства пыталась объяснить дочери
неписаные правила театральной защиты. Зачем ненужные
откровения, доверчивость, несдержанность? Но — тщетно.
Не было в Валентине ни толики лицемерия, ни желания
защищать себя маской равнодушия. Она доверяла людям и
часто ошибалась.

Говорили: Валентине делают карьеру покровители. Всегда говорили. А работа? А талант? Искреннее восхищение,
доброжелательность критики? Интриги юной Серовой — с
постелью, склоками и всем приложением — Волина показывает очень достоверно. Правда ли? А что вообще тут правда, что ложь?

М. Волина приводит и такой факт — в день шестидесятилетия Сталина, по рассказу вдовы Косарева: «В Кремле на
банкете, незадолго до ареста Саши, Сталин встал со своего
места, подошел к нему с бокалом, чокнулся, выпил вино, обнял Сашу и прошептал ему на ухо: "Предашь — убью!"»

Однако шестидесятилетие И.В. Сталина — 21 декабря
1939 года. А. Косарев был арестован в ночь с 28 на 29

ноября 1938 года. В день шестидесятилетия вождя Валентина — уже как вдова Героя Советского Союза — принимала от Сталина уверения в отеческой заботе, а Косарев мог быть и расстрелян, мог находиться и в подвале Лубянки, окровавленный и беспомощный. Но никак не на банкете. Неточность? Путаница? Тогда так уж невозможно предположить, что и вся история актрис Половиковых с Енукидзе и Косаревым — околотеатральный эпос тридцатых годов?..

Никто из людей, близких Валентине Серовой, никогда не упоминал этих имен рядом с ее именем.

Но одно неопровержимо. «Душевная внимательность, нежность и уважение со стороны сильного, мужественного человека — в этом как раз нуждалось сердце молодой женщины», — пишет З. Чалая, завершая небольшой экскурс в Валино комсомольское темное прошлое. А чье сердце в сих дарах не нуждается?

> Плюшевые волки.
> Зайцы, погремушки.
> Детям дарят с елки
> Детские игрушки.
>
> И, состарясь, дети
> До смерти без толку
> Все на белом свете
> Ищут эту елку.
>
> Где жар-птица в клетке,
> Золотые слитки,
> Где висит на елке
> Счастье их на нитке.
> ...
>
> Желтые иголки
> На пол опадают...
> Все я жду, что с елки
> Мне тебя подарят.

* * *

Ей, Валентине Васильевне Половиковой, как воздух нужен был не просто сильный, а самый сильный в мире мужчина. Девочке-птенцу с большими, длиннющими руками нужен был человек с настоящими крыльями.

ГЛАВА 4

ЛАПАРУЗКА

(Год великой страсти)

Анатолий Серов родился в 1910 году в поселке Воронцовском в семье потомственных уральских рабочих-горняков. Отец — горный техник Константин Терентьевич, мать — Любовь Фроловна, домохозяйка. Большая дружная семья: старший брат Евгений, сестры — Агния, Надежда и Маргарита. С детства — самый отчаянный, самый талантливый, самый сильный и совершенно бесстрашный: подростком он, уже мечтая летать, прыгал с крыши сарая и повредил ногу, с тех пор слегка хромал. Знаменитый лыжник — первый во всех состязаниях. Семья поселилась в городе Надеждинске Екатеринбургской области, и лет с пятнадцати Толя, окончив ФЗУ, работал на заводе подручным сталевара. Потом Осоавиахим — комсомольский призыв в авиацию. Девятнадцатилетний Серов по путевке направлен в летную школу, стал профессиональным пилотом. Прошло немного лет, и среди тысяч военных летчиков он стал, по общему мнению коллег, лучшим. Ему стремились подражать. Он был очень популярен, безрассудно храбр, резко выделялся среди друзей умом и редким остроумием. Показал классические образцы ведения неравных ожесточенных боев в Испании и не знал поражений.

На его примере и опыте учился весь летный состав ВВС, те, которым предстояло скоро воевать.

Теперь красавец истребитель приехал в Москву. О нем рассказывают легенды: его эскадрилья сбила более 70 самолетов противника. При летной технике тех лет это непревзойденный рекорд. Где сбила — не пишут, хотя портреты Анатолия и его друзей во всех газетах. В общем-то все знают, откуда вернулся Серов и другие сталинские соколы, но об этом нигде не прочитаешь. Не пишут, но и не скрывают. Понятно! Соколы — герои Испании. В январе 1938 года Серов получает в Кремле награду от Всесоюзного старосты Михаила Ивановича Калинина — два ордена Красного Знамени!

Широкоплечий, глаза синие, «брови черные вразлет», широкая улыбка, светлокудрый. Легкая хромота: известно почему — ранен. (А он про полет с крыши сарая молчит, так романтичнее.) В марте 38-го — снова награжден: получил в Кремле орден Ленина и «Золотую Звезду» Героя Советского Союза.

По решению партии и правительства Серов переселяется в столицу, вернее, в Чкаловскую — новый летный городок в тридцати километрах от Москвы, где он получает две комнаты в новой трехкомнатной квартире. Сюда на постоянное жительство переезжают родители Анатолия. Наведываются и сестры Рита и Агнесса, студентки, будущие учительницы. Брат остался в Надеждинске сменным инженером в мартеновском цехе.

Сам он бывает в городке редко, наездами, между важнейшими военными операциями, испытаниями. В основном живет в московской гостинице, иногда — у друзей.

Кто такой Матео Родригес? Загадочный испанский истребитель. У него все те же подвиги, что и у Серова. Только тот далеко, в сражающейся далекой романтической стране. А Толя Серов, Герой Советского Союза, — здесь, в столице. Его узнать легко — он единственный летает по Москве на роскошном алом «крейслере», фантастическом автомобиле.

Девушки замирают — и машина невиданная, и ее облада-
тель просто сказочный герой! Пишут, что Серов получил
эту мощную красавицу от правительства. Однако не уточ-
няют, что именно испанские республиканцы подарили ее
Матео Родригесу. А катается Серов! Почему?

Анатолий Серов знает все о современной авиации. Об
Испании, о проливе Лаперуза.

Отличный парень, который мастерски научился танцевать румбу, фокстрот и чарльстон в своем далеком засне-
женном Надеждинске. Он и сам человек надежный — лучший жених страны, это бесспорно.

Вот чего он не знает, так это московских театральных
сплетен. Он выше этого — действительно выше. И если он
повстречает красивую девчонку и влюбится, то никто и ничто
его не остановит.

Анатолий Серов впервые встретил Валю Половикову 3 мая
1938 года на вечеринке у своего друга, Героя Советского
Союза Ляпидевского.

Пришел в гости к Ляпидевским, когда праздник был
в самом разгаре. Не успел появиться в комнате, как вокруг него поднялся невообразимый гвалт. Толя шумно
приветствовал друзей, раздавая им по привычке старые и
новые забавные прозвища. Сел за стол, выпил, принялся
рассказывать какую-то смешную историю. Веселился и
шумел больше всех, пел, танцевал, шутил. И тут совершенно внезапно он увидел ее. Среди неизвестных Серову
гостей была прекрасная белокурая незнакомка, а рядом с
ней суетился какой-то молодой человек. Девушка отвечала что-то приятелю, но смотрела только на Толю, внимательно, удивленно и, как ему показалось, не скрывая восхищения.

Толя неожиданно для себя сильно смутился, притих и
тоже стал смотреть на незнакомку. Так продолжалось несколько минут. Молодые люди разглядывали друг друга
сквозь дым прокуренной комнаты не отрываясь, безотчет-

но впитывая неведомую еще зависимость, никого и ничего не замечая. И вдруг с Серовым произошло что-то невероятное, его охватило неистовое, буйное веселье. Друзья не случайно называли его Ураганом. Весь восторг, испытанный им в жизни от неба, от риска, от молодости своей, вдруг поднялся штурмовым валом: прямодушный пилот влюбился мгновенно. Надо было брать высоту, преодолевать преграду. Он, конечно, не растерялся. Подошел и, взяв Валю за руку, увел танцевать.

Он ее не знал, но она, конечно, прекрасно знала Анатолия Серова, этого могучего орла испанской войны, легендарного Героя Советского Союза. Валентина забыла про все на свете. Свои неприятности в театре, мысли об актерской зависти, обидные сплетни — все вмиг ушло. Он был настолько большой, значительный, красивый, настолько сильный... Она больше ничего не хотела помнить. Он танцевал с ней, все нежнее нашептывая свои необычные словечки. Он рассказывал про Испанию, где его знали как республиканского летчика Матео Родригеса, про свои истребители, которые называл по-испански «чатос» — курносые, про немыслимые испытательные полеты. Он рассказывал и про то, как сам хотел быть когда-то артистом, и задавал сотни вопросов. Он сразу стал близким, но не так, как театральные мужчины. Никакой вязкой двусмысленности, никакой наглости.

О театре Валя говорила не очень охотно, все-таки затаенная обида не прошла, и недавний страшноватый процесс о защите достоинства оставил ноющую рану. Ее хотели исключить из комсомола! А теперь она в объятиях настоящего героя, ничуть не бутафорского, и его смелость настоящая, и шутки открытые, недвусмысленные. Хотя, без сомнения, он был немножко фат, ему нравилось говорить эффектно, образно, по-особому переживать сказанное. Валя сразу отметила редкую одаренность, артистичность его натуры.

Его мужская сила, которую он не в состоянии был сдержать с первых прикосновений, его простота, независимость,

его свобода просто опьяняли Валентину. Кружилась голова.
Они подходили к столу и садились ненадолго отдохнуть —
вместе. Больше он ее от себя не отпускал ни на минуту.

Валя ощущала себя желанной. Его рассказы о небесных
испытаниях проникали прямо в кровь, в самое сердце. В
ней растворялись его солнце, звезды, облака. Она исчезала
и становилась им равной в этих стальных руках. Он говорил ей тогда и о риске своих полетов, но подобные мысли в
тот вечер казались Вале абсурдными. Она скорее мельком
вспоминала о риске своей актерской стези. Зависть, сплетни — вот настоящий риск. А особенно опасны мерзкие про-
цессы «к вопросу о нравственности». Правда, остался оса-
док безотчетной брезгливости: накануне она выступала на
собрании в театре, разоблачая клеветников. Валентина, бес-
печная, но чуткая, женской интуицией угадывала мрачно-
ватый оттенок происходящего; отбиваясь от обвинителей,
наговорила лишнего. Как отзовется? Нехорошо...

Но какой мелкой, ничтожной представлялась теперь эта
травля! Прежние тревоги унеслись. Испытательные полеты, военные подвиги, фантастическая техника, о которой
ее друзья и понятия не имеют. Настоящий герой! И вот он,
Валя почувствовала сразу, навсегда ее мужчина. Рядом с
ним она избавится от обыденной, пустой суеты. Это были
даже не мысли, а тот же пока неосознанный восторг от встречи, от обретения, которым она отвечала на его несдержива-
емый восторг. Это была любовь с первого взгляда. Они поняли это оба. Толя сразу же решил, что Валя будет его женой.
Но в тот вечер не сказал ничего.

Далеко за полночь вечеринка окончилась. Подошел Ляпидевский, и Валя пригласила обоих друзей на спектакль
«Бедность не порок». Завтра.

Приехав домой, она не могла ни на миг забыть о его
нежности и уважительности, к которым в театре не привыкла. Она была еще девчонкой и, как все ее ровесницы,
невесты 30-х годов, любила военных — «настоящих мужчин», восхищалась героями Испании. Может быть, это

сон — ее Толя? Жаркая невесомость подхватила и закружила. Никаких мыслей. Завтра. Завтра она снова его встретит...

Сюжет первой встречи Анатолия и Валентины мы взяли у З. Чалой. Он мог выглядеть и несколько по-иному.

Если юная Половикова действительно была дружна с Александром Косаревым, то именно он мог познакомить летчика с актрисой.

Известно, что Косарев фанатично любил авиацию. Именно по его инициативе комсомол взял шефство над Военно-Воздушными Силами, его трудами возник в Москве Центральный аэроклуб, где в содружестве с Осоавиахимом учились без отрыва от производства рабочие и студенты, получали звание пилотов запаса. Вырастить крылатое племя — косаревская мечта. Весной 38-го года Косарев уже в опале, но он еще первый секретарь ЦК ВЛКСМ. Истребители — его друзья. Возможно, именно он, желанный гость в Театре Ленинского комсомола, привел Серова в компанию ленкомовских актрис.

В фантазии М. Волиной причина этого удивительного романа выглядит весьма прозаично.

«...Уезжая в Ленинград на гастроли, Клавдия Михайловна отдала Вале ключи от квартиры.

— Месяц комнаты в твоем распоряжении, — сказала мать, — но чтобы когда я вернулась, тебя не было!

— А куда ж мне деваться?

Мать посоветовала дочери срочно выйти замуж. И та, обидевшись, обещала — за месяц выйдет!»

И, как в кино, Валентина в нужный день и час встречает человека, который научил ее любви и оказался тем принцем, тем лучшим женихом страны, которому она и была предназначена судьбой и который ей был предназначен.

С Серовым познакомилась не у Ляпидевских, а раньше, на другой вечеринке, где собрались артисты, музыканты, военные. Скорее всего в ресторане или в клубе. И влюбились друг в друга молниеносно. И Валентина, ни минуты не раздумывая, в тот же вечер привела Толю в квартиру на Малой Никитской.

И сразу поняла, что он — ее Мужчина. Впервые поняла, что такое настоящая страсть. И посему именно Анатолия и можно считать ее первым мужчиной. Он был провинциал, слухов о Вале Половиковой не знал и никаких сомнений на ее счет не испытывал.

А если бы и знал? Что эти слухи для любви — мало ли...

«Герой Советского Союза был не москвич. Был бы москвичом, — предполагает М. Волина, — близко к Валентине Половиковой не подошел, сплетен остерегся».

Еще как подошел бы...

Так или иначе, Валя и Анатолий встретились, полюбили и уже не расставались никогда. До самой его смерти.

На следующий день уже в пять часов вечера Анатолий примчался к Ляпидевскому. Накануне выпили сильно, и тот, конечно, ничего не помнил.

— Мы идем в театр? Сейчас?!

Серов сделал страшное лицо и нетерпеливо закричал:

— Давай одевайся, сумасшедший! Ведь она играет сегодня! Ты такой важной вещи не поймешь, я должен ее видеть!

— Еще время есть, — заспорил было оторопевший Ляпидевский, совсем не готовый к выходу в театр.

— Опоздаем. Хочу поскорее прийти туда, поторопись!

И они помчались в театр на роскошном «крейслер-эмпериале» Анатолия. Серов называл свой автомобиль «Королевой». Недавно он получил ее в подарок вместе с шикарными золотыми часами и безгранично гордился своей великолепной машиной. В то время автомобилей в Москве было совсем немного, а таких, как у Анатолия, и вовсе никто не видел. А потому и сам он королем вальяжно, представительно подкатил к зданию на улице Чехова. Красавец, в новой с иголочки летной форме, причесочка — волосок к волоску, огромный, глаза горят — все девчонки твои. На него неизменно смотрели с восхищением, благоговейным трепетом, билетеры лакейски провожали в зал. Но сам он никого не замечал. Ждал, когда появится Она. Заметно волновался.

Наконец свет погас, пошел занавес, и соседи перестали поедать взглядами живописного беспокойного зрителя, увешанного, как на военном смотре, орденами.

Смотрели «Бедность не порок» Островского. Зрители в театре — молодые, неискушенные театралы. Помните, как критик описывал публику этого молодежного театра — гневные возгласы, частое всхлипывание в зале. Трогательная драма молодой девушки, необычайно трепетной и нежной Любови Гордеевны разволновала Анатолия так, точно все это случилось не с героиней, а с самой Валентиной, и он, столь же непосредственный, как и остальные зрители, буквально рвался к ней на помощь, а Ляпидевский его успокаивал и удерживал — с трудом...

Валя играла Любовь, и все сходилось. Бесспорно, она нуждалась в защите и опеке. Ее ведь нельзя ни на миг оставить! Сюжет и реальность путались в голове. Он любил обеих — Валю и ее трогательную Любушку. Она и правда играла талантливо. Для него же она была прекраснее всех. Равной ей во всем мире не найти. Восторг мешал ему что-то понять в пьесе. Неужели Валентина Половикова, которую теперь любили все пришедшие на спектакль люди, вчера так нежно говорила с ним и, кажется, отвечала на его чувства?.. Красота актрисы завораживала, а теперь, подчеркнутая ярким гримом, казалась ослепительной. Но ее особенная, неповторимая нежность обращена была только к нему.

Спектакль окончился, Серов аплодировал громче всех.

— Ты иди сам, а я останусь, подожду Валю, — сказал он Ляпидевскому, проводил друга до выхода и стал мерить шагами вестибюль.

Постепенно все разошлись, и театр опустел. Какой-то служащий наконец решился спросить важного военного:

— Кого вы ждете?

— Вашу премьершу! — ответил тот несколько сурово.

Служащий быстренько ретировался и побежал в служебное помещение.

Наконец Валентина вышла, одетая в голубой костюм, который он страшно полюбил, как и все вещи, которые были на ней в первый день их знакомства. Без грима показалась совсем девочкой, улыбалась тревожно, в глазах вопрос: как, понравилась?

— Ты такая талантливая, Валюша, ты так играла! Ты лучшая артистка на свете!

Он усадил ее в свою «Королеву», и они понеслись по ночному чистому городу. Было еще светло, и воздух, остро и сладостно пахнущий черемухой, возбуждал их чувства, горячо обжигал прохладный ветер. Все это был запах счастья. Вале исполнилось только 19 лет (или, может быть, 22). Она любила вызывать некоторое смущение, ее приятели это знали. Но тут с ней мужчина, который боготворил ее с первой минуты их встречи. Что-то безрассудное, пьянящее закипало в этом полете на новенькой, блестящей «Королеве». Неожиданное чувство собственной исключительности рождалось в душе. Восхитительная свобода!

Майский ветерок, гуляя в машине, нетерпеливо нашептывал: не надо медлить! Они и не думали мучить друг друга ожиданием любви. Они решили, что будут любить, потому что оба хотели этого...

И поехали на Малую Никитскую.

Потом два дня Серов ни на шаг не отходил от Вали, никому не давал помешать их сближению. Утром он отвозил ее на репетиции, днем они ездили в клуб писателей, обедали, вечером гуляли в компаниях, пили дорогое вино и без повода смеялись.

Анатолий везде успевал завести себе друзей, перезнакомился со всеми ее приятелями. Двух дней Серову хватило, чтобы убедиться: во-первых, он любит ее безумно, во-вторых, она нравится очень многим.

На третий день наконец он решился. Она сидела в кресле у окна, счастливая, он — на стуле рядом. Вдруг со всей силы придвинул вплотную к себе ее кресло так, что она оказалась близко-близко.

— Валюша, все это шутки да развлечения.

Она засмеялась.

— Я люблю тебя. Слушай... — Он помрачнел, наверное, потому, что за два дня их знакомства понял, как легко Валентина Половикова покоряет сердца мужчин. За эти дни ох сколько взглядов, восторженных и безнадежно отвергнутых, он ловил вокруг своей юной подружки. — Я хочу серьезно тебя просить — выходи за меня замуж. Будешь моей женой?

Валя была застигнута врасплох.

— Замуж?

Она боялась поверить его серьезности. Конечно, он влюблен, но замуж, так скоро, так неожиданно... Хотя Толя никак не мог сейчас шутить. Взгляд его стал по-детски доверчивым, открытым, настойчивым, глаза блестели, смотрел прямо, ожидал немедленного ответа, держа кресло наперевес.

Она знала, что уже любит его. Но на всю жизнь...

— Послушай, это так скоро, неожиданно. Ты можешь подождать немного?

— Чего ждать, Валя?

— Я... я должна поговорить с мамой.

— Попросишь благословения?

— Знаешь, она — мой единственный друг. Мама сейчас в Ленинграде. Мне надо с ней посоветоваться.

Толя нахмурился. Она взяла его за руку, хотела успокоить. Молнией в голове пронеслась неясная тревога. Она вдруг с тоской подумала, насколько непрочно и недолговечно может быть ее счастье. Впервые так подумала...

— Ведь это очень серьезно. Пойми, Анатолий.

Серов решительно и быстро встал. Он не любил никакой неопределенности, был очень напорист и без лишних обсуждений определил: срок отъезда — сегодня.

— Что же, поезжай. Хотя, по правде говоря, все ясно, и что же тут обсуждать?

Поздно вечером он привез ее на Ленинградский вокзал и купил билет на «Красную стрелу».

Валя не спала всю ночь. Значит, он будет ее мужем? Теперь она снова и снова почему-то с тоской вспоминала его рассказы о полетах, восстанавливала подробности. Господи, впервые осознала, насколько он, такой самоуверенный, смелый, красивый, зависит вот от этого бездонного темного неба за окном купе. И грохочущий поезд говорил ей о Молохе, крушащем маленькие жизни. Она думала о крохотных ястребках, летящих в огромном небе. Неясное предчувствие томило всю ночь. Она впервые подумала об ожидании и впервые подсознательно начала страдать от мысли, что ждать она совсем не умеет. Тоска о будущем, неясная и мучительная... Но не всегда же он будет летать. Он не всегда там... в небе...

Утром на следующий день Валя была у матери. Клавдия Михайловна Половикова играла тогда в Театре имени Пушкина. Они завтракали вместе.

Валентина едва успела рассказать матери о цели приезда — сообщила о чрезвычайном событии. Сама она уже все решила, но пока об этом промолчала. Вот если бы он был сейчас здесь... Так хотелось его увидеть! Вдруг зазвонил телефон. Валя схватила трубку. Что это? Он ее мысли угадывает!

— Здравствуй, Валечка! Это я.

— Толя?! Мы о тебе с мамой говорим.

— А я здесь, в Ленинграде...

— Как в Ленинграде?

— Только что прилетел.

— Ты же не должен был...

Он ответил — слишком серьезно:

— Ты только не думай, что я из-за тебя прилетел. У меня здесь свои неотложные дела.

Валентина, конечно, не поверила.

— Что ты, я и не думаю. А время у тебя есть?

— Конечно! То есть несколько минут я найду.

— Тогда зайди к нам, если сможешь.

— Только я... Валя, можно я сначала заеду за своим другом, мы вместе придем. Разрешаешь?

— Мы вас ждем.

Вскоре Толя явился с боевым товарищем Женей Птухиным. Серов, слегка сконфуженный, официально познакомился с Клавдией Михайловной. Сел на стул — стул затрещал, видимо, не выдержав серовского темперамента. После такого конфуза Анатолий понял, что хуже не будет.

Впрочем, он привык моментально принимать решения и не стал тянуть неловкую паузу:

— Клавдия Михайловна! Валя объяснила мне, что я должен у вас спросить. Вы отдадите ее мне в жены?

Обе актрисы засмеялись.

— Что вы, Анатолий Константинович, это ее воля, пусть сама решает. Она ведь взрослая девушка, самостоятельная.

— Валя, как ты, решила?

— Знаешь, я скажу, когда вернусь в Москву.

Серов стал ее торопить:

— Значит, сегодня же и поедешь назад, договорились?

Она хотела еще денек пожить с мамой, но ему невозможно было возражать. Пришлось согласиться. Толя провел с Валей весь день, никаких других неотложных дел у него не оказалось. Вечером Серов и Птухин усадили Валю в купе. Долго смотрели вслед поезду.

— Ну что, теперь в Москву. Пора!

И Толя отправился на военный аэродром. А Валя опять ехала всю ночь, без конца просыпалась, смотрела в черное небо и думала о его самолете. И близкое будущее завораживало и бесконечно пугало.

Утром, выйдя на вокзал, она увидела сияющего, идеально выбритого Толю с огромным букетом сирени. Это театральное появление просто сразило ее юную душу.

— Ну, Валюша, целая ночь тебе была на раздумья. Ты уже решила?

— Ладно, Толя. Я согласна.

Он обрадовался как ребенок.

— Я так спешил, когда летел к тебе, что при посадке первый раз в жизни сделал «козла».

— Нет уж, теперь ты ради нас двоих должен быть осторожен...

История серовского сватовства рассказывается по-всякому.

По мнению М. Волиной, сюжет придуман В. Серовой от начала до конца в престарелом возрасте. И сама сцена сватовства начисто списана из пьесы «Бедность не порок».

«— Мамашенька! Отдаете мне Валю?

— Пусть сама решает, ее воля».

Между тем З. Чалая, как я уже говорила, первую книгу об Анатолии Серове написала в 1939 (самое позднее — в 1940-м) году, таковая имеется в Государственной библиотеке, и, по свидетельству людей немолодых, книга читалась тогда как откровенный любовный роман.

Агния Константиновна Серова, сестра Анатолия, тоже утверждает, что З. Чалая беседовала с Валентиной сразу после смерти Серова и написала первую книгу, когда чувства актрисы к погибшему мужу, о котором она вспоминала с тоской и нежностью, не ушли в далекое прошлое. Если есть в словах Чалой преувеличения, то чисто литературного плана.

Интересны и другие версии сватовства.

Клавдия Михайловна уезжала в тот день на гастроли в Ленинград, и Валентина решила ее сопровождать. Роднуша никого из ухажеров дочери не жаловала, ей никто не нравился, и чтобы произвести впечатление, поразить будущую тещу, Серов проводил их на вокзал в Москве, а на следующий день встретил у поезда с цветами.

Сама Валентина Васильевна, как вспоминала журналист Л. Уварова, рассказывала историю про Ленинград иначе.

«...Всегда была в Валентине какая-то, порой нескрываемая грусть, словно что-то точило ее душу, а ведь стороннему глазу могло показаться — ну что еще желать от жизни?

Однажды она призналась:

— Я тоскую по Толе... Конечно, Костя — прекрасный, удивительный человек. Но Толю не могу забыть. Сынишка очень похож на него. Иногда глянет исподлобья — и обрывается сердце... Когда мы только-только познакомились, Толя сразу же сделал мне предложение. Я колебалась — как-то страшно было... Испугалась любви. Да, понимаете, именно любви. Он — летчик, недавно воевал в Испании, о нем говорили как об отчаянном, храбром человеке, и вот я стану его женой и вечно буду ждать, терзаться от волнений, страдать: что-то с ним, каково ему, жив ли наконец? Мама моя сказала: «Валя, это в тебе эгоизм говорит. Ответить надо только одно: любишь или нет». Я ответила: «Сама не знаю...»

Потом мне надо было ехать на съемки в Ленинград. Толя проводил на вокзал, усадил в купе, простился, а утром выхожу из вагона, он — на перроне с огромным букетом роз. «Ты-то каким образом?!» — спрашиваю. «Как только проводил тебя, рванул на аэродром, к знакомым летчикам, они меня и подбросили до Питера, а по дороге на вокзал еще кой-куда заехал за цветами...» Смотрит на меня и смеется. И я поняла именно в эту минуту — не могу без него. Даже если захочу, без него не сумею!..»

Часто в статьях про Валентину Серову упоминается, что она ехала с Театром Ленинского комсомола на гастроли, а Анатолий опередил поезд с артистами и встретил их на перроне.

* * *

Впрочем, здесь возможна любая версия. Он полетел бы за ней и на край света...

Так или иначе, она, Валентина, согласилась пойти замуж.

В тот же день Толя привез ее домой, на Малую Никитскую, едва дал время умыться, переодеться, и они помчались на своей «Королеве» в Чкаловскую.

Мать Анатолия в тот момент, когда они вошли, стирала, стоя у корыта.

— Ой, Толечка, неудобно, — сказала она, увидев неожиданно незнакомую красавицу вместе с сыном. Так и стояла, вытирая руки о фартук, боясь пожать белую ладошку Вали.

— Ну, мамашенька, вот наконец моя настоящая невеста! Познакомься, это Валя Половикова.

Мать с облегчением вздохнула:

— Ну наконец-то, Толечка, слава Богу. Проходите, присаживайтесь.

Но нет, он никак не мог усидеть на месте, схватил Валю и повел показывать всему авиагородку. Валя видела, как он гордится, когда на нее смотрят с восхищением. Здесь все знали его порывистость и горячность. Но сразу понимали — эта девушка действительно жена. Позже влюбленные вернулись домой. Пришел и Константин Терентьевич.

— Что ж, — сказал отец, — вижу — ваше решение продуманное и серьезное, поздравляю!

Агния Константиновна Серова, свидетель этой встречи, запомнила трогательную сцену несколько иначе:

«Я хорошего мало помню о Валентине. Познакомились мы так. Первый раз я ее увидела, когда окончила институт в 1938 году и приехала на каникулы на Чкаловскую, где тогда жили мама с папой. У меня было направление в Тбилиси после педагогического института. Но Толя решил: «Нечего тебе там делать!» И помог остаться в Москве.

И вот однажды в мае приезжает Толя на машине, на своем «крейслере», и уже — с женой. Выходит из машины Валентина, блондинка, стройная, сравнительно высокая (по тем временам), но значительно ниже, чем Толя, конечно. Она шатенка была, потом начала краситься в блондинку. Но когда пришла первый раз — беленькая, короткие волосы или пучок — не помню, у нее такая прическа была — волосы забраны, гладкие, с волной. Красивая. Поздоровалась. Но она отнеслась к родителям и к нам, сестрам, свысока. Вроде подала руку, но так, чуть-чуть, как позже и Симонов. Показала своим поведением, что она — все, а мы — ничто.

Потом Толя ей сказал:

— Если ты к моим родителям и к моим сестрам будешь плохо относиться, то и до свидания.

Вот что он ей сказал. И когда она приезжала в другой раз, то уже целовала нас всех и относилась, конечно, по-другому. С большей теплотой».

Почему Валентина запомнилась одной из сестер Серова высокомерной и заносчивой? Не след ли это будущих сложных отношений Серовой с близкими погибшего мужа?

11 мая они расписались. Жили поначалу в гостинице «Москва», где у Толи был свой постоянный номер.

Толя любил придумывать прозвища. Валю назвал причудливо-замысловато — Лапарузка. Звучало на испанский манер, он говорил, что Валя напоминает ему синий чистый пролив Лаперуза... Иногда расшифровывал так — «лапа русая»...

Существует еще один интересный рассказ, связанный и с ленинградскими поездками Серовых, и с их медовым месяцем. Когда именно произошло событие, о котором идет речь, и произошло ли вообще, точно не знаю, но связано оно с женитьбой бесстрашного Матео Родригеса. Его описал Никита Богословский в статье «Вторая свадьба»:

«Наша творческая группа (фильм «Истребители»), приехавшая в Ленинград на премьеру фильма, объединившись с четой Серовых (они проводили там медовый месяц), весело обедала на открытой площадке ресторана «Крыша» в «Европейской» гостинице, где мы все тогда жили. И тут Валя Половикова (пардон, тогда уже Серова) посетовала на то, что красивый и торжественный ритуал церковного брака ушел далеко в прошлое, а скучная и формальная канцелярская регистрация в загсе наводит только уныние и не останется в памяти как событие в семейной жизни. А о том, чтобы закрепить им лично брачный союз в церкви, и речи быть не может: Толя — член партии, и если узнают (вспомните те времена), то и не посмотрят на его геройство — крупные неприятности обеспечены.

И тогда я предложил молодоженам «имитацию» церковного брака — театрализованный вариант обряда. Всей компанией спустились ко мне в номер, послали горничную за цветами, заказали в ресторане шампанское. Невеста переоделась в белое, увы, не подвенечное, платье, жених надел парадный полковничий (тогда еще не генеральский) мундир, из раздобытой в гостиничной аптечке марли соорудили фату, кольца накрутили из золотой бумаги и шоколадных оберток. В шафера выдвинули Бориса Смирнова и Михаила Якушина, из цветной бумаги вырезали короны. А на роль «мальчика с образом» (без учета его весьма высокого роста) был назначен писатель Борис Ласкин, вместо иконы державший большой портрет Николая Крючкова.

Я же, взяв на себя функции священника, облачился в белое кроватное покрывало, а на голову пристроил подушку, имитирующую клобук. Нет, это не было богохульство. Мы искренне хотели поздравить друзей, по-своему воссоздав то, что в действительности было для нас нереальным.

В ходе ритуала новобрачные встали на колени, и я дал им поцеловать гостиничный ключ от номера — в «Европейской» они до последнего времени были тяжелыми, с массивной плоской позолоченной шляпкой и выгравированным на ней номером комнаты. После обмена «кольцами» я произнес короткое и трогательное напутствие с пожеланиями семейного счастья до конца дней (счастье, увы, продолжалось недолго — вскоре Толя трагически погиб).

После церемонии состоялся веселый свадебный пир с настолько громкими криками «горько» и нестройным пением «Любимого города», что живший в соседнем номере московский гастролер, знаменитый бас Большого театра М.Д. Михайлов после неоднократных яростных стуков в стенку явился в номер с весьма решительным намерением, но довольно быстро сменил гнев на милость и даже поздравил новобрачных исполнением бетховенской «Застольной», чем вызвал раздраженные стуки в противоположную стенку номера   там жили какие-то иностранные туристы...»

С июня Серов снял на все лето дачный домик в Архангельском. Каждый день с друзьями уезжал в Тушино на тренировки, готовился к показательным полетам, предстоящим в День авиации — 18 августа. У Вали жизнь закипела как никогда. Она снималась на киностудии в фильме «Девушка с характером», играла в театре, репетировала. Когда день выдавался посвободнее, Лапарузка ждала свою птицу счастья на даче, в Архангельском.

Это были своеобразные свидания. В полдень раздавался сначала далекий, а затем перекрывающий все звуки шум, и маленькая эскадрилья из пяти самолетов, знаменитая пятерка Серова с диким гулом и ревом приближалась к поселку. Соседи в ужасе разбегались, а самолеты все разом как один устремлялись с высоты в пике, затем поднимались ввысь и показывали каскад виртуозных пилотажных фигур. Истребители кружили низко над домом, сбрасывали цветы, взмывали вверх, и Серов чертил в голубом небе белые слова — «ЛЮБЛЮ», «ВАЛЯ», «ЛАПА», а затем самолеты разворачивались и мгновенно пропадали за горизонтом. А белые послания медленно таяли, превращаясь в маленькие облака...

В августе на празднике в Тушино Серов и его товарищи устроили невиданное представление в небе с аттракционами и лихо разыгранным воздушным сражением.

3*

* * *

В сентябре Серовы получили квартиру в Лубянском проезде.

Квартира была несчастливая — раньше здесь жил репрессированный маршал Александр Ильич Егоров, первый замнаркома обороны СССР. Из пяти первых сталинских маршалов вождь оставил в живых только двух — Семена Михайловича Буденного и Климента Ефремовича Ворошилова, Тухачевский, Блюхер, Егоров были расстреляны.

Совсем незадолго до вселения четы Серовых Егоров переехал в этот красивый, только что отстроенный семиэтажный дом вместе с молодой супругой Галиной Антоновной, на которой женился вторым браком и которую любил так же страстно, как Анатолий свою Валентину.

«Он облез сейчас, этот страшный дом — один из первенцев сталинского преобразования столицы, — пишет М. Волина. — Мозаика из гранитной крошки (или еще какого стойкого крошева) потускнела. Но все же цветочные гирлянды, перевитые лентами, и плоды (признак сталинского изобилия), выглядывающие из них, обрамляют до сих пор массивные двери в жилые квартиры (сейчас запертые, ход со двора) и розовеют над дверями в магазин «Мясо».

Следов проживания в этом доме маршала Егорова и Героя Советского Союза Серова, именем которого называется бывший Лубянский проезд, — нет. Не ищите на фасаде мемориальных досок — они отсутствуют! ...Дом тяжелый, большеоконный, с потолками высокими, дверями широкими — будто и не населен! Двери парадные в квартиры заперты наглухо. В тридцать шестом году — год сдачи дома в эксплуатацию — картина была другая! Растворялись парадные двери, и советская элита гордо входила в благоустроенный (внизу «Мясо», наверху — вид на Москву), новый, прекрасный дом! Вошел и маршал Егоров с супругой, кастеляншей, горничной и... товарищем для услуг! (Когда-то они назывались лакеями или денщиками.) Квартира Егорова, обставленная старинной мебелью, для семьи из двух человек была великовата, но частые гости, подъезжавшие на огонек, заполняли столовую и гостиную, толпились у рояля; и квартира оказывалась для маршала совсем не велика, а в самый раз...

Егорова взяли! Может быть, ночью из постели вынули, жену его отправили далеко... И обжитую квартиру на третьем этаже, вместе с мебелью, постельным бельем, столовым серебром, кастелянщей и лакеем, получил Анатолий Серов вместе со своей Лапарузкой...»

Дата смерти Егорова точно неизвестна, есть две — 22 февраля 1939 года, когда Анатолий был еще жив, и 10 декабря 1941 года.

Серовым квартира понравилась. Оба они нажились в стесненных условиях достаточно, теперь наслаждались жизнью. Он шутил, что сделает ее своим штурманом, она втайне мечтала, что летать он бросит, поступит в академию, и тревоги ее кончатся сами собой. В магазине «Мясо» покупали Толе его любимые сибирские пельмени. О Егорове и других репрессированных они не думали вовсе. Какова была бы судьба Серова — человека яркого, слишком заметного и независимого, неизвестно. Ясно, что рано или поздно он тоже «вырос» бы из отчаянного «сокола» в значительного военного чиновника. И тогда... Но в тот год Сталин относился к своим «соколам» с теплом. К Серову — «как к сыну».

Валентину, выбор его, одобрял. Спросил у нее про отца.

— У меня нет отца, — ответила она, краснея.

— Как нэт отца? У каждого человека должен быть отэц.

Может быть, она подумала тогда, что он, Сталин, и есть ее настоящий отец. В искренней ненависти дочери к Василию Половикову в те поры сомневаться не приходится.

Возвращаясь с полетов, Толя обычно звонил долго и пронзительно. Как будто возвещал: «Начинается праздник, я вернулся!» Таня, домашняя работница, бежала открывать дверь.

— Валька дома?

Все свободное время они проводили вместе. В гостях ли, в театре, в клубе мастеров искусств, в Доме актера Толя и Валя неизменно становились центром любой компании. Лапарузка очень быстро переняла серовскую манеру подшучивать над друзьями. Впрочем, и сама она любила задеть словом, не без этого.

Каждый день у Серовых превращался в праздник. Постоянные встречи, друзья, застолья. «Когда пилот не в небе, он гуляет», — говорили товарищи. И они не теряли ни минуты. Легкие на подъем, всегда веселые, не знающие ни в чем отказа и всегда готовые к самой неожиданной вечеринке.

Валентина Серова уже тогда пользовалась необычайным успехом. Летчики называли ее ВВС — «военно-воздушные силы»... Иногда Толе казалось, что ни один мужчина не может спокойно пройти мимо его Лапарузки. К ней без конца подходили, просили автограф, просили с ней сфотографироваться, и если случайно на несколько минут она оказывалась в чужой компании поклонников и поклонниц, а его оттесняли в сторонку, Толя впадал в мрачное, унылое состояние. Он хотел, чтобы она принадлежала только ему, и сразу терял самообладание. Куда-то пропадали его обаяние и гонор, веселый взгляд становился мрачным и недобрым. Это всем бросалось в глаза. Толя был ревнив, но достаточно самоуверен и отходчив.

Особенно тяжело Серов переживал длительные разлуки. Пять дней без Лапарузки казались вечностью.

В декабре он вместе с товарищами уехал в Сочи. Пришлось уехать: начальство проявляло заботу о здоровье своих героев. Валя поехать не могла, сезон в самом разгаре. Но знала, что Толя будет переживать, если сразу же не получит письма. Она написала, а через три дня, не получив ответа, позвонила на курорт.

Жена Смушкевича подошла к телефону, хотела сохранить сюрприз в тайне, но не удержавшись засмеялась:

— Что вы, Валентина Васильевна! Анатолий Константинович уже поехал домой, встречайте завтра.

А без Толи Серова какой отдых, компании нет. Все друзья вернулись вместе с ним. Эти пять дней, говорил он жене, были невыносимой разлукой.

Так шла их жизнь. Всегда вместе.

Валя не переставала волноваться, ее томило непонятное ощущение тревоги. Она скрывала, никогда не плакала в его присутствии, старалась быть бодрой. Но каждый раз, когда он уезжал, она ждала неотвратимого. Валентина Васильевна знала, что муж испытывает далеко не совершенную, самую опасную технику. Позже она признавалась, что ее мучили тяжелые предчувствия — слишком непозволительно счастливы были актриса и герой.

Сталинские «соколы» много, сильно пили. Разрядка была им необходима. Они получали обязательный спирт. Может быть, и Валя потихоньку спасалась от тоскливого предчувствия, приводила себя в должную форму. Может, одинокими ночами она выпивала стопку-другую и немного успокаивалась?

Из воспоминаний Агнии Константиновны Серовой:
«Я встречалась с Валентиной в их доме на проезде Серова, 17. Утром придешь, Толи нет, а она по телефону с кем-нибудь болтает и всех своих коллег-артистов ругает последними словами. Вообще-то она выпивала уже. Но — понемногу. Привычка еще до свадьбы, наверное, возникла. Ну, все выпивали. И Толя, конечно. Особенно на всевозможных встречах. Серьезно началось у нее это после смерти Толи. А тогда, когда они были вместе, приедешь к ним, а в гостиной на столе и в кабинете у Толи пригласительные билеты — в Дом кино, в Дом литераторов, в клуб мастеров искусств. Бери любой билет. Я приезжала иногда на субботу — воскресенье из Чкаловской.

С утра Валя еще в неглиже.

— Несса, пойди купи рислинг. Вот тебе двадцать пять рублей.

Это в доме было принято. А так я брала любой билет и ехала на вечер в какой-нибудь клуб. Приезжала одна, и везде — почет и уважение. Одной, конечно, страшно, но что я — учителек, своих подружек возьму с собой? Я же приезжала к Толе в дом, с ночевкой. Когда Анатолий был жив, я в театр ходила, к Вале. Она играла в спектаклях «Наш общий друг», «Бедность не порок», «Дворянское гнездо». Я все это смотрела. Валя была замечательной актрисой в молодости, это правда.

Когда Анатолий на ней женился, начался такой счастливый для нее период. А до свадьбы, до знакомства с ним, говорили, она себя так вела!

Мы не были с ней задушевными подругами. Она всегда занята, ни минуты свободной, то — театр, то — съемки. Я ночевала у них, но никогда не знала, придут вечером или под утро. Мне кажется, Валя зазналась тогда. Муж у нее — такой большой человек, она такая актриса, а мы с сестрой Надей — что? Учительницы.

Любовь у них с Толей была безумная. Он очень ее любил, это очевидно. И она, конечно, его любила. Но и ругались тоже. Я слышала. Но — милые бранятся, только тешатся. Да и когда им было ругаться за год-то, Господи! Он очень скучал без нее, если она уезжала, действительно. Но и самого его никогда дома не бывало. Он обедать прилетал. Входит в дверь, та-та-та, смеется, рассказывает, что там у них, поест и обратно, на службу. Он — как огонь, везде, во всем. Раз, раз, все быстро, поцелует, и нет его. Вспоминаю эпизоды такие, короткие. Жизнь у них была веселая. Однажды мы гостили у них вместе с сестрой Надей, она в Пермском пединституте на биологическом факультете училась, приехала на каникулы. И мы все вместе пошли на вечер. Я с Толей танцевала, он так танцевал! Ну с ним будто на волнах плывешь. Он очень добрый был к нам, сестрам. А

Вальку на руках носил! И без конца — банкеты, встречи, проводы. Все пили — то за Толю, то за Валю, вот она понемногу и спивалась».

Впрочем, сама Валентина Васильевна рассказывала приятелям, что с Серовым она вообще не пила, зато сам летчик выпивал очень крепко. Летчики получали паек и обязательно чистый спирт. Серова старалась куда-нибудь убрать его с глаз долой. Однажды спрятала бутылку в валенок. Анатолий бегал за ней по коридорам огромной квартиры с топором. Требовал свою водку.

Так вспоминала Валентина Васильевна, может быть, году в 1970-м. Возможно ли? На Лапарузку — с топором? На горячо любимую? Кто знает. Хотя, может быть, в рассказах постаревшей Серовой память о летчике затмевал образ его сына, Анатолия-младшего, больного алкоголизмом, несчастного, неустроенного человека. Мальчика, которого она предала. Не знаю и продолжаю рассказ о нежных супругах.

Однажды ранней зимой, когда тоска Валентины особенно усилилась, когда пугали первый снег, грязь, непогода и все виделось в мрачном свете, Толя все-таки почувствовал ее нервозность.

— Что ты, Лапарузка, это же совсем не страшно. Давай полетим вместе.

Только один раз он взял ее с собой в небо и показал несложные фигуры высшего пилотажа. Сначала она пугалась ужасно, ей было плохо, но она крепилась, старалась не показывать, что боится. Они полетели над Москвой. Валя освоилась в воздухе с поразительной быстротой и показывала ему знакомые дома, улицы, площади.

— Смотри, вот моя киностудия, Толя.

— Лапарузка, тебе надо бросать театр и учиться на штурмана, у тебя исключительный талант аэронавигатора. Представляешь, мы будем летать всегда вместе. На земле и в небе, никогда не расстанемся.

А почему бы нет? Здесь, в небе, так спокойно, паришь над всеми, и никаких сомнений, не надо его ждать! А если уж погибать, то вместе...

Так они жили, маленькое созвездие Серовых. Юная белокурая красавица и могучий герой. Судьба их баловала.

1939 год начинался удивительно. В своей квартире в Лубянском проезде устроили праздник. Из Чкаловской привезли огромную елку, вместе накупили игрушек, позвали всех друзей с детьми. В полночь раздался звонок.

— В Кремль! Лапарузка, мы едем в Кремль!

Они пили шампанское вместе с товарищем Сталиным. 1939 год начинался как волшебный сон. Хозяин смотрел на избранную пару благосклонно...

Анатолий поступил в Академию Генерального штаба. Но полетов, как она мечтала, не убавилось. Теперь он все чаще улетал надолго. Валя в эти дни умирала от страха, мысленно крестила телефон, когда раздавался звонок. Вечерами говорила с другими женами. Но ничего не спасало. Однажды она поехала с Толей в аэропорт и увидела серовский скоростной истребитель. «Красный пузырик» — так прозвал его муж. Истребитель был новенький, весь красный, с белыми полосами и синим мотором. Люди вокруг суетились, запускали двигатель. Он сел в машину, махнул рукой и мгновенно исчез из виду. Что же волноваться? Такой уверенный, сильный, веселый. Он — душа и сердце этой таинственной машины, и с ним ничего не может случиться.

Иногда по правительственному заданию Серов улетал за границу. Весной он был уже членом Совета авиации при Комитете обороны. В марте ему присвоили звание комбрига (генерал-майора). В марте же власть в Испании захватил Франко. Герои Испании прибывали в СССР... Встречался он со своими боевыми испанскими товарищами-республиканцами, чья колония — «Пассионария» — теперь находилась в Москве, принимала ли их Валентина — неизвестно.

Они наверняка видели «крейслер»-«Королеву», алую и непостижимо прекрасную, на улицах Москвы.

Дела четы Серовых шли прекрасно. У Вали вышел фильм «Девушка с характером». Они смотрели его множество раз. Днем встречались по обыкновению в Доме актера. Толя ждал жену с репетиций в бильярдной и, чтобы не упустить ни минуты, старался назначать деловые свидания тут же. Вдруг она освободится раньше, а он уйдет?

Серов отпраздновал двадцатидевятилетие, и Лапарузка готовила ему щедрый подарок. Она ждала ребенка. Толя хотел много детей, но в тридцать лет у него будет первенец, конечно, сын. Он был абсолютно счастлив. Теперь никто не приблизится к его единственной, его прекрасной девочке.

— Родишь сына, — обещал он жене, — подарю «Королеву», родишь дочь — получишь велосипед.

Они были абсолютно счастливы.

Правда, Агния Константиновна помнит, как однажды слышала тяжелый разговор брата с матерью:

— Если, мама, что случится, воспитай моего сына!

Возможно, он понимал, что его веселая, красивая жена с сыном не справится...

Вот пошлость житейская, но — справедливая. Такой женщине, как хорошему бриллианту, нужна оправа. Серов был ярчайшим представителем бомонда своего времени. И встреча их была не случайна. Таких, как Валентина, молодых, красивых актрис без лишних комплексов, приглашали в самые высокие компании.

В сущности, ничто не меняется под небом. Элита существовала всегда. В Советском Союзе тридцатых такой элитой был высший летный состав.

И Валин выбор был понятен: мужское начало авиатора не подвергалось сомнению, и в самой чистой душе мысли о герое вызывали трепет, и в душе актрисы, естественно, тоже. Летчики в ту пору — баловни и любимцы власти — подвергались ежечасной опасности и, кроме постов, наград и всевозможных благ, имели небо и крылья, им поклонялись всенародно, а самые прекрасные женщины считали для себя достойным выйти за пилота.

Вокруг таких женщин создавались легенды, и потом эти же легенды воплощались в жизнь и обрастали новыми легендами, слухами. Валентина Серова среди таких легенд-женщин явилась настоящей находкой строя, его гениальным воплощением. Властительница героических сердец. Но ее легенда была полностью оправданна. Она действительно вышла замуж за героя Испании, действительно была прекрасной актрисой и действительно любила своего героя. Юная женщина поразительно точно воплотила наисладчайшие мечты и грезы современниц — артистка, жена героя.

Сохранилась фотография 1939 года. Видимо, это и есть егоровская квартира: Валентина сидит в вольтеровском кресле у огромного, почти в человеческий рост камина, на ней шелковая свободная блуза и длинная юбка. Легко, аристократично сидит, чуть вяло, лениво спадает вниз нежная ладошка. Вокруг старинные предметы, свечи — плохо видно, снимок очень старый. Но как она хороша, как восхитительно грациозна...

ГЛАВА 5

РОКОВОЙ МАЙ

Наконец снова наступил май, их месяц. Ему и Смушкевичу поручено было организовать первомайский воздушный парад и руководить им. Толя любил красивые, смелые, театральные решения, он чувствовал себя художником, его холстом было небо, а зрителями — вся Москва.

Его семерка внезапно возникла над Красной площадью, промчались и исчезли истребители, вновь появились и начертали в голубом пространстве «Привет Сталину». А затем мощными соединениями в идеальном порядке прошли истребители, штурмовики, бомбардировщики. Валя сидела на гостевых трибунах, беременная, и голова кружилась от страха.

По телефону Серову сообщили, чтобы он после посадки срочно явился на Красную площадь. Пока шел парад военной техники, он примчался из Тушино и поднялся на трибуну. Его встретили Молотов и Ворошилов.

Климент Ефремович, оглядев сияющего Серова, добродушно похлопал Серова по животу:

— Да ты что, Толя, поправился? Толстеешь ты заметно. Смотри, не люблю я толстых командиров. Жирок для летчика — лишний груз.

Вокруг засмеялись. Гордый Серов смутился, моментально подобрался и вытянулся в струнку перед наркомом.

— Ладно-ладно, показалось мне. Молодец, Толя.

Шумно, с закадычными друзьями отпраздновали 3 мая — первую годовщину знакомства. Друзья наперебой предлагали выпить за самую красивую и удачливую пару не только на земле, но и в небе. Валя чувствовала себя прекрасно. Пятимесячная беременность ее ничуть не портила. Напротив, ее красота стала чуть спокойнее, движения плавнее, да и страхи совсем не мучили. Толя последнее время больше сидел на лекциях в академии.

Вечером 5 мая Серова с Валентиной пригласили в Кремль. В дворцовом зале накрыты столы. Высокий прием, члены ЦК, военная элита, Герои Советского Союза. К Серову подошли и позвали к Сталину. Хозяин усадил Анатолия рядом с собой и долго с ним беседовал. Толя вернулся просветленный, смотрел отрешенно-восторженно, словно увидел чудо великое.

— Ну что, о чем вы разговаривали, Анатолий? — шепотом спросила Валя.

Он только поцеловал жену, хитро усмехнулся:

— Я получил зарядку на всю жизнь, вот и все. Теперь дело пойдет.

Наутро чуть свет Серов скомандовал Сергею, личному шоферу:

— Давай «Королеву» — и на аэродром. Потом в научно-испытательный институт проверить кислородное оборудование. Потом в академию — на смотр. Надо съездить еще к Смушкевичу. Сначала, значит, на аэродром, дать распоряжение по самолетам. Лапарузка, не скучай! Помаши мне из окна и будь здорова.

Три дня прошли в спешной подготовке к важному заданию, которое дал сам Сталин лично. Валя почти не видела мужа. А 9 мая 1939 года Серов вылетел с товарищами на тренировочные полеты в одну из школ курсов усовершенствования начсостава, где были назначены сборы летного командования различных частей Военно-Воздушных Сил РККА для тренировки по слепым полетам. Вместе с его группой в занятиях участвовала Полина Осипенко.

Анатолий уходил в полеты десятки раз за этот год. Нежно целовал ее, дремлющую, и каждый раз думал, что она еще спит. Но после его ухода она никогда не была спокойна. Знала, что нельзя распускаться, и заставляла себя думать о чем-нибудь постороннем.

9 мая, пока он собирался ранним утром, Валя лежала в постели. Толя стоял перед зеркалом и вдруг заметил, что она приподнялась, села, бледная, и внимательно смотрела, как он одевается.

Он достал зимнюю ушанку, натянул на голову, задрал одно «ухо» и состроил ей рожицу.

— Видишь, какой у тебя хороший мальчишка? Скоро появится второй. Не скучай, Лапарузка. — Он поцеловал жену. Ребенок уже толкался, Толя слушал биение его сердца. — Все будет хорошо. Жди теперь одиннадцатого, прилечу к тебе на чай.

— А сегодня?

— Не получится. Ты мне воротнички положила белые? Я ведь с дамой улетаю, неудобно ходить в грязном.

— Положила вчера, только два. Значит, послезавтра прилетишь? Толя, может быть, сегодня? Что тебе стоит?

— Нет, вряд ли. Теперь только на выходные.

У подъезда Толю ждала «Королева». Он сказал Сереже, что сам поведет. Тронулись. Серов любил гнать «Королеву» по московским улицам, включая то и дело громкую сирену на перекрестках. Внезапно его «Королева» зашлась, загудела и не хотела замолчать. Остановились. Толя и Сережа выскочили из салона и полчаса провозились с сигналом. Машина встала посреди площади Восстания и выла как живая. Прохожие останавливались, собралась большая толпа. Люди смотрели, как высокий летчик в парадной форме с четырьмя орденами на груди, красный от напряжения, беспомощно озирается, не в силах урезонить свой упрямый автомобиль, и посмеивались. Постовые стояли поодаль, ничего не предпринимая. Все-таки Герой Советского Союза.

«Королева» замолчала так же внезапно, как и заголосила. Серов быстро спрятался в салоне, уселся за руль. Сережа — рядом. Зрители расступились.

На аэродром ехали молча. Что-то неприятное, как показалось Анатолию, было в этой любопытной, внимательной, соболезнующей толпе и в этом непрерывном гудке. Он почему-то вспомнил, как хоронили разбившихся товарищей. И тогда он решил, что сегодня обязательно увидит Вальку.

Прибыли на летное поле. Летчики готовили свои самолеты. Полины Осипенко еще не было, а время поджимало.

— По самолетам! — скомандовал Серов.

Через минуту истребители поднялись в воздух и исчезли в небе.

Полина Денисовна позвонила на базу.

— Торопитесь, они уже улетели, — сказал комендант.

Полина подъехала моментально, приказала подготовить самолет и полетела вслед за товарищами.

Группа Серова совершила посадку на аэродроме КУНС (курсы усовершенствования начальствующего состава), в 400 километрах от Москвы. Решили ждать Осипенко. Наконец увидели быстро приближающуюся точку в воздухе.

— А вот и Полина. Теперь все в сборе, — сказал Серов.

Летчики пошли смотреть незнакомый аэродром и новенькие двухместные самолеты, на которых должны были проводить испытания по слепым полетам. Хотели попробовать сразу же, но Серов почему-то не захотел рисковать и решил, что будут весь день тренироваться в специальной комнате с аппаратом-имитатором. Вечером все пошли отдыхать. Серов сел в «Красный пузырик» и поспешил в Москву.

...Валя легла рано. До вечера не позвонили, значит, с Толей все в порядке.

Толя тихо нырнул под одеяло и разбудил ее нежным поцелуем.

— Прилетел! Слава Богу...

— Как обещал. Здравствуй, Лапарузка.

Тогда ночью он был очень бережен и ласков. Много смеялись. Но была тревога, была. Серов не говорил, но мысли неотступно возвращались к заданию. Заснули поздно. Она в его объятиях, спокойная, как никогда раньше.

— Ты и завтра прилетай, и всегда-всегда.

— Конечно, Лапарузка. Каждый день. Всегда, всегда я буду с тобой.

Им обоим хотелось верить, что для «Красного пузырика» это пустяк — прилетать к Вале в Москву, и «Королеве» пустяк — домчать Толю до дома, и любое расстояние не в силах задержать эти поцелуи и эту их любовь.

Но утром, когда Валя пришивала свежий воротничок, Толя все-таки заспорил с ней:

— Ты, Лапарузка, мало воротничков мне даешь. Мне нужно дней на пять.

— Дам один. И все. Завтра ты прилетишь и получишь еще.

— Нет, я прошу тебя, ты уж не поспи сегодня с утра, собери мне маленький чемоданчик дней на пять. Мало ли что. Не сердись. Я постараюсь прилететь, но все-таки собери. Я поеду на аэродром, а Сережа возьмет «Королеву» и вернется к тебе, ты с ним пришли вещи. Ну, будь здорова, родная.

Он вышел из квартиры. Валя побежала к окну смотреть, как Толя поедет. Во дворе сирена пронзительно пропела прощальный привет.

Валя готовила вещи и неожиданно для себя написала Толе записку. Она сама удивилась, раньше она никогда не писала ему никаких записок в дорогу. А сейчас, поджидая Сережу, сидела за столом, писала самые нежные слова и плакала, вспоминая прошедшую ночь.

Серов нервничал, курил у самолета и ждал Сережу Яковлева. Шофер наконец привез вещи и отдал письмо. Толя поставил чемоданчик в кабину, записку прочитал, сложил бережно и спрятал в карман на груди, у сердца.

Прежде чем улететь из Москвы, вдруг подозвал Сережу. Говорил странно, с неожиданной тоской:

— Сережа, если Валентинке что будет нужно, ты сделай, брат. Она ведь, ты знаешь... сына мне должна родить. Ты не бросай ее, не забывай.

— Что вы, Анатолий Константинович?! — неприятно удивился Сережа.

— Да, брат. Поухаживай за ней, позаботься, друг.

Серов улыбнулся, перевел разговор в шутку:

— Мало ли какие там прихоти, я же буду далеко.

— Есть позаботиться, товарищ комбриг, все будет выполнено.

— Ну ладно, я сказал. — И громко скомандовал: — По самолетам!

«Красный пузырик» поднялся в воздух, сделал круг над полем и напоследок послал Сергею прощальное приветствие, качнув крыльями, как будто улетал надолго, в дальний рейд.

Сергей думал об этом прощании, пока ехал в Москву. И о Валиной записке. Зачем отчаянные ребята, его Серовы, так странно прощались? Завтра, одиннадцатого, у них годовщина свадьбы, и он будет встречать комбрига здесь, на аэродроме. Смешные сантименты! Или... предчувствие?

10 мая, ближе к вечеру, Полина пришла в курительную и стала рассказывать о своих планах. Отдыхать не хотелось.

— Вы видели этот поселок? Мне не понравилось. Тут только наша летная школа выглядит прилично. А вокруг ничего, голая земля, какие-то буераки, свалки. Ни скверика, ни площадки. Где же летом гуляют дети? — Принесла план местности. — Вот здесь будет сад, там устроим клумбы. Перетащим сюда лес. Давайте сделаем целый современный городок со школой, театром. И Валя со своими артистами будет приезжать. Построим?

Днем небо сверкало голубизной. А вечером заморосил дождь. Они задумчиво смотрели в вечернюю мглу.

— Есть метео? Какая завтра погода?

— С утра возможны туманы.

Серов был молчалив, сосредоточен, совсем не шутил и рано ушел в свою комнату.

Утром 11 мая встали в полшестого. Пасмурная погода наводила тоску. Тучи затянули небо, и Серов, чтобы взбодриться, начал торопить пилотов за завтраком:

— Орлики, пошли быстрее на аэродром, пока можно летать.

На поле вышла заминка. Самолеты были не готовы, начали техническую проверку. Анатолий собрал своих инспекторов и приказал провести перекличку летчиков, приехавших из разных округов для отработки слепых полетов. Затем устроил обычный экзамен на поле. Серов задавал вопросы, ему быстро отвечали. Все было в порядке.

Наконец первый самолет, Якушина, подготовили.

— Товарищ комбриг, разрешите вылететь, моя машина готова.

— Давай скорее. Мы — следом.

Они брали горючего на сорок минут — время одного учебного полета. Серов приказал сделать до полудня пять вылетов, каждый экипаж — в своей зоне. Толя и Полина вылетели сразу за Якушиным. В первом полете Осипенко вела машину, сидя в задней закрытой кабине, Серов — в передней, открытой, корректировал ошибки. Якушин увидел, что Серов его догоняет, и пропустил Толю вперед. Потом самолеты разошлись по зонам. Через сорок минут оба вернулись на летное поле. Стали совещаться.

— Ну как, Миша, с приборами?

— В норме.

— А у нас «пионер» барахлит.

Этот прибор — указатель поворота и скольжения — беспокоил Толю и Полину. Но времени было жалко, небо затягивало, надо было торопиться. Еще четыре полета, инструктаж — и в Москву, к Лапарузке... Сегодня же годовщина их свадьбы, первая...

Серов сел в закрытую кабину и поднял самолет. Полина теперь контролировала полет.

Поднялись в боевом порядке. Серов первый, за ним Миша Якушин. Начали хорошо. Толя знал, что такое слепой полет. Практика у него была на Дальнем Востоке, о нем с той поры говорили как об асе высочайшего уровня. Ночные воздушные операции в Испании тоже, по сути, можно было считать слепыми. Но тогда шла война. А сейчас они отрабатывали слепой полет на скоростном тренировочном самолете и на малой высоте. Машина была крайне неудобная — двухместный скоростной истребитель шел всего на высоте 400 метров над землей. Малейшая ошибка — и земля расступится для тебя навсегда. Толя почти ничего не слышал, в закрытой кабине стоял рев, как будто он был не в небе, а скользил вкривь и вкось по полости бесконечной невидимой трубы. Казалось, что машина виляет, идет в крен, что он сильно бросает ее то вправо, то влево. Осипенко кричала:

— Идем верно!

Они летели над селом Высокое. Деревенские избы сверху видны как на ладони. Черные неровные прямоугольники полей, рощица в нежных майских листьях стояла серая под дождем. И узкое шоссе уходило на Москву.

— Полететь бы сейчас прямо туда, к Лапарузке.

Какой-то человек шел по направлению к шоссе. Пять-шесть лошадей пощипывали в стороне траву...

Очевидец полета рассказывал, что самолет производил странные фигуры. Потом внезапно быстро пошел широким винтом вниз.

Они летели к рощице, Серов сделал круг, повернулся к базе, но вдруг вернулся назад, завиражил и внезапно перешел в штопор. Истребитель надо было ввести в пике — идти к земле вниз по прямой, а потом бросить его вверх, резко набирая высоту. Но между машиной и землей не было пространства. Самолет врезался в землю вертикально.

Якушин вернулся на аэродром. Посмотрел кругом — никого. Толя должен был сесть раньше. Миша подумал: «Может быть, он уже раньше прилетел, заправился и пошел в третий раз?» Сели другие — Смирнов, Ряхов. Зарядились, полетели. Якушин летел невысоко и смотрел, где Анатолий с Полиной. Отгоняя тревогу, говорил себе, что отстал. Через сорок минут пошел на посадку. В этот раз Якушин пилотировал. Часто бывало на практике, что при посадке то подтянешь, то проскользишь, а это ошибка. А тогда Миша сел идеально, прямо у знака «Т» на три точки, по заданию. Увидел другие самолеты и подумал, что среди них стоит Серов. Педант, похвалит, в его вкусе такая точность.

Но как только сел, к нему подбежал Литвинов:

— Миша, выключай мотор!

Якушин удивился — он хотел заправляться:

— Что, отменяется?

— Нет Серова и Осипенко.

— Ну и что? Они в своей зоне пилотируют.

Начался сильный дождь, поднялся ветер, небо совсем почернело.

— Нет их в зоне. Сели на вынужденную, может быть.

Побежали к начальнику курсов.

Ряхов спросил:

— Когда комбриг заправлялся?

— На второй полет. — Переглянулись. — У них горючего на сорок минут. Прошло уже два часа.

Начальник курсов Абрамычев обратился к Ряхову:

— Пройдите в их зону, товарищ Ряхов, посмотрите.

Через несколько секунд летчик шел бреющим полетом в зоне Высокого и осматривал землю.

Вдруг похолодел, почувствовал, становится плохо. Увидел, как в поле бегут люди. Толпа собиралась у черной точки недалеко от дороги. Нет, не может быть. Толя, наверное, ходит поблизости, злой как черт, осматривает неполадки.

«Иду бреющим, вижу: вся машина разбита, мотор, фюзеляж — все... Одни крылья и хвост вздернулись, как кости скелета. Чувствую, мороз прошел по коже и будто шлем стал подниматься на голове...»

На аэродроме стояли курили, говорили сдержанно. Пусть немного ранены. Но предположить, произнести слово «авария» не могли. Еще надеялись. Вот показался в небе Лакеев, полетевший вслед за Ряховым.

«Мы ждем, чтобы узнать, что там случилось, — вспоминал Якушин эти трагические минуты. — Стоим здесь, на старте, и ничего не знаем... И вот летит к нам Лакеев, снижается, и мы видим вдруг, как он показывает нам руками крест, вот так... Это значит — или тяжело раненные, или мертвые. Мы с Борисом Смирновым пошли на то место. Видим, стоит Евгений Антонов. И поза у него такая, что понятно стало — ничего хорошего нет, согнулся как-то весь... И по другим летчикам, стоявшим там, было уже видно, случилось что-то непоправимое...»

Люди не расходились. Стояли в оцепенении. Услышали, узнали, что был Серов, была Осипенко. Кто-то из женщин заголосил, потом и другие. Надо было что-то делать. Людей попросили отойти, поставили оцепление.

Сообщили в Москву. Через полчаса прилетел почерневший Смушкевич — его самолет приземлился прямо в поле, у разбитого истребителя. Комбриг посмотрел на то, что осталось от Полины и Анатолия, быстро отошел. Стоял и плакал в стороне.

Ничего не обсуждали. Все поняли — смерть была мгновенной. Но одно обстоятельство поразило друзей Толи — его кабина оказалась открытой. Друзья представляли, как Толя в последний миг избавил себя от турбинного слепого невыносимого шума и увидел без стекла место своей гибели...

Валентина Васильевна вспоминала, что случайно на сцене она ударила руку и разбила часы — они остановились. Это плохая актерская примета, а она в приметы верила. Пока шел прогон, ей ничего не сказали. Но внезапно она увидела за кулисами несколько военных. Страшное предчувствие подтверждалось. Ей сразу не сказали, хотели постепенно подготовить, объясняли, что с Серовым не все в порядке. Потом ее посадили в машину и по дороге как-то обтекаемо говорили, что он сильно ранен. Но она умоляла сказать всю правду. И тогда ей сообщили — Серов погиб.

Ей отдали кое-какие вещи: кусок шлема, планшетку. Но она не могла на них смотреть и отдала родителям мужа.

«Когда Серов вылетел во второй полет, в Театре имени Ленинского комсомола шла генеральная репетиция, — пишет М. Волина. — Завтра должен был состояться первый спектакль «Галины» — пьесы о знатной свекловодке (прообраз — Мария Демченко). Валя нервничала. Платье пришлось расставить. Досадовала — зачем согласилась играть эту дуру Галину! Шток не Островский, да и комедия его — свекольное дерьмо! Но отказаться уже нельзя. Премьера завтра! Завтра премьера! Завтра!

Завтра Анатолий прилетит! Вспомнила Валентина в день репетиции ночь с девятого на десятое? Наверное, вспомнила. Иначе не рассказала бы Зинаиде Чалой, как «она проснулась в объятиях мужа». Валентина Васильевна рассказала, потому что ее так больше никто не обнимал!..

...Репетиция прошла нормально. Валя разгримировалась, переоделась. На лестнице парадного входа увидела Берсенева. Возле него толпились актеры. Иван Николаевич был нестерпимо бледен, чем-то потрясен. Странно? Репетиция прошла скорее хорошо! Спектакль принят? Отчего худрук так взволнован? Еле на ногах держится?

— Валентина Васильевна... — начал он, медленно выговаривая имя и отчество. Берсенев и самых молодых актеров величал по имени-отчеству. — Вы... — у него перехватило дыхание, он сделал паузу, — вы сейчас домой едете?

— Конечно, домой, — удивилась Валя, — а куда же еще мне ехать?

— Ну и поезжайте, — сказал Берсенев, — там вас ваша мама ждет...»

Агния Константиновна Серова узнала о случившемся 12 мая.

«Мама с папой и сестрой Надей, видимо, ночевали у Валентины в тот день, когда погиб Анатолий, они накануне приехали погостить.

А у нас на Чкаловской — трехкомнатная квартира, но общая, в третьей комнате жил слепой летчик Андрей Тарасюк. У нас — две большие комнаты, и Тарасюк — в третьей. Утром он стучит мне в стенку. Я:

— Что?

А Тарасюк говорит:

— Несса, Толя погиб. По радио передали!

Ой, Господи! Я не поверила, соскочила, оделась и на электричке поехала. Еду, а в дороге говорят все: «Анатолий Серов, Полина Осипенко!» Только об этом и слышу. Все потрясены — такие молодые погибли!

Ну, я приехала на проезд Серова, тогда — Лубянский проезд. Валентину я плохо в тот день помню, где она была, не знаю, а мать ее, Клавдию Михайловну, я хорошо запомнила, как она моей старшей сестре Наде (она в то время вышла замуж за студента и по распределению попала работать в Душанбе) говорит:

— Ну что ты, от жизни надо брать все.

Она ее ругала: что ты, мол, так живешь? В общем, прорабатывала. А Валентина куда-то уехала, а потом похороны, а после похорон летчики увезли Валентину в Барвиху, отдыхать. Это я хорошо помню».

12 мая утром в газете «Правда» был некролог. Фотографии — на всю полосу и статья.

«Имена Анатолия Серова и Полины Осипенко знала вся страна, знал мир. Они были знамениты, окружены славой. На них смотрели с восторгом и любовью всюду, где они появлялись. Но большевистская скромность и простота охраняли их от тщеславия...

Они ушли из жизни молодыми, в расцвете своей прекрасной зрелости... Они ушли из жизни, а тысячи таких же, как Серов и Осипенко, приходят на их место, и сотни тысяч придут. Память о них рождает новых героев. Они были любимыми детьми народа, а народ бессмертен, и он дает бессмертие своим героям».

В тот день, 12 мая, премьера «Галины» все же состоялась. Успех получился немыслимый. Все смотрели на Валентину, а она играла спокойно. Это была комедия, пустяковая, неинтересная, но все же комедия. И смеялись! Банкет в театре тоже не отменили. Валентина извинилась и ушла. Дома собрались все близкие. Она никого не видела, плохо соображала.

Два дня страна прощалась с Серовым и Осипенко, их урны были установлены в Колонном зале. 14 мая они были похоронены в Кремлевской стене.

* * *

Ранним вечером 14 мая процессия от Колонного зала двинулась на Красную площадь. Какое-то время саркофаг несли Сталин — спереди слева и Берия — справа. Оба они Валентину обнимали и утешали. Она держалась бодро. Наверное, поэтому ей завидовали даже в те скорбные минуты. Еще бы: с 11 по 14 мая — премьера, панихида, бесконечные гости, поминки, беременная, некрасивая, лицо опухшее, осунувшееся, стоит с Самим как невинное дитя обиженное, на себя ничуть не похожа.

Тоже — жертва!

Одно утешение — Толька про нее ничего не знал! Погиб действительно счастливым...

Если родилась красивой,
Значит, будешь век счастливой.

Будешь нежной, верной, терпеливой,
В сердце все равно тебе откажут —
Скажут: нету сердца у счастливой,
У красивой нету сердца — скажут.

Что любима ты, услышат —
Красоте опять припишут.

Выйдешь замуж — по расчету, значит:
Полюбить красивая не может.
Все добро на зло переиначат
И тебе на плечи переложат.

Если будешь гордой мужем —
Скажут: потому что нужен.

Как других, с ним разлучит могила —
Всем простят, тебя возьмут в немилость.
Позабудешь — скажут: не любила,
Не забудешь — скажут: притворилась...

Может быть, потом, намного позже, про весь этот ужас у Кремлевской стены Валентина и рассказывала Симонову.

И стихотворение «Красивая», написанное в 1941 году, в мае, навеяно было теми скорбными днями.

В 1939-м Симонов написал стихотворение «Мальчик»:

> Когда твоя тяжелая машина
> Пошла к земле, ломаясь и гремя,
> И черный столб взбешенного бензина
> Поднялся над кабиною стоймя,
> Сжимая руль в огне последней вспышки,
> Разбитый и притиснутый к земле,
> Конечно, ты не думал о мальчишке,
> Который жил в Клину или в Орле...

Написал и «Механика». Раньше — позже серовской гибели, неизвестно:

> Но как прощаться, когда по тревоге
> Машина уходит в небо винтом?..

Симонов, как корреспондент и как страстный почитатель сталинских «соколов», пришел 14 мая на Красную площадь, не мог не прийти. Может быть, он и смотрел на беременную вдову и восхищался ее мужеством.

В то время Симонов написал свою первую пьесу о любви и отнес ее Б. Горюнову в Театр имени Вахтангова.

Жизнь продолжалась. Как жила дальше... И не раз, и не два — часто замечала: на улице с погашенными фарами стоит черная машина. Она осторожно выходила с черного парадного, пробегала дворами, исчезала в переулочках, спешила в театр. Было страшно, неприятно и одиноко. Никому ни слова сказать она не решалась. Поздно вечером после спектакля она уезжала домой на служебной машине или на такси. Но страх, подсознательный, интуитивный, делал дом на Лубянском проезде еще более чужим, неуютным и холодным. Клавдия Михайловна требовала:

— Поменяйся ко мне, на Никитскую, на улицу Герцена.

* * *

Существовало две жизни. В одной она была сильная, веселая, умная женщина, и она чувствовала и свой ум, и свой талант, и свою красоту. Она владела собой и ситуацией, и порой ей даже казалось, что от нее что-то зависит в жизни других людей, и она представляла себя со стороны, словно видела чужими восхищенными глазами — вот идет Серова, красивая, знаменитая Валентина Серова. Вот она говорит, что-то решает, и от этого будет зависеть, что сделают другие. Вокруг нее вертится жизнь, сияет, и все радуются ее красоте и молодости. И она совершенно самостоятельна и серьезна, она — будущая мать.

В другой... какая-то пугающая беспомощность наступала изнутри, из глубины и непостижимо смыкалась, сливалась вот здесь же, в этом городе, украшенном ее портретами, ее лицами, смотрящими с газет и афиш так нежно и приветливо, со страхом. И страх исходил от черной машины, которая медленно и неслышно возникала под окнами ее огромной квартиры. И — от темной стены Кремля. Прокручивался тысячу раз в голове один и тот же сюжет: вот они с Толей там, и все пьют вино, а Толя говорит со Сталиным, и затем он как в лихорадке уезжает... Еще одна встреча, потом внезапный приезд, и вскоре — та репетиция и разбитые часы и люди за кулисами, и ее везут... Толе плохо! Но она тогда уже знала, что он умер.

Кремль — смерть и захоронение в Кремлевской стене. Холод исходил от стены, где лежал Толя. И машина оттуда, так она чувствовала.

Но все-таки был выход. И она искала его где-то рядом. Блуждая по переулкам старой Москвы, она думала об этом выходе. Может быть, он в предложении, вернее, в настойчивом требовании матери уехать из этого дома?

И вот представлялся путь из дома до театра — мимо Лубянки, мимо огромного каменного здания. А потом — тот же путь, но от дома на Никитской. Светлый путь — цветущий бульвар, сиреневый, теплый, с детьми на площадках, среди которых будет играть и ее сын. Или путь по заснеженному бульвару, новогоднему, падал бы снег, и она шла бы себе спокойно среди людей, мимо памятника Пушкину. Это был теплый, домашний путь.

Кратковременный Валин опыт жизни в роскошной военной квартире, у власти под крылышком, среди генералов и летчиков заканчивался...

Как-то Рита Серова приехала к ней из Чкаловской и осталась на ночь. Спать легли вместе, выпили по рюмочке, помянули Толю. Рита легла вместе с Валентиной в большую серовскую кровать. Среди ночи Вале почудилось, что рядом Толя, то же большое лицо, широкий лоб. Показалось спросонья, прижалась, обняла — и тут же поняла, что Толя умер.

Это проступило с особой ясностью. Умер Толя, и его огромный дом, где даже были лишние комнаты, куда она никогда не заходила и забывала про них, тоже умер. А выход надо было искать. На том месте, где весело гудела Толина «Королева», стояла черная глухая машина... И она была уверена, что эта машина приезжает к ней.

Между тем ужасные слухи заполняли Москву. Один из них — самый страшный — особенно волновал актрис в театре. После ареста Мейерхольда в кооперативе работников искусств была зверски зарезана Зинаида Николаевна Райх. Трагедия произошла ночью 14 июля 1939 года, в тот день отмечали 150-летие Французской революции.

А Валентине оставалось до родов два месяца.

...Говорили, что в квартире той поселились теперь секретарша Берии и его шофер. Убийцы пришли к Зинаиде через балкон. Она была в ванной, вышла и была жестоко убита, просто растерзана. Рассказывали, что соседи, артисты, слышали ее дикие крики, но подойти, да что там подойти, даже шевельнуться за дверью боялись. Надеялись, что психически неуравновешенная женщина в истерике — с ней часто случалось — или же что пришли Зинаиду арестовывать вслед за мужем. Убийцы вышли из квартиры, дверь и коридор были в крови. Убийцы сели в черную машину и уехали. Не та ли черная машина ездит и за ней? Зинаида умерла не сразу, истекая кровью, она бормотала какие-то слова, следователи брали показания, «скорую» не вызывали...

В доме на Лубянском проезде тоже случались ночные аресты. Случались и у друзей Анатолия. Начались неприятности у Смушкевича. Он был другом Анатолия. Она вдруг вспомнила о маршале Егорове, его жене Галине...

Пятикомнатная квартира, где она жила теперь в ожидании сына, в двух шагах от Кремля, наполнялась по ночам тенями красного московского неба.

Кто-то кружил вокруг нее, но аккуратно. И от осознания этой непонятной «пристрелки» она боялась Берию, как сатану. Это был неопределенный страх, подсознательный. И вдруг приходили навязчивые мысли — почему же погиб Толя? Для него, летавшего в черном небе Испании, подмосковный слепой полет разве сложная задача?! Это судьба? Или чья-то воля? Никогда в ее жизни не будет такой любви, такой страсти к мужчине — так думала она. И, возможно, не ошибалась...

4 сентября 1939 года в газете «Советское искусство» появилось маленькое интервью Серовой — «Наши планы»:

«Мои творческие планы связаны с ролями Джульетты и Ларисы («Бесприданница»). Обе эти роли привлекают меня не только своим содержанием, но и тем, что, как принято выражаться, это не совсем моя «прямая работа». Многое нужно в себе преодолеть, многое найти, чтобы расширить свой актерский диапазон. Это меня и влечет всегда в новых ролях.

Я не мечтаю о том, чтобы сыграть Джульетту и Ларису в самое ближайшее время, но мне хотелось бы в течение нескольких лет настолько овладеть актерским мастерством, чтобы быть готовой сыграть эти роли.

Большое удовлетворение принесла мне моя первая работа в кино. Фильм «Девушка с характером», в котором я играла главную роль, был осуществлен исключительно силами молодежи, и я мечтаю продолжить работу в том же коллективе».

Валентина мечтала о роли Джульетты — шекспировские страсти кипели в душе, желание выразить игрой в великой трагедии свое неизмеримое горе — и за несколько дней до родов давала интервью!

Сын Анатолия Серова появился на свет 14 сентября 1939 года. Валентина рожала в больнице четвертого управления, на Ульяновской улице. Толины друзья, вся его семья, подружки из театра, тетки Наташа и Мария целую неделю приезжали, разглядывали крупного, здорового «Лапарузика». Забирать его Роднуша приехала на ленкомовской служебной машине вместе с секретарем комсомольской организации.

Валентина везла маленького Толю на Малую Никитскую, в свою новую квартирку, бесконечно радовалась этому обстоятельству и разглядывала сына. У него были отцовские синие глаза, крупный, умный лоб, и это был сын ее единственного любимого мужчины. Какой больше уже не встретится.

«В августе я приехала однажды к Валентине, уже на Малую Никитскую, помню, ее не было, и я пошла к Клаве, на первый этаж, — рассказывает Агния Константиновна. — А как Валентина оказалась в том доме? Она квартиру на Лубянском проезде сдала государству. И радовалась. Там летчики, там генералы, все напоминает об Анатолии. А Клавдия все твердила — переезжай ко мне в дом.

Наверное, они получили большие подачки, потому что Валентина на очень маленькую квартиру свою бывшую, егоровскую, сменила. Смежные комнатки, небольшая миниатюрная квартира, на пятом этаже. Но дом, конечно, замечательный. И вот она там вдвоем с сыном и жила. И с нянькой, Лизой. Значит, втроем. Домработница у нее всегда была, обязательно. Она без домработницы не жила. Ну это понятно, она же артистка, ей надо играть, а ребенок при ком? Вот так».

Вывод очень странный, но он типичен. Ее не понимали родственники Анатолия. А ведь Серова, как ни смешно выглядит это сегодня, не считала возможным занимать бо́льшую, чем ей необходимо, площадь.

21 декабря 1939 года Валентину вместе с вдовой Чкалова пригласили в Кремль на большой прием.

21 декабря 1939 года — исторический день, великий праздник. Вождю — шестьдесят. Первый грандиозный юбилей в расцвет культа.

Валентина Васильевна никогда не забывала ту встречу:

«— Товарищи! — произнес Сталин, встав с бокалом и взглянув в сторону двух женщин, скромно сидящих где-то в конце необъятного стола. Это был второй тост, — после славословий в его честь.

— Товарищи! Поднимем бокалы и выпьем за тех, кто навсегда с нами, но не может быть здесь, — за славных соколов Валерия Чкалова и Анатолия Серова, а также за их супруг.

Подошел к нам, пожал руку мне и Ольге Чкаловой и чокнулся. Так же просто повернулся и пошел обратно с серьезным, но не печальным лицом.

Сердце у меня забилось, комок к горлу подступил, и думаю: только б не заплакать. Встала, попросила у Вячеслава Михайловича слова. Он сказал:

— Слово товарищу Серовой.

Немножко передохнула и говорю:

— Мне тяжело было пережить мое самое большое горе в жизни. Я носила тогда в себе ребенка, и если бы не чувствовала вашу заботу, внимание, поддержку, я бы, наверное, не пережила утраты. Мой сын маленький, ему только три с половиной месяца, он сам не может сказать, поэтому я говорю вам от его имени такое спасибо, какое только может выразить человек. За вас любой из присутствующих здесь отдал бы жизнь, но вы таких слов не одобряете. Поэтому я постараюсь выполнять свою маленькую работу так, чтобы заслужить ваше внимание и пожатие вашей руки. Желаю вам еще много лет жизни на радость людям.

*Иосиф Виссарионович опять встал и протянул рюмку ко
мне.*

*Я встала, пошла за его стол. От волнения рука моя дро-
жала, и вино плескалось на пол. Иосиф Виссарионович пожал
мне руку и ласково сказал:*

*— Не волнуйтесь, ничего не поделаешь, надо держаться.
Крепитесь, товарищ Серова, мы поможем.*

*Слезы застилали мне глаза, я не видела, как дошла до сво-
его стола. Сидевший рядом Ширшов налил мне воды и помог
успокоиться. В семь часов я ушла, потому что малыш меня
ждал дома.*

*Этого дня не вычеркнуть из памяти до самых последних
дней моей жизни». (Цитируется по книге З. Чалой «Анатолий
Серов».)*

«Маленькая работа» действительно ждала Валентину
Серову. Она начинала сниматься в «Весеннем потоке», в
театре предложили несколько ролей... На широкие экраны
вышел фильм «Девушка с характером» — не первый по счету, но первый, прославивший ее как актрису.

Ее песенка покорила буквально всех:

> Если я ушла из дома,
> Нелегко меня найти!
> У меня такой характер —
> Ты со мною не шути!

Уже в 1939 году на нее оглядывались на улицах, провожали взглядами, поджидали у подъезда и у входа в театр. Ей
дарили цветы, просили автограф. Фильм «Девушка с характером» смотрели не по одному разу, и причем все. В кино-
театрах — очереди. Катя Иванова — настоящая героиня страны. «Третья блондинка советского экрана» — после Орловой
и Ладыниной, Серова тем не менее была другая. Чувствовалась в ней какая-то слабость и нежность. Она не казалась
защищенной, уверенной в себе и все понимающей девуш-

кой. За текстом роли, за оптимизмом слов и поступков героини проступали сомнения, несообразности...

Гибель мужа отнюдь не стала для Серовой гибелью надежд. Ее легенда окрасилась в грустные тона, мажор первого года славы сменился в сознании зрителей патетикой — захоронение Серова в Кремлевской стене, фоторепортаж похорон, где во главе процессии шел сам Сталин и нес саркофаг с урнами, облетел все газеты и журналы, портреты Серова и его вдовы — «девушки с характером» — юной, хохочущей, затем ее же — печальной, ласковой, с маленьким сыном на руках.

Гораздо позднее Валентина Васильевна признавалась — выжить и справиться с собой ей помог тогда маленький Толя.

В 1969 году, когда кинообщественность страны праздновала тридцатилетие фильма «Девушка с характером», вспомнили и о больной, всеми брошенной Валентине. В одном из интервью журналистка спросила ее, легко ли было играть Катю Иванову, себя ли играла Валентина Васильевна. Ведь в Кате Ивановой, героине фильма, было столько неподдельного энтузиазма, увлеченности, заразительности, что свести все к неугомонному и беспокойному характеру было бы слишком просто. Может, картина задумывалась об одной конкретной девушке, а получился определенный тип, подмеченный в жизни и вобравший в себя конкретные черты передовой молодежи 30-х годов?

«— *Вполне возможно, что вы и правы,* — отвечала Серова. — *Актер не способен играть вне времени, потому хотя бы, что он сам человек этого времени. Только в момент съемок он этого не сознает в полной мере. Ведь нет ничего труднее, чем играть героиню, которая стала символом, олицетворением этого явления. Если бы покойный Константин Константинович Юдин, приступая к съемкам, поставил бы передо мной задачу сыграть символ, я бы, наверное, растерялась. А в то время мне было столько лет, сколько моей героине. Мне нра-*

*вилась роль отчаянной и вместе с тем очень женственной Кати
Ивановой. Я старалась подчеркнуть ее находчивость, умение
выходить из любого положения, влюбленность в свой край, в
свое дело.*

— Повлияла ли на создание образа ваша индивидуальность?

*— Несомненно. Без этого не обходится ни одна роль. Что
общего у меня с Катей Ивановой? Работала я тогда в ТРАМе —
Театре рабочей молодежи... это пришлось как нельзя кстати
в «Девушке с характером». Но нельзя сбрасывать со счетов и
труд режиссера К. Юдина, талантливого художника и чут-
кого педагога.*

— Чем вам памятна работа с ним?

*— Было очень интересно. К.К. обладал огромным чувством
юмора, что, по-моему, необходимо для постановщика коме-
дийных фильмов. Он был неистощим на изобретательность,
выдумку и в то же время никогда не сковывал фантазию актера. Готов был выслушать замечания какой-нибудь 15-лет-
ней девочки, если они были дельными.*

*К. Юдин — один из тех режиссеров, которые беззаветно
любят актеров, заботятся об их творческом росте. Не случайно многие из исполнителей фильма «Девушки...» снимались
в его следующей комедии «Сердца четырех». Мне посчастли-
вилось сыграть Мурашову».*

Когда в кадре Серова, понимаешь, что время — не совсем главный персонаж в ее артистической судьбе. Тут двояко: можно рассуждать, что время создало ее, а можно
что погубило.

Серова — не великая актриса, не гениальная. В ней
иное — она настоящая, до боли и восторга естественная,
абсолютно органичная на экране. Это ее дар. Рассуждения
об органичности актерского существования можно иллюст-
рировать, показывая Серову. Такого растворения, взаимо-
проникновения «роль — человек» трудно найти в нашем
кино. Особенно тех лет. Ее подлинность сродни докумен-
тализму, съемкам скрытой камерой. Такова была ее юность.

Годы не уничтожают, а подчеркивают ее природу, и только эти фильмы действительно напоминают о том, что она была и что все о ней — не выдумка. А если бы такой, как Серова, не было, ее следовало бы придумать. Но она — была...

Зрители 30-х годов, как и во все времена, отождествляли актеров и их персонажей. Когда унеслось все, что было у нее в жизни, остались два-три образа, и один из них — «девушка с характером».

Кино вообще миф. Но с Серовой как будто бы зритель не ошибался. Она попала на экран такая, какая и была, — сама собой. Более того, свою первую героиню она превратила в Валентину, наделила ее, Катю Иванову, собственной органикой. Чувства преобладали над мыслью, и сдержанность была ей несвойственна. Она и являлась той самой девушкой с характером, она любила испытывать судьбу, рисковала, любила быть с людьми — она умела быть с людьми. Ее, как в кино, в реальной жизни можно было поместить в любую компанию — и она тут же оказывалась в центре событий. Водоворот вокруг закручивался молниеносно. И с ней всегда случались истории. Она не жила тихо.

В то же время Серова, как и ее героиня, не умела лукавить. Шарм роковой женщины как-то обходил ее стороной. Иначе время не выбрало бы ее. Она и играла не роковую — бедовую девчонку, такую, которая сводит с ума, но в варианте молодежной советской эстетики. Эта ее особенная женская ломкость, взбалмошность, непредсказуемость, ускользающая суть трактовались только условно для умных кинематографистов как принципиальность и нетерпимость, скажем, к шпионам и бюрократам. Юная стервочка, ослепительно красивая, и потому может творить, что хочет, — так на самом деле воспринималась Катя Иванова. Точно так же, как и Валентина Серова. Она покоряла своим необычным обаянием в жизни, ей соответственно такие роли и писались. Она могла бы сделать в те годы очень-очень многое, даже сквозь сюжеты видно, как далека ее натура от надуманности высоких идей советского человека.

Сделала она в кино не очень много. Зато в жизни это трудно скрываемое естественное женское начало в Валентине и подвергалось критике. Но ведь что тут критиковать? Эротизм, сексуальность, соблазнительность? Да таких слов о комсомолке даже в шутку произносить нельзя! От критики она была защищена покровительством самого Сталина. И потому весь накал уходил в сплетни — одна фантастичнее другой.

Она между тем давала интервью:

«После первого удачного выступления в роли девочки Франци в пьесе А. Бруштейн «Продолжение следует» я играю ряд ведущих ролей: Любовь Гордеевну, Тоню, Топсика («Дальняя дорога» Арбузова), Нину в «Ночи в сентябре» И. Чекина, Галину. Недавно выступила в премьере А.М. Горького «Зыковы» в роли Павлы.

Одновременно работаю и в кино. Снималась в главной роли в комедии «Девушка с характером», а сейчас буду сниматься в новом фильме «Весенний поток» в роли молодой учительницы Кашириной.

Моим спутником жизни был Анатолий Серов, который учил и воспитывал меня, как надо беззаветно любить свою социалистическую родину, отдавать ей все свои силы. Замечательная жизнь А. Серова была для меня ярким примером.

Партия и комсомол воспитали меня, как гражданку социалистической родины, приобщив к государственной работе. Избиратели Киевского района оказали мне, актрисе-комсомолке, большое доверие, избрав депутатом в Московский городской Совет. Я горжусь званием депутата и стремлюсь оправдать доверие народа. Повседневно держу связь с моими избирателями, выполняю их наказы. Помогла открыть детский сад в Ростокинском районе, как общественница руководила литературным кружком рабочих сцены Театра имени Ленинского комсомола.

Вместе со мной в театре работают молодые, талантливые актрисы: Наташа Паркалаб, Анна Соловьева, Зина Щенникова, Анастасия Козлова, Лидия Рюмина. Это — новая поросль советского театра.

Никогда в жизни не забуду исторический для меня день — 21 декабря 1939 года. В этот день, когда вся наша страна, весь советский народ радостно отмечали 60-летие великого вождя народов И.В. Сталина, я удостоилась огромной чести видеть товарища Сталина.

Я сидела за столом вместе с Ольгой Эразмовной Чкаловой. Иосиф Виссарионович поздоровался с нами и крепко пожал руки. Великий вождь в этот вечер вспомнил о героях-летчиках Валерии Чкалове и Анатолии Серове, о людях, которые, как выразился товарищ Сталин, так много сделали для нашей Родины.

Я была необычайно взволнована вниманием вождя ко мне, молодой актрисе-комсомолке. В ответ на приветствие вождя я сердечно благодарила И.В. Сталина за отеческую заботу обо мне и сыне и тут же дала ему торжественное обещание хорошо работать на своем небольшом участке — в театре.

Обещание, данное вождю, я выполню».

Конечно, многих из приведенных слов Валентина не говорила. Интервью штамповали, розовые и стандартные, как сосиски, по трафарету. И образ выглядит совершенно перевернуто. Но ведь его читали и свои, подруги-друзья, актеры.

Как же слава эта Валькина раздражала ее коллег в театре! Незаслуженная слава — это же ясно! И про общественную работу врет, работа — только на бумаге. Но что больше всего раздразнило товарок — это вот Валькино невинное: «Моим спутником жизни был Анатолий Серов». В гримерных читали вслух интервью и перечисляли ее «спутников», сбиваясь со счета. Но ей что? Она любила только Серова...

ЧАСТЬ II

ГЛАВА 6

УПРЯМЫЙ СИМОНОВ

В 1939 году Серафима Бирман ставила в Театре имени Ленинского комсомола «Зыковых» М. Горького и предложила Серовой роль Павлы.

С Валентиной работалось трудно. Маленький ребенок, нервные срывы. Бирман, тоже нервная, несдержанная, вообще отличалась невыносимым характером. Но Серову не трогала, старалась не задевать.

«Сталин не оставлял вниманием Валентину...»

Это обстоятельство особенно настораживало театральных. Иван Николаевич Берсенев — мог ли доверять ей? О ней говорили, что она вела себя в театре вызывающе, грубо и малоинтеллигентно. Не считалась с расписанием, могла сорвать репетицию — не прийти. Но поддержка Сталина сделала ее в тот период действительно первой актрисой театра.

Снимался фильм «Весенний поток», где она играла еще одну «девушку с характером» — Надю Кулагину. Однажды не пришла на репетицию «Зыковых». Ее не уволили, не сняли с роли Павлы, хотя Бирман отличалась нетерпимостью к малейшим дисциплинарным нарушениям. Но можно было взыскивать с кого угодно, только не с Валентины Серовой, вдовы Героя Советского Союза.

«Берсенев (Ванька-Каин среди своих) потребовал до выпуска премьеры прекратить съемки. Не заключать договоры с киностудиями, — пишет М. Волина. — А Валька сказала:

— Когда у меня будет тут как у Софьи Владимировны, — она отклячила челюсть и затрясла щеками, — тогда я перестану сниматься! А пока я молода — буду сниматься! Буду.

Берсенев побледнел, проглотил, нахмурился и даже с роли Павлы Серову не снял».

Ну действительно, почему актрисе — и не сниматься? Чего ждать?

Серовой достаточно было один раз ошибиться, что-то позволить себе за рамками принятого — и ее обвиняли во всех грехах. Другие деятели культуры, конечно, позволяли себе в узком закулисном кругу разное-всякое. Им прощали. Валентина раздражала не выходками, не нервными срывами. Совершеннейшая невозможность жить по заданным условностям, в фальшивой обстановке никогда не давала ей покоя. Она страдала как раз от отсутствия снобизма...

Наконец с аншлагом прошла премьера. Зрители шли смотреть на Серову. Во всех рецензиях ею восхищались:

«Удался трудный образ Павлы артистке В.В. Серовой. Красивое, несколько иконописное, чистое лицо с голубыми глазами, стройная девичья фигура, тихая походка...»

И. Берсенев ее хвалил:

«Темпераментно и искренне играет молодая актриса В. Серова роль Галины в пьесе Штока того же названия и трудную психологическую роль Павлы в пьесе Горького «Зыковы». Яркая индивидуальность, большое сценическое обаяние — отличительные черты В. Серовой».

Лучшую характеристику странному, анемичному творению актрисы дал И. Юзовский в книге «Советские актеры в горьковских ролях»:

«...Ближе к образу, чем другие исполнительницы горьковского спектакля, была актриса В. Серова, игравшая Павлу в Московском театре имени Ленинского комсомола в спектакле, поставленном С. Бирман.

Павла в исполнении Серовой была вся какая-то не от мира сего; и тон ее речей, и походка казались какими-то необычными, чем-то связанными, внутренне заторможенными. «Чистота» ее, «простота» были лишены всякого лицемерия и вместе с тем внушали подозрение. Павла — Серова, когда говорила, смотрела куда-то в сторону, вдаль, через голову собеседника, словно и видела, и не видела его. Отрешенность чувствовалась во всем ее облике, даже когда она возмущалась Антипой, даже когда кокетничала с Михаилом, какая-то блеклость, анемичность, «кукольность». Она все время пребывала на каком-то расстоянии от реальности...»

В одной из рецензий В. Серовой был брошен упрек:

«Артистка, однако, не использовала безусловно заключенный в образе намек на психологическую ущербность Павлы, склонность к психостеническим состояниям (чувство постоянного страха и пр.)».

В постановке участвовал лучший состав труппы — Р. Плятт, С. Бирман, Б. Оленин. Михаила играл В. Поляков.

«Зыковы». Спектакль идет под неутихающие аплодисменты. Молодая вдова Героя — Валентина Серова играет замечательно. Грим тщательно скрывает следы еще не пережитой трагедии. Она как будто даже похудела, юное лицо слегка осунулось, но тот же ясный взгляд нежных глаз. И так же привлекательна. Валентина играет Павлу. Спектакль гремит по Москве, и зал полон. Впрочем, зала она не видит. Только кажется, что актеры смотрят на тебя и обращаются к тебе, но на самом деле они не на тебя смотрят: световая рампа отсекает зрительный зал. И красавица Павла никого не видит. Но Валентину волнует странное ощущение, словно у нее все время горит правая щека. Горит и горит, как будто кто-то прожигает, и хочется повернуться на взгляд. Впрочем, действие не позволяет оборачиваться. Тем не менее Валентине любопытно: чей такой взгляд? И в антракте она подбегает к занавесу, в котором имеются незаметные специальные смотровые дырочки, смотрит в эту дырочку и видит первый ряд: все ушли в фойе, гуляют, и в одиночестве сидит — вот именно в том месте, откуда идет прожигающий луч, — грустный молодой человек, такой симпатичный, в усиках, темненький. Все ушли, а он сидит и смотрит на занавес.

«Наверное, он!» — сразу почувствовала. Он. Ну посмотрела, и все. Второй акт, третий. Аплодисменты. К сцене усатый обожатель не подошел. В уборную Валентине принесли огромнейший букет цветов и записку:

«Буду рад встрече с Вами в любое удобное для Вас время.
Ваш слуга покорный
К. Симонов».

На следующем спектакле все повторилось. Снова цветы и записка. Наблюдательные билетерши, которые бдительно охраняли служебный вход и зорко следили за всем происходящим вокруг, особо доверенные, те, что передавали записочки актрисам-комсомолкам, само собой, тут же донесли: этот парнишка ходит уже давно. На все спектакли. Но «Зыковы» — это уж обязательно. Ни один не пропустит...

Я помню двух девочек, город ночной...
В ту зиму вы поздно спектакли кончали.
Две девочки ждали в подъезде со мной,
Чтоб вы, проходя, им два слова сказали.
Да, я провожал вас. И все-таки к ним,
Пожалуй, щедрей, чем ко мне, вы бывали.
Двух слов они ждали. А я б и одним
Был счастлив, когда б мне его вы сказали.

Возможно, так вспоминал он те дни.

Интеллигентный воздыхатель быстро сделался объектом неусыпного наблюдения. Некоторое сомнение поначалу за-

кралось в мысли: не имеет ли этот человек отношение к
черной машине, что стоит у ее окон? Может быть, он принесет ей несчастье?

Но добровольные соглядатаи, сами того не зная, тут же
поспешили развеять ее страхи: каждый день молодой поэт
и начинающий драматург, некто Константин Симонов (член
Союза писателей, 24 года — перспективный!) берет у адми-
нистратора контрамарку. Тот, кто в черной машине, не ходил бы за пропуском...

Наконец на очередную записку Валентина великодуш-
но ответила:

«Жду Вашего звонка
В. Серова».

И написала свой домашний телефон.

Эта первая версия их знакомства изложена в многочисленных публикациях о Серовой и кажется мне самой романтической. Так Валентина Васильевна запомнила это знакомство, таким оно и вошло в историю.

Вторая версия принадлежит Агнии Константиновне Серовой: Константин Симонов, молодой, 24-летний поэт и
корреспондент, выпускник Литературного института имени А.М. Горького, аспирант ИФЛИ, ветеран Халхин-Гола,
12 мая 1939 года или в один из траурных дней пришел домой к юной вдове для того, чтобы написать некролог о по-
гибшем летчике-герое А.К. Серове. «Симонов с Валентиной познакомился сразу после смерти брата. Она сама мне
рассказала, что он пришел некролог писать». Эта версия
самая фатальная.

Но существует и третья. Назовем ее самой реалистиче-
ской. Обыкновенная история...

Константин Симонов написал пьесу, не патриотическую,
не производственную — мелодраму. О любви. Он назвал ее
«Медвежья шкура» и принес Борису Горюнову в Театр име-

ни Е. Вахтангова. Пьеса не понравилась, и ее в работу не взяли.

Константин Михайлович решил: более всего вероятно, что его детище, пьеса о молодых (о современной молодежи), заинтересует молодежный театр, и предложил ее Берсеневу, назвав «Обыкновенной историей».

Он оказался прав — Берсенев пьесу взял. «Первое место в репертуаре нового сезона мы отводим пьесе «Обыкновенная история» — о молодых людях нашей страны. Автор ее — поэт К. Симонов, встрече с которым театр наш придает большое значение. К. Симонов, давший нам свою первую пьесу, в совместной работе над ее постановкой очень сблизился с театром и продолжает писать для него».

Позже автор по предложению театра даст пьесе третье название — «История одной любви».

Вокруг злополучной мелодрамы шли споры. Михайлов, новый первый секретарь ЦК комсомола, который сменил «предателя Косарева» на посту и тоже стал внимательно следить за работой подопечного его организации театра, определил пьесу как «проповедь грязи и пошлости в интимных отношениях любви».

Симонов отвечал: «Я все-таки глубоко убежден, что пьеса «История одной любви», решая вопросы, может быть, менее важные, но все-таки существенные, имеет право на существование.

Я уверен и всем своим существом знаю, что пьеса так, как она написана сейчас, чиста и целомудренна и зовет читателя и зрителя к чистоте и благородству в их личных отношениях... Я не могу согласиться с тем, что мои самые задушевные и чистые желания могли приобрести в пьесе какой бы то ни было оттенок грязи и пошлости. Они его не приобрели и не могут приобрести».

Так или иначе пьесу в репертуар приняли, и Симонов познакомился с Валентиной Серовой. Ей предстояло играть главную роль — Катю.

Безусловно, он влюбился. Она — нет. Он как мог привлекал внимание. В кулуарах и гримерках стал совершенно своим парнем. «Сблизился с театром», как писал Берсенев. И это правда. В театре Симонов со всеми нашел общий язык. Но говорят, Валя на него внимания не обращала.

Он носил цветы и шоколадки, угощал актрис, рассказывал смешные истории. «Валя Серова не смеялась и не шутила с ним. А в первую же встречу оскорбила: зло, беспардонно! — рассказывает М. Волина. — Труппе на чтении «Обыкновенная история» («История одной любви») не показалась! Старомодно. Любовь, семья, ревность. А где же конфликты классовые? Привыкли к шпионам и вредителям, глупыши! Иван Николаевич, напротив, нашел в пьесе чеховскую интонацию, свежесть и оригинальность. Пьесу приняли. Главную роль Иван Николаевич сразу решил отдать Серовой. Серова на читке отсутствовала. Болел малыш, она сидела возле него. Пьесу ей отвез для ознакомления секретарь комсомольской организации.

На другой день Валентина явилась в театр. Симонов подошел к ней и спросил в присутствии многих:

— Как вам понравилась пьеса?

Валя ответила (в присутствии многих):

— Дерьмовая пьеса! И дерьмовая роль!

Стало очень неловко. Всем, «многим». Симонов не нашелся с ответом. Помрачнел. А потом в присутствии секретаря комсомольской организации сказал Берсеневу:

— Ваши артистки не умеют себя вести...

И Берсенев не нашелся с ответом.

— Я думал, — рассказывал многим секретарь комсомольской организации, — Вальку с роли снимут! Не сняли. Я думал, Симонов к ней больше не подойдет. А на другой день гляжу, Валька по красной дорожке к себе в гримуборную топает, а Симонов за ней! Как пришитый!»

Существует еще одна версия — Бориса Панкина (автора книги «Четыре Я Константина Симонова») — о том, что

Симонов без памяти влюбился в Серову, когда она была еще замужем (на мой взгляд, самая противоречивая).

Еще в 1938 году К. Симонов познакомился с Борисом Смирновым, одним из ближайших друзей Анатолия Серова, его боевым товарищем, членом серовской знаменитой пятерки истребителей. Именно с него начинающий драматург собирался писать образ Сергея Луконина, героя только задуманной пьесы «Герой Советского Союза». Борис Смирнов в тот год вернулся из Испании. Симонов отдыхал с Борисом в Гурзуфе, бредил Испанией, она буквально снилась ему наяву. И конечно, о подвигах Матео Родригеса, то есть Серова, узнал буквально все.

Он задумал написать вторую пьесу для Театра Ленинского комсомола, думая о Валентине и ее летчике.

Серова играла Катю в «Истории одной любви». Пьесу эту Симонов дорабатывал с Берсеневым. Его отчаяние, его бесполезное страдание вылилось и на страницы первой драматургической «истории любви». Свою героиню Катю он представлял Валей, ее мужа, Маркова, — Серовым, а соперника, талантливого, но несчастного Ваганова — поэтом, изнывающим от безответной любви. Ваганов говорил словами Симонова. Первоначально этот персонаж просто интриговал вокруг Кати, в варианте Ленкома он влюбился и потерял голову.

Для дивной, белокурой актрисы задумывалась и вторая пьеса.

«Варю в Театре Ленинского комсомола будет играть та же актриса, что и героиню в «Истории одной любви». Ее и зовут-то почти как Варю — Валя, Валентина. Он познакомился с ней еще тогда, когда в театре — это было до Халхин-Гола — репетировали «Историю одной любви». Варя и будет Валей. Или Валя — Варей? Однажды, задавшись неожиданно даже для самого себя этим вопросом, он понял, что нашел ключ к пьесе. Это будет разговор с ней, Валей, и о ней. И о нем, Косте... И о них вместе... Он пришел в ужас от собственных дерзких мыслей. Почему это пришло ему в голову? В конце концов, он сам — почтенный семьянин. У него жена, которой он писал стихи и письма из Монголии. Мать его сына...

У нее — муж. Летчик-испытатель. Герой Испании. Серов. Вся страна его знает. Может, потому он и не сделал своего Сергея Луконина летчиком, хотя технически ему было бы это проще: сколько было переговорено с Борисом Смирновым о тайнах и причудах его крылатого дела.

«Мне хочется назвать тебя женой...» Эта строка родится и станет названием стихотворения лишь два года спустя, когда начнется война с гитлеровской Германией и он отправится на фронт. Сейчас? Даже помыслить об этом совестно... И страшно! Нет-нет, если они и будут встречаться, то только на репетициях в театре. А разговаривать — лишь языком этой его пьесы, которую он собирается написать».

Итак, по версии Панкина, Симонов полюбил Серову еще замужней женщиной. То есть по крайней мере в начале 1939 года.

Правда, есть прямое указание самого Константина Михайловича. В автобиографии он пояснял: «В 1940 году я написал первую свою пьесу — «История одной любви», в конце этого же года поставленную на сцене Театра имени Ленинского комсомола. А вслед за этим написал и вторую — «Парень из нашего города», поставленную в том же театре уже в канун войны».

Серов погиб в 1939 году. Таким образом, предположение Б. Панкина, что Симонов влюбился в замужнюю Валю, маловероятно. Правда, в послужном списке, написанном собственной рукой, Валентина Серова пишет, что «История одной любви» игралась в 1939 году, но она ошибалась.

Таковы версии знакомства. Конечно, молодой поэт приходил в театр, и видел Павлу в спектакле «Зыковы», и, возможно, посылал цветы с записками, но познакомился с Валентиной, когда его представляли труппе как будущего автора. И наверняка молодая актриса, мечтающая о Джульетте, не отнеслась к современной пьесе как к великому шедевру. Однако тот грубый, вульгарный тон, которым награждает ее М. Волина, полностью отказывая Серовой в таком качестве, как внутренняя, даже внешняя культура, кажется мне весьма сомнительным. Валентина, возможно, была дерзка, избалована вниманием, поклонением. Но очень многие знавшие ее люди отмечали как раз врожденную деликатность актрисы. Валентина была доброй. Озлобление не «съедало» ее и в самые черные дни бытия. По каким таким причинам она могла обидеть молодого театрального автора, написавшего для нее хорошую роль? Но так или иначе случилось — не важно. Главное, они встретились, и одно только эпическое многоголосие версий на сюжет этого знакомства столетия выдает неординарность встречи.

Два характера, которым нельзя быть вместе.

Почему?

Она всегда делала то, что хочет. Он — то, что считал нужным. И оба вкладывали в свои поступки всю силу таланта и темперамента.

Константин Симонов, который, возможно, и прожигал взглядом занавес, в первый акт своей долгой драматической любви вступал человеком достаточно известным.

Он родился в 1915 году в Петрограде. Происхождение его по тому времени отнюдь не способствовало будущей карьере. Хорошее происхождение. Его отец, о существовании которого поэт никогда не писал, был, по всей видимости, офицером царской армии и в 1918 году воевал на стороне белых. Мать — дворянка.

«Моя бабушка — мать отца — княжна Александра Леонидовна Оболенская-Шаховская, училась в Петербурге в Смольном институте благородных девиц, — писала Маша. — Свое прошлое она пыталась скрыть, чтоб не «бросать тень» на Кирюшу, своего единственного и горячо любимого сына, который родился в смутное предреволюционное время, а рос и мужал уже при советской власти. «Тень», если так можно выразиться, все-таки падала время от времени, и знаменитый симоновский аристократизм проступал и в его манере держаться, и в его манере жить. Началось с того, что Кирилла Симонова долго не принимали в пионеры, потом в комсомол и с приемом в партию — затянули.

Аленька — так бабушка требовала называть себя всех нас — своих чад и домочадцев — была нежной, женственной. Она писала тайком стихи, летом непременно носила красивую шляпку и, сколько я ее помню, всегда была со вкусом одета, подтянута и называла всех ласковыми именами — Машутик, Алексейка, Сашуля, Валюша...»

Злые языки утверждали еще, что Симонов вовсе не сын дворянина-офицера, а отпрыск петербургского еврея-выкреста и потому не произносит ни букву «р», ни букву «л».

«Кстати, Аленька так и не примирилась с переименованием Кирилла в Константина, — продолжает Маша. — И в одной из своих «жестких» эпиграмм наша нежная смолянка высказалась так:

> Константина не желала,
> Константина не рожала,
> Константина не люблю
> И в семье не потерплю!

Так откуда и почему появился Константин? Вот история, рассказанная Аленькой.

Когда папа был маленьким, он часто оставался дома один. Однажды нашел опасную бритву и решил «подправить» усы — так, как это делал его отчим. В усердных поисках усов или бороды или чего-то, к чему можно приложить на круглой мордашке этот красивый инструмент, Кирюша высунул кончик языка и случайно чиркнул бритвой прямо по самой серединке.

С тех пор Кирилл стал Константином, твердые «р» и «л» не соглашались в отцовском произношении быть твердыми, а симоновская речь стала такой, какой мы ее знаем, и помним, и узнаем среди многих других...»

Впрочем, это тоже семейная легенда.

Воспитывал Кирилла-Константина отчим-военный, семья жила в Рязани, Саратове, затем отчима перевели в Москву. В 1930 году Симонов после семилетки, как сам писал, «вместо восьмого класса пошел в фабзавуч учиться на токаря. Решение принял единолично, родители его поначалу не особенно одобряли, но отчим, как всегда сурово, сказал: «Пусть делает, как решил, его дело!» Вспоминая теперь то время, я думаю, что были две серьезные причины, побудившие меня поступить именно так, а не иначе. Первая и главная — пятилетка, только что построенный недалеко от нас, в Сталинграде, тракторный завод и общая атмосфера романтики строительства, захватившая меня... Вторая причина — желание самостоятельно зарабатывать. Мы жили туго, в обрез, и тридцать семь рублей в получку, которые я стал приносить на второй год фабзавуча, были существенным вкладом в наш семейный бюджет».

Приехав в Москву, Симонов работал на заводе, потом — на «Межрабпомфильме». Видимо, помимо двух перечисленных им причин, для него, замыслившего стать писателем и поэтом, важнейшей все же оказалась третья: доказать свою рабочую, пролетарскую, революционную закваску. И это понятно.

Он начал писать стихи, поэмы. Усердно трудился, и его первые опыты были замечены и опубликованы.

В 1934 году Симонова приняли в Литературный институт.

Осенью того же года был убит Киров, и начались репрессии. В литературной среде — далеко не в последнюю очередь. Симонов очень быстро понял, о чем надо писать, — о героических буднях, дерзновенных героях и прочем, и прочем. Но он хотел об этом писать — он был романтик-прагматик и жил в согласии с самим собой.

«Не только талантом, но и напряжением предгрозового времени, в котором этот талант сформировался и впервые по-настоящему заявил о себе, объясняются стремительность и энергичность, с которыми К. Симонов вошел в литературу и театр», — писал критик Ю. Зубков.

Время требовало именно такой энергичности.

Тогда он только начинал бороться за славу. Как сложится эта борьба, что станет решающим, он еще не знал. Но он пришелся ко двору со своей поэзией, воспевающей военных героев конца тридцатых.

В Советском Союзе существовали свои тайны проникновения на высоты общественного положения. Понятно, что необходимо было любить свою страну, и ее строй, и ее вождя, и ее новую историю. Но надо было уметь показать это талантливо, и, кроме того, надо было уметь войти в образ, необходимый новейшей истории. Симонов сразу взял эту высоту, он (может быть, и стихийно, в силу мужского темперамента, бесстрашия своего, прирожденного дипломатического дара, литературного таланта) сразу занял неожиданно важную нишу поэта-трубадура-воина. Горькая мужская дружба на краю гибели, под пулями, дороги (это очень важная тема советского искусства — человек должен был куда-то ехать по необъятным просторам, бескрайним дорогам), разлуки-встречи. Все эти темы были у Симонова и до Серовой. Поэт был участником суровых сражений и трудовых подвигов и воспарял над действительностью в некоем предощущении великого чувства. Видимо, он обречен был встретить такую женщину — образу советского трубадура необходима была роковая страсть. Валентина в глазах современников более других женщин воплощала такую музу.

До встречи с Серовой Симонов женился дважды. С первой, гражданской женой — Натальей Викторовной Типот, дочерью знаменитого режиссера-эстрадника Виктора Типота, — он прожил недолго и сохранил дружеские отношения.

Вторая жена — Евгения Самойловна Ласкина, сестра писателя-сатирика, родила ему в 1939 году сына Алексея.

Когда Симонов познакомился с Серовой, он еще не был официальным человеком.

Если верить стихам, он знал все ее истории (или сплетни!). Были и разговоры с ним, и «дружеские» предостережения, и анонимные письма о Валентине. И никаких иллюзий на ее счет он не питал. Их в стихах — нет как нет.

Конечно, Симонов не Серов. Тот был проще, но и Валя влюбилась всерьез. Симонова не полюбила. Его страсть была абсолютно безнадежна. Он был человеком рассудительным, он понимал все и тем не менее ходил как пришитый. Полгода никакого ответа от Серовой. Симонов — не в ее вкусе. О чем признавалась и сестрам Толи.

Константин Михайлович развелся с женой. Она все равно приходила на репетиции «Истории одной любви» с маленьким Алешей на руках. Один раз и навсегда решила: с какой бы женщиной ни связался Костя, она всегда будет рядом вместе с сыном.

Серова отнюдь не настаивала на разводе. Напротив, годовалый сын у нее, и сыну Ласкиной не больше. Погодки. Валентина не хотела разрушать семью. Все складывалось по воле Симонова. Он понял, что влюблен, пришел к жене и выложил начистоту: встретил другую женщину. Евгения Самойловна была мужественной, сильной женщиной. Она мудро отпустила его от себя. Но не от Алеши.

Какова же Серова в 1940 году, в то роковое, как оказалось впоследствии, для Валентины Васильевны время, когда она встретилась с Симоновым? Она — резкая, строптивая, цену себе знала, пользовалась покровительством элиты, ее любили мужчины, ее откровений, как стихии, опасались коллеги. Думать не думала опровергать молву, а захотела, так вышла замуж за лучшего из лучших. И никакие слухи и сплетни не помешали герою-летчику влюбиться в Валентину без памяти. Пережила настоящую трагедию и снова вырвалась вперед. О ее дерзости, даже наглости рассказывали легенды. Но в кино, на сцене — в ролях — неизменно создавала совсем иной образ. Наивный, нежный, невинный! Обман ли это? Вообще, что в этой истории с 1916 по 1940 год обман, клевета и навет, а что правда? Остались немногие роли в кино. Свидетельства критиков, о ней писавших. Ни автобиографии, ни дневников о том времени она не оставила — никаких записей, чтобы можно было проверить, сличить, сделать свой вывод. Никак не получается одна история, под которой можно бы подписаться: да, это Серова! В любом случае она мне мила...

Если верить стихам (как советовал сам поэт), его действительно донимали анонимками, да и нужды не было — прекрасно знал о ее непостоянстве.

> Да, я люблю тебя еще сильней,
> За то, что редко счастья нам желали,
> За то, что, раз назвав своей,
> Тебе всю жизнь об этом вспоминали.
>
> За письма, о которых я молчал,
> Где про тебя заботливо писали,
> Все, что, к несчастью, я, слепой, не знал
> И, к счастью их, все остальные — знали.
>
> Дай бог им счастья. А за слепоту
> Спасибо той, что ослепить сумела.
> Спасибо за ночную красоту
> Во власть слепому отданного тела.
>
> Ты говорила: бедный мой слепой?
> И, азбуке слепых уча, — ласкала.
> Ведя меня в далекий путь ночной,
> Поводырем бывать не уставала.

Ты отказать слепому не могла
В том, что не смели зрячие, другие.
Ты целым миром для меня была,
А мир на ощупь узнают слепые...

Ноябрь 1941

Симонов снял комнату на Арбате.

Далее, если судить по стихам, был роман. Без взаимности с ее стороны, но с некоторой долей жалости. Валентина — «поводырь неустающий» — это сильное определение ее женского начала. В делах любовных она была сильна. Об этом мне рассказывала и Агния Серова:

«— Валентина, она уж очень мужчин любила. Как видела, тут же так смотрела, словно привораживала.

— Любила?

— Очень любила!

— Ну это же хорошо!

— Хорошо. Что ж плохого? И ее любили мужчины. Она такая артистка опытная. И потом — она могла нравиться. Во всех отношениях. Могла понравиться, кому захочет!»

Симонову, умному, талантливому, влюбленному, она, может, понравиться не очень-то хотела.

Симонов познакомил Валю с лучшими друзьями — Евгением Долматовским, тогда молодым поэтом, и его невестой Симой. (Позже Серафима вышла замуж за председателя Госкино Караганова.) Сима жила в старом доме на окраине Москвы, и у нее обычно собиралась вся веселая компания молодых литераторов. Девочки считали, что все их ухажеры без памяти влюблены в Валентину. Впрочем, и сами в ней души не чаяли: известная, но без завихрений, без снобизма. Стильная, минимум косметики, огромные ресницы, хоть спички клади, не красила. Обаятельна, внимательна, подруга чудная, никогда не предаст, всегда поможет.

Друзья ходили чуть ли не на каждый ее спектакль. Она прелестно пела: «Ранним-раненько у речки в ледоход провожала я любимого в поход...» Удивительно, но песни она знала старинные, русские, украинские, не те, что на слуху, а все больше забытые, глубокие...

Ей нравился интеллигентный, умный Симонов, но она не влюбилась. Он был одним из самых ее пылких поклонников. Бурный роман только начинался. Зато Симонов влюбился безумно. Он приходил к Валентине на Никитскую, она его принимала по-дружески. Он занимался с маленьким Толей. Садился на четвереньки, сажал на себя Толика, изображал льва в джунглях, бегемота в прериях, играл, бегал, прыгал. Валентина таяла, потому что видела: если человек любит ребенка, значит, любит и ее. Он вошел в ее дом, в ее жизнь, он очень понравился сыну.

В то время Валентину знали все, ее имя — у каждого на слуху. Симонова знали только в узких литературных кругах. Но Константин Михайлович был интересным человеком, умел красиво ухаживать и никогда не давал скучать, а это редкий дар. Случались, правда, забавные истории. Как-то поэт пригласил актрису в ресторан. Посидели, поели-выпили. Официант подходит, пора деньги платить, и вдруг Симонов краснеет беспомощно. Серова быстро смекнула: пламенному поклоннику нечем заплатить за ужин, — вытащила из сумки деньги и сунула их ему под столом, незаметно. Он эти деньги взял, еще более багровея, рассчитался. И на следующий день принес ей огромный букет цветов.

ГЛАВА 7

СНОВА СЕРОВ?

«Герой Советского Союза» — так поначалу решил Симонов назвать новую (вторую) пьесу для Театра имени Ленинского комсомола.

* * *

«Имя Ленинского комсомола, которое носит наш театр, обязывает ко многому. Мы должны создавать интересные, высокоидейные художественные спектакли, показывать благородных, сильных, волевых советских людей — героев нашего времени. Сейчас мы работаем над второй пьесой молодого драматурга комсомольца Симонова «Парень из нашего города». Это пьеса о том, как обыкновенный советский юноша, пройдя через ряд больших испытаний, становится Героем Советского Союза», — делился И. Берсенев со зрителями театральными планами в 1940 году.

Пьеса оказалась актуальной и нужной всем театрам.

«Со скоростью пламени, которому стоит только лизнуть своим красным языком ворох сухого хвороста, пьеса заполнила театральные подмостки страны. Считанные недели отделяли премьеру у Берсенева от начала войны, а «парнем из нашего города» уже нет-нет да и назовут очередного героя первых военных сводок Совинформа. Видно, не зря писали на следующий день после премьеры «Известия»: «Художественные недостатки пьесы, мы беремся утверждать это со всей ответственностью, тускнеют в сравнении с политическим звучанием спектакля».

Увы, на героиню пьесы, она же — исполнительница главной роли, она же — прототип, не произвели, кажется, впечатления ни недостатки пьесы, ни ее достоинства, хотя играла она Варю — это все объективно признавали — просто замечательно», — пишет Б. Панкин.

Замечательно или плохо играла бы Серова в этой пьесе — неизвестно. Наверное, не хуже, чем в других. Но она никогда не играла в пьесе «Парень из нашего города», не снималась в одноименном фильме по сценарию Симонова. Возможно, именно потому, что являлась прототипом Вари. Тем не менее эта премьера, и тоже вполне объективно, стала началом ее полной, постепенно засасывающей творческой зависимости от пера Симонова. Она не играла в пьесе, но уже стала его героиней. Сначала —

в пьесе, затем — в стихах. Она становилась мифом его жизни.

В книге «Четыре Я Константина Симонова» Б. Панкин, рассказывая о ранних драматургических успехах Симонова, все путает. Намеренно или нет — не знаю. Но, по его концепции, Валентина Серова как актриса «сделана» К. Симоновым, и именно поэту принадлежат ее творческие открытия. Валентина, словно дым, тень, порождение гения, появляется в мире вместе с фантазиями Симонова и исчезает, растворяется вдали, когда иссякает его поэтическое вдохновение.

Об интимных отношениях Серовой и Симонова можно бесконечно фантазировать, читая его стихи. И о том, как «по ночам, сквозь зубы». И «горькое "терплю"». Понятно, что Симонов страдал.

М. Волина считает, что пьесу «Парень из нашего города» Симонов написал от ревности:

> «Всю ночь она была «поводырем».
> Ведя меня в далекий путь ночной,
> Поводырем бывать не уставала.

Но, доведя до цели, отворачивалась. Вспоминала Анатолия. Он не писал стихов. Он был прост. Открыт. Его не надо было вести. Он всегда был ведущим. В небе. На земле. В постели... С Анатолием они исчезали в огне... С Костей — добывание огня посредством трения...

Валентина молчала, а взмокший Симонов не смел окликнуть ее. Он знал: она думает о летчике! Лежа с поэтом, она вспоминает «уральского богатыря» — пожирателя пельменей!.. Он не ревнует! ...И он воскресит его! Счастливая мысль?.. Он создаст подобие Серова! И пусть Валька каждый день обнимает его подобие! Каждый вечер заново переживает разлуки и встречи с ним! Он надоест Валентине. Воскресив соперника, Симонов его победит!»

* * *

Герои пьесы «Парень из нашего города» действительно очень похожи на Анатолия и Валентину Серовых. Искренностью чувств, открытостью, целеустремленностью. Сергей Луконин — танкист, Герой Советского Союза (от первоначального названия пьесы «Герой Советского Союза» Берсенев отказался, слишком уж громкое название, «невкусное»), Варя — актриса. Луконин прост и чистосердечен, любит Варю и предан делу строительства коммунизма. Многое из биографии А. Серова, известной тогда всем (статьи в газетах, книга З. Чалой, радиоспектакли, стихи для детей), присуще и Луконину.

Если все складывалось именно так и Серова принципиально отказалась от роли Вари — стоит ли называть ее ветреной особой? Она по-своему, по-актерски бесхитростно пыталась сохранить в самом сокровенном уголке сердца верность любимому человеку. Не физическую верность — зачем она погибшему? И ей ни к чему, она же нормальная, молодая женщина. А верность той непостижимой тайне страсти, которая была известна только двоим — ей и Анатолию. И допускать в эту тайну проницательного поэта она не решалась. Или — не хотела?

Друзья Анатолия заходили к ней часто, наблюдали за Симоновым и относились к новоявленному претенденту на сердце знаменитой вдовы весьма скептически. Симонов сумел стать лучшим, он как стихия пронесся по долам и весям войны. Он не жалел себя, он побывал всюду. В штабах, на передовых, у партизан, в воздухе и на море, он видел все...

Путь к сердцу актрисы лежит через роли. Это тоже понимал Симонов. Он стал писать пьесы, одну за другой, в общем чаще слабые — назидательные, пропагандистские, прямолинейные и безыскусные. Но это были пьесы для нее. Он должен был стать своим среди летчиков — он стал, среди военной элиты — тоже. Оставалось стать таковым среди самой изысканной богемной братии — актеров, режиссеров, драматургов, сценаристов. Этот путь он начал тогда, с «Парня из нашего города».

Тем не менее Варю, актрису, подругу Луконина, «прошедшего путь от простого советского парня, поступившего в военную школу, до боевого военачальника, ведущего в сражение крупную танковую часть», в спектакле играла Н. Паркалаб.

Валентина Серова репетировала роль Роксаны.

Она не хотела играть Варю. Не хотела быть «его актрисой». Она сохраняла свою независимость. То непостижимое наступление, которое предпримет Симонов на Валентину, еще ждало своего часа. Стихов, прославивших ее беспутство и нежность, он пока еще не написал. Но уже были чувства, которые позже вылились в стихи. А пока — как это часто бывает у людей, испытывающих мучительное, жгучее и совсем не часто удовлетворенное чувство, — он искал себе соперника — во всем. Нашел и в новом спектакле, захватившем в ту пору Валентину. В ее Роксане. Она репетировала «Сирано де Бержерака». И эта пьеса Ростана совершенно определенно была о них (в его глазах) — так же как и «Парень из нашего города».

О чем писал Ростан?

Роксана, красавица аристократка, влюблялась в офицера. И всем он хорош — смел, красив, бесстрашен. Но она была привередлива и хотела слышать признания в любви в форме изысканных поэтических строк. Строки создавал длинноносый некрасивый поэт-задира Сирано де Бержерак. Но Роксана о том не знала. Офицер (ее муж) погиб в бою, и красавица сохраняла свою любовь к нему и верность. До самой кончины смертельно раненного поэта. А узнав, поняла, кого любила больше жизни...

Таким образом, треугольник Серов — Серова — Симонов буквально повторялся. Поэт умирал от любви, а она все помнила о герое. Отказалась же играть в «Парне из нашего

города». Словно дала понять — святое не трогай. Святое —
есть, и это не ты!

> Я, перебрав весь год, не вижу
> Того счастливого числа,
> Когда всего верней и ближе
> Со мной ты связана была.
>
> Я помню зал для репетиций
> И свет, зажженный как на грех,
> И шепот твой, что не годится
> Так делать на виду у всех.
>
> Твой звездный плащ из старой драмы
> И хлыст наездницы в руках,
> И твой пробег со сцены прямо
> Ко мне на легких каблуках...

В стихах Симонов вспоминал те репетиции.

«Роксану Серова играла с Сирано — Берсеневым. Это
был большой успех. Ростан назвал свою пьесу «героической комедией» и оправдал жанровое определение. О глубине Сирано Ростан рассказал весело, о величии его —
легко, о силе и мужестве — грациозно. Роксана — Серова
была талантлива и вдохновенна. Особенно сильно она
играла пятый акт, сцену развязки любви Сирано к Роксане. Всю жизнь оберегал Сирано свою возлюбленную от
тревог и горестей, оберегал и сейчас, когда вот-вот прервется его дыхание. На широко расставленных руках Берсенев — Сирано держал шелковые нити, а Роксана —
Серова наматывала их на клубок. Он развлекал Роксану,
чтобы навсегда остаться «последним образом поэта», и в
финале, понимая, что ничего поправить нельзя, Роксана
в отчаянии мужественно старалась пережить сознание не-
поправимой ошибки». (Из статьи В. Вульфа.)

Этот спектакль, вернее, гениальная пьеса Ростана близ-
ка была их отношениям. Возможно, Валентина, произнося

свое восхитительное, сквозь слезы, прозрение о Сирано — великом поэте, о своей истинной любви, вспомнила и о своем поэте:

> Мой бедный друг! Увы!
> Вы счастье у себя украли!..
> Тяжка моя вина...
> Я отгадать была должна.
> Теперь я поняла весь ужас этой муки!
> Все письма дивные писали вы...
> Те страстные слова, что жгли меня в разлуке,
> Принадлежали вам!..
> И этот милый бред,
> Что приводил меня в такое упоенье, —
> Он вам принадлежал!..
> Душа и гений — все это были вы!..
> Вы увлекли меня волшебными словами!..
> О боже! Сколько вдруг бессильных сожалений,
> Пролитых даром слез, умчавшихся сомнений...

В пьесе, где поэт Сирано влюбил эстетствующую красавицу Роксану в обаятельнейшего, но вовсе не талантливого своего друга, так много созвучия — любовь героини к поэту, за которого она по ошибке принимала другого...

Тема волновала Симонова — его Валентина произносила гимн поэту и мерила любовь только одной поэзией. Это была маленькая метафора, помогающая ему жить. Он хотел видеть и Валентину прозревшей Роксаной.

1940—1941 годы. Серова и Симонов живут, как и в детстве, по соседству. Он — на Арбате, она — на Малой Никитской. Их роман обсуждают всем домом, во главе с Клавдией Михайловной.

> Без губ твоих, без взгляда
> Как выжить мне полдня,
> Пока хоть раз пощады
> Запросишь у меня.

* * *

Это май. 1941 год. У Никитских ворот зацвела сирень. Старушки провожают взглядом няню с Толиком, те спешат на бульвар. Ну, семейка! Клавдия — шасть в машину — полетела! Валька — где ночует? Весна...

Никогда и ни с кем Валентина Серова не обсуждала подробности своей интимной жизни с Константином Симоновым. И он, конечно, тоже не обсуждал. Ни в молодости, ни тем более в солидном или преклонном возрасте он не делился своими переживаниями с друзьями и знакомыми. Но, полюбив Валентину, он стал настоящим поэтом. И подробно, вдохновенно излил все свои чувства в стихах. И позже Симонов посоветовал всем, кто будет интересоваться его отношениями с В. Серовой, читать стихи. Без комментариев. На правах мемуаров. А что тут комментировать?

> Я очень тоскую,
> Я б выискать рад
> Другую такую,
> Чем ехать назад.
>
> Но где же мне руки
> Такие же взять,
> Чтоб так же в разлуке
> Без них тосковать?
>
> Где с тою же злостью
> Найти мне глаза,
> Чтоб редкою гостьей
> Была в них слеза?
>
> Чтоб так же смеялся
> И пел ее рот,
> Чтоб век я боялся,
> Что вновь не придет...
>
> Чтоб с каждым рассветом,
> Вставая без сна,

Таким же отпетым
Бывать, как она.

Чтоб, встретясь с ней взглядом
В бессонной тиши,
Любить в ней две рядом
Живущих души.

Не знать, что стрясется
С утра дотемна,
Какой обернется
Душою она.

Я, с нею измучась,
Не зная, как жить,
Хотел свою участь
С другой облегчить.

Но чтобы другою
Ее заменить,
Вновь точно такою
Должна она быть;

А злой и бесценной,
Проклятой, — такой
Нет в целой вселенной
Второй под рукой.

В каждом из стихотворений была разлука, или желание разлуки, или мысль о возможном расставании, и такие расставания казались и нестерпимыми, и необходи-
мыми. Судить его любовь с Серовой по стихам завещал
сам Симонов. Если судить, как он советовал, то одно качество этих отношений, даже в самом их начале, высту-
пает необычайно ярко и зримо: оставаться подолгу вместе им было опасно. Что-то изначально мешало постоянству
отношений. И в то же время Поэта терзал страх потерять
Актрису. С ней — мучительно до счастья невыразимого,
без нее — смерть.

Я, верно, был упрямей всех,
Не слушал клеветы
И не считал по пальцам тех,
Кто звал тебя на «ты».

Я, верно, был честней других,
Моложе, может быть,
Я не хотел грехов твоих
Прощать или судить.

Я девочкой тебя не звал,
Не рвал с тобой цветы,
В твоих глазах я не искал
Девичьей чистоты.

Я не жалел, что ты во сне
Годами не ждала,
Что ты не девочкой ко мне,
А женщиной пришла.

Я знал, честней бесстыдных слов,
Лукавых слов честней
Нас приютивший на ночь кров,
Прямой язык страстей.

И если будет суждено
Тебя мне удержать,
Не потому, что не дано
Тебе других узнать...

Не потому, что я — пока,
А лучше не нашлось,
Не потому, что ты робка,
А так уж повелось...

И встречусь я в твоих глазах
Не с голубой, пустой,
А с женской, в горе и страстях
Рожденной чистотой.

Не с чистотой закрытых глаз,
Неведеньем детей,

А с чистотою женских ласк,
Бессонницей ночей...

Будь хоть бедой в моей судьбе,
Но кто б нас ни судил,
Я сам пожизненно к тебе
Себя приговорил.

Это стихотворение помечено июнем 1941 года.

ГЛАВА 8

«ЖДИ МЕНЯ»

Итак, война. И стихи, благодаря которым свидетелем
любви Поэта к Актрисе стала вся страна.

На войне Симонов уже не был новичком, в качестве
военкора он побывал на Халхин-Голе. Он вспоминал, что в
тот момент, когда в 12 часов дня Молотов объявил о начале
войны, он как раз и писал стихотворение «Я сам пожизненно к тебе себя приговорил».

Он написал эти строки, а Валентина могла бы перепи-
сать их: «Ты сам пожизненно меня к себе приговорил».

Серова пока об этом обстоятельстве не подозревала. И
конечно, чувствовала себя свободной. Зависимости от его
стихов, пьес, сценариев не ощущала.

Симонов уехал на войну сразу же. «Уже через час после
объявления войны он был на сборном пункте, адрес которого ему, только что вернувшемуся с курсов военкоров, был
заранее сообщен, — пишет Панкин. — Примеряя тут же
выданную ему офицерскую форму, застегивая на себе пряж-
ки и пуговицы полагающейся к форме «сбруи» — ремни,
портупея, он выгреб из карманов ненужных уже теперь штат-
ских брюк и пиджака все, что там было, и засунул в план-

шет. Перекочевал в планшет, таким образом, и блокнот со стихами».

Неизвестно, обострила ли страшная весть о неизбежной разлуке у Валентины Серовой чувство к поэту. Мы знаем, как встретили ситуацию объявления войны жены, невесты, возлюбленные по многочисленным фильмам, спектаклям и книгам. Чувства подобраны, лишнее из души уходит, остается главное, святое — долг, ожидание, любовь. Знаем мы об этом и благодаря Симонову.

Однако в первые часы, дни войны, как свидетельствуют очевидцы, никто не верил, что война продлится несколько лет, что будет столько убитых, что надо приучаться ждать годами, что Москву придется оставлять, уезжать далеко на восток, на юг. Мощная советская пропаганда не оставляла никаких сомнений — война ненадолго, вторжение немцев — это досадный болезненный эпизод, и скоро мужчины вернутся домой.

Стихотворение, ставшее гимном их прощания, по-своему определило тематику в нашей литературе, особенно в кино, — первого дня войны, первой вспышки, первого осознания потери, превращенной в обретение (потеря — отъезд на фронт, обретение — внезапно обостренное постижение простых, главных истин):

> Ты говорила мне «люблю»,
> Но это по ночам, сквозь зубы,
> А утром горькое «терплю»
> Едва удерживали губы.
>
> Я верил по ночам губам,
> Рукам лукавым и горячим,
> Но я не верил по ночам
> Твоим ночным словам незрячим.

Это поразительное признание. («Судите нашу любовь по стихам!» — советовал Симонов. Где же ее любовь... Так читается женское одиночество, горькое, желающее забытья и толики тепла. Не более...) И дальше:

Я знал тебя, ты не лгала,
Ты полюбить меня хотела,
Ты только ночью лгать могла,
Когда душою правит тело.

Но утром, в трезвый час, когда
Душа опять сильна, как прежде,
Ты хоть бы раз сказала «да»
Мне, ожидавшему в надежде.

Актриса принимала любовь поэта — он тут точен, его бешеный темперамент, его мужскую силу, юную еще уверенность в том, что гора пойдет к Магомету. Она не желала ему зла. Но не любила. Она была честна с ним, но насколько же был честен он сам в ту пору, насколько обнажены его признания! Летопись романа — в стихах — с достоверностью мемуаров описывает ее эмоции.

И вдруг война, отъезд, перрон,
Где и обняться-то нет места,
И дачный клязьминский вагон,
В котором ехать мне до Бреста.

Вдруг вечер без надежд на ночь,
На счастье, на тепло постели.
Как крик: ничем нельзя помочь! —
Вкус поцелуя на шинели.

Чтоб с теми, в темноте, в хмелю,
Не спутал с прежними словами,
Ты вдруг сказала мне «люблю»
Почти спокойными губами...

Возможно, условный фильм под названием «Серова и Симонов» можно начать с этой сцены. Кинематографичность этого едва ли не лучшего поэтического признания немного похожа на пророчество всей симоновской беллетристики, которая последует затем. Вокзал, перрон, сполох яркого чувства, которого никогда не хватает на будущее, которого нет в прошлом, но которое, как в классической пьесе, венчает все повествование жизни. Катарсис жизни Симонова случился в молодости на Белорусском вокзале, при самом ярком из возможных обстоятельств. Эта картина никогда не стиралась из его памяти и эти ее слова, сказанные в нужном месте в нужный час:

> Такой я раньше не видал
> Тебя, до этих слов разлуки:
> Люблю, люблю... ночной вокзал,
> Холодные от горя руки.

Б. Панкин пишет: «Таких слов, как тогда, на перроне, военкор от нее никогда больше не услышит. И тщетно будет взывать — и в 1941, и в 1942, и в 1943 году, когда они, по выражению Нины Павловны, "официально оформят брак"».

Нина Павловна Гордон, многолетний секретарь Симонова, — главный персонаж книги Панкина «Четыре Я Константина Симонова». Видимо, ее рассказы, а может, стихи Симонова навеяли Панкину образ неприступной любимой женщины. Но все же, несмотря на то что жизнь ее со всеми флиртами, романами шла безалаберно, стихийно, Симонов успел стать серьезным увлечением — вхож в дом, принят Роднушей и многочисленными родственниками, играл с сыном! Их связывали сложные отношения, он уходил на фронт от нее и хотел возвращаться — к ней.

Итак, Симонов коротко писал в автобиографии: «24 июня 1941 года был призван из запаса... с предписанием Политуправления Красной Армии выехал для работы в газете «Боевое знамя» Третьей армии в район Гродно. В связи со сложившейся на фронте обстановкой до места назначения не добрался (в первые дни его войны было это Буйническое поле под Могилевом, на котором, он считал, чудом не погиб. И о котором писал, как о дне своего второго, истинного рождения) и был назначен в редакцию газеты Западного фронта «Красноармейская правда». Работал там до 20 июля 1941 года. Одновременно как нештатный корреспондент посылал военные корреспонденции в «Известия». С 20 июля 1941 года был переведен военным корреспондентом в «Красную звезду»...»

Летом Валентина с сыном, матерью и няней эвакуировались в Свердловск. Сыну ее, белобрысому, симпатичному Толику, исполнилось только два года.

Бывшая жена Симонова с сыном тоже спешно выехала из Москвы — он помог эвакуироваться.

Что касается Валентины, то она не ждала военкора. Он работал в газете «Красная звезда», уезжал на фронт, возвращался в Москву, звонил ей и писал стихи:

> За тридевять земель, в горах Урала
> Твой мальчик спит. Испытаны судьбой,
> Я верю — мы во что бы то ни стало
> В конце концов увидимся с тобой.

В ранних публикациях стихотворения «Майор привез мальчишку на лафете» эти строки венчали драматический военный эпизод. Позже слова, посвященные нелюбимому пасынку, навсегда исчезнут из сборников стихов.

До появления в печати его лирики «С тобой и без тебя» Валентина, конечно, была более знаменитой личностью. На патефонах вместе с другими любимыми песнями крутился шлягер предвоенного года «У меня такой характер, ты со мною не шути», но пока не было известно ее «Все стало вокруг голубым и зеленым» — этот фильм, снятый в 1940 году, на экраны тогда не вышел. По-прежнему Валентину Серову знали как вдову летчика, и смерть мужа придавала ей ореол жертвенности, трагизма. Она являла собой облик мужества хрупкой женщины, которая, переживая трагедию, умеет воспарить над личным и, более того, явить стране истинную радость и праздник... Это она.

* * *

А он? Сухощавый, подтянутый, в перехваченной широким ремнем гимнастерке предстал перед читателями «Красной звезды» и многочисленными будущими поклонниками и поклонницами двадцатишестилетний К.С., автор репортажей с передовой в суровые дни 1941 года. В то время школьницы уже переписывали аккуратным почерком его ранние стихи, пока еще не главные, не серовские.

Симонов — по природе человек, безусловно, артистичный, и его имидж героя-военкора идеально соответствовал духу времени. Он уже решился опубликовать свой печальный и дерзкий «роман» в стихах — цикл «С тобой и без тебя» и знал, что посвятит его любимой женщине — Валентине Серовой.

Стихи он читал друзьям на фронте. Читал как поэт, но мужчины реагировали как мужчины. Эти строки, эти слова, конечно, не могли оставить равнодушными его боевых друзей. Как же так — любит

> злую, ветреную, колючую,
> хоть ненадолго, но мою!..

А Симонов возил с собой на фронт ее фотографию — лица почти не видно, оно только угадывается на нечетком снимке, зато почти осязаемый абрис тела — его любимого, вожделенного, желанного — в прозрачном, как облако, летящем, длинном до пят платье. Совсем девочка. Совсем не роковая — нежная. Словно в этом фото какая-то шутка. Или — в его фантазии странная аберрация: неужели в этой приветливой, доброй девочке столько грехов, такое непослушание?

Друзья выговаривали ему — не за стихи как таковые. Напротив, прекрасные слова задевали за живое, слишком раскрывали страдания, унижения поэта. Друзья упрекали его за мужскую слабость, руководствуясь прочитанными строками. «Он уже привык и смирился с этим, — пишет

Б. Панкин. — Неизбежная дань, которую влюбленный в нем должен был платить поэту. Если бы в своем поведении с ней он был так же откровенен и отчаянен, как в стихах, может быть, и дела бы у них шли совсем по-другому».

В один из дней войны, приехав в Москву, Симонов отдал лучшие свои стихи в издательство. Лирику прочли там, где следует, поняли и оценили их великое оборонное значение, одобрили для печати, однако (может, и из простого мужского любопытства) решили испытать поэта на прочность. Симонова вызвал начальник Главного политического управления Щербаков — поговорить с глазу на глаз об упадническом душевном настрое военкора «Красной звезды».

Полностью эту тайную сцену (по-мужски скупо, по-киплинговски, по-хемингуэевски просто) много позже сам К. Симонов представил читателям своих дневников.

Поэт рвется на фронт. Щербаков сомневается — слишком уж отчаянные строки он прочитал:

«...— Надо ли вам туда ехать? Кто вас гонит?

Я довольно решительно ответил, что сам хочу ехать и уже собрался.

— Ну, смотрите! — сказал Щербаков и повторил: — Смотрите. А теперь давайте поговорим о ваших стихах. Вы ведь сдали книгу в «Молодую гвардию»?

Я сказал, что да, сдал.

— Мы их оттуда затребовали, посмотрели. — Он сказал «мы» как-то неопределенно, так что нельзя было понять, имел ли он в виду себя, но не хотел говорить «я затребовал», или имел в виду не только себя, а еще кого-то.

— ...Мы тут почитали, — сказал Щербаков. — Что у вас там за недоразумение с издательством? Что за драка?

Я сказал, что никакой драки не было, просто мы не договорились с издательством и решили вернуться к разговору после моего возвращения с фронта.

— Что значит не договорились? О чем не договорились? — спросил Щербаков.

Я объяснил ему, что из 25 стихотворений первого раздела книги в издательстве хотели взять только восемь или девять. А я считаю, что все стихи, кроме одного, можно печатать.

— Так против каких же стихотворений они возражают? Давайте посмотрим.

Перед ним на столе лежал экземпляр моей рукописи со всеми пометками редакции, со всеми знакомыми мне птичками на полях.

Мы стали листать рукопись. Стихотворение за стихотворением, останавливаясь на каждом, против которого возражали в редакции. И каждый раз о каждом из них Щербаков говорил, что, по его мнению, это можно печатать.

— Значит, все? — спросил Щербаков, когда мы добрались до конца.

— Все.

— Мы поговорим с издательством, — сказал Щербаков. — Я с вами хотел поговорить вот о чем. Возникает ощущение, что вы слишком рискуете там, на фронте. Ну а если сказать резче, то даже ищете смерти. Как? Правда это?

Он смотрел на меня внимательно и испытующе.

Как ответить на такой вопрос? Смерти я не искал, это была неправда. Но рисковать, особенно в сорок первом году, случалось, и не раз. Так складывались некоторые поездки. И вопрос Щербакова был для меня в каком-то смысле лестен: оказывается, он знал о том, что я вел себя на фронте, в общем, не трусливо и бывал в разных переплетах. И в то же время его вопрос меня ошарашил. Откуда и что ему известно? А главное, почему он меня спрашивает?

Я ответил ему, что нет, смерти я не ищу, не искал и никогда не буду искать. Что у меня на это нет никаких причин.

— Никаких? — настойчиво переспросил Щербаков.

И я впервые подумал, что он знает что-то, связанное с моей личной жизнью.

— Никаких, — ответил я.

Это была правда, потому что как бы там ни было, а искать смерти я не собирался.

— А то вот тут у вас в стихах меня встревожила одна строфа. — Щербаков взял рукопись, перелистал ее и, найдя стихотворение, прочел вслух:

> Будь хоть бедой в моей судьбе,
> Но кто б нас ни судил,
> Я сам пожизненно к тебе
> Себя приговорил.

Ни тогда, ни сейчас мне не казалось и не кажется, что в этой строфе было что-то, что могло навести на мысль о поисках смерти. Но очевидно, сочетание фразы «будь хоть бедой в моей судьбе» и слов «пожизненно приговорил» создало это ложное впечатление, и Щербаков, прочтя эту строфу, вновь испытующе посмотрел на меня.

— Как понимать эти строчки?

Я ответил, что мне трудно объяснить эти строчки, но умирать я не собираюсь, наоборот, очень хочу дожить до конца войны.

— Ну ладно, — сказал Щербаков. — Значит, со стихами мы решили.

Он встал и протянул мне руку.

— А вы, когда поедете, будьте осторожнее, не рискуйте. Вы должны это обещать. И должны беречь себя. Во всяком случае, не делать глупостей.

О Щербакове от причастных к литературе людей я слыхал разное: и хорошее и плохое. Но на меня в ту первую с ним встречу он произвел впечатление сердечного человека, чуть-чуть стесняющегося собственной сердечности. Услышать из его уст, что я должен беречь себя, мне по молодости лет было, конечно, приятно. Хорошо, что у меня хватило ума ни с кем не делиться рассказами об этой встрече».

Скупое мужское понимание без сантиментов — это тон позднего Симонова. Когда он писал дневники, Валентина в них не упоминалась. Мудрый, седой писатель — классик советской литературы считал для себя недостойным назвать имя героини своего лучшего сборника. Просто ошибка молодости. Ошибка, которую понимал сам, понимали все окружающие.

«Сердечный» Щербаков выражал и высокую волю: такой поэт был нужен, это очевидно. Величайший талант Симонова — умение совмещать глубокую чувственность с политической необходимостью, обращать свою тонкую, изысканную любовь в мощное стратегическое оружие — и сегодня, спустя шесть десятилетий, поражает воображение. Даже в последних учебниках отечественной истории для школьников, где война укрупнена до второй мировой и многие события, раньше — наиважнейшие, в контексте «мировая» упущены, представлены мимоходом, Симонов — среди главнейших персонажей, полководцев, героев. Вот что важно. Это правда. Он сделает много некрасивого в жизни, и новый, считающийся интеллигентным читатель скажет снисходительно: Симонов не писал правды. Его романы станут неинтересны, пьесы перестанут ставить в театрах. Но его будут по-прежнему ценить за его поэтическую любовь к женщине.

Как бы удивился поэт, если бы узнал, что имя его сегодня чаще всего упоминается в многочисленных статьях, посвященных актрисе. Что даже в самых модных журналах он со своей щегольской трубкой появляется благодаря ей. Все хотят знать о любви. Чем сильнее любовь, тем больше хотят знать.

> Мне хочется назвать тебя женой
> За то, что так другие не назвали,
> Что в старый дом мой, сломанный войной,
> Ты снова гостьей явишься едва ли.
>
> За то, что я желал тебе и зла,
> За то, что редко ты меня жалела,

За то, что, просьб не ждя моих, пришла
Ко мне в ту ночь, когда сама хотела.

Мне хочется назвать тебя женой
Не для того, чтоб всем сказать об этом,
Не потому, что ты давно со мной,
По все досужим сплетням и приметам.

Твоей я не тщеславлюсь красотой,
Ни громким именем, что ты носила,
С меня довольно нежной, тайной, той,
Что в дом ко мне неслышно приходила.

Сравнятся в славе смертью имена,
И красота, как станция, минует,
И, постарев, владелица одна
Себя к своим портретам приревнует...

Как удивилась бы пожилая, больная женщина, потерявшая не только юное свое очарование, но и подобие связи с
прошлым своим обликом, что ревновать не надо и ее помнят прекрасной?

Симонов, вспоминая те годы, часто писал с благодарностью, что товарищи уважали его сложные чувства.

«...Ночью с 30 на 31 декабря 1941 года я пришел к редактору, чтобы внести некоторые поправки в свой шедший
в номер очерк «Июнь — декабрь», и вдруг неожиданно для
самого себя решился и попросил у него позволения вылететь утром на два дня в Свердловск к своим близким... с
тем, чтобы 2-го или в крайнем случае 3-го вернуться обратно в Москву. Редактор согласился и приказал добыть мне
место на летевшем туда завтра самолете».

Из дневника, как я уже писала, изгнана Серова. Поэтому стоит понимать — либо к Ласкиной и Алеше, либо к
матери и отчиму (те были в г. Молотове. — *Н.П.*). Тем не
менее он рвался тогда, в последний день года к Валентине.
Но поездка сорвалась — военкору предписана срочная ко-
мандировка в Крым.

«...Ортенберг сказал: «Тебя я не заставляю. Как ты решишь, так и будет. Своих слов обратно не беру — можешь лететь в Свердловск. Ну?» — Он пытливо посмотрел на меня.

Я задумался. Очень уж я был, как говорится, одной ногой в Свердловске.

«Придется ехать... Только, если можешь, соедини меня перед этим по телефону со Свердловском».

Ортенберг... позвонил в наркомат связи, сказал, что ему лично необходимо в течение пятнадцати минут поговорить со Свердловском. Через десять минут ему дали Свердловск.

Забрав под мышку папку со своими редакторскими делами, он вышел из кабинета и закрыл за собою дверь. А я остался объясняться по телефону. По разным причинам разговор получился невеселый, и я вышел из кабинета со скучной рожей. Ортенберг это тут же заметил и спросил: в чем дело? Я отговорился, что ничего особенного, и пошел к себе, чтобы успеть хоть два часа поспать. Но не успел заснуть, как раздался звонок — меня срочно требовали к редактору.

Оказалось, что, увидев мою физиономию, он по собственной инициативе еще раз добился Свердловска и снова вышел из кабинета, когда я во второй раз разговаривал по телефону.

Второй разговор вышел не лучше первого, но я никогда не забуду Ортенбергу этого доброго поступка».

В дневниках К. Симонова (как и в книге Панкина) есть одна примечательная интонация — Симонов никогда не упоминает о Серовой в своих поздних воспоминаниях, но читателям понятно — речь о ней. (Он даже пишет, что плыл под бомбежкой в Новороссийск на лесовозе «Серов», — не пишет только, к кому он так торопился, рискуя жизнью.) Благодаря этой особенной, талантливой интонации создается такая картина — он, чуть безалаберный, но бесстрашный, словно все время бежит от своей любви, спасается, даже на фронте безопаснее. Она же, Валентина, всегда этим недовольная, непатриотичная, даже сварливая. Отношения не клеятся. Всегда. Именно благодаря дневникам, вопреки стихам и всей знаменитой истории любви — поэтической, в реальной жизни трудно найти день и час, когда эта любовь — символ ожидания, свет в доме — была. Только в стихах мы ищем, и поэт ищет — когда-то была. Когда?

> Нет, не тогда. Так, может, летом,
> Когда, на сутки отпуск взяв,
> Я был у ног твоих с рассветом,
> Машину за ночь доконав.
>
> Какой была ты сонной-сонной,
> Вскочив с кровати босиком,
> К моей шинели пропыленной
> Как прижималась ты лицом!
>
> Как бились жилки голубые
> На шее под моей рукой!
> В то утро, может быть, впервые
> Ты показалась мне женой. (...)

Валентина приехала в новый, 1942 год в Москву. Видимо, об этом они и говорили в кабинете заботливого Ортенберга. Может быть, она возвращалась в Москву не к нему — ей хотелось работать. Она любила работать и хотела играть в тот тяжелейший год именно в Москве. Она возвратилась из Свердловска, когда ее Театр имени Ленинского комсомола находился в эвакуации, в теплой, спокойной Фергане. Почему она вернулась в самую холодную московскую зиму? Может, все-таки к Симонову, поближе к редакции, с надеждой чаще его видеть, когда он возвращался с задания?

«Я помню, зашла к ней утром: война, Костя с фронта прислал ей дневники, — вспоминала С. Караганова. — Она в кровати, в Костиной пижаме, косички заплетены туго — в разные стороны. Сидит, грызет палец и с интересом читает эти странички. Ей было интересно с ним! Интересно видеть и читать, что он пишет...»

Вернувшись из Свердловска, Серова поступила в объединенную московскую труппу — Театр Драмы (его второе название — Московский театр имени Ленсовета), который основал известный режиссер МХАТа Николай Горчаков.

«Слух о том, что в Москве будет постоянно действующий драматический театр, прозвучал как сигнал к мобилизации, — вспоминал Р. Плятт. — И многие из актеров, еще оставшихся в Москве или появившихся в столице в составе фронтовых бригад, спешили «под флаг» театра имени Ленсовета, значительная часть труппы которого, приехав из Ленинграда, не успела эвакуироваться дальше».

Симонов после крымской командировки стремительно, как умел только он, писал под впечатлением первую свою военную пьесу «Русские люди» и сцена за сценой приносил ее Горчакову. (По версии Панкина, не Горчакову, а Гончарову, но это ошибка.) Пьесой весьма слабой, но чрезвычайно нужной и актуальной, заинтересовались многие режиссеры, но Симонов знал тогда только одну выгоду — Серова и хотел, чтобы первой сыграла Валю в театре именно она. Впрочем, премьеру спектакля «Русские люди» зрители увидят только летом 1942 года, когда Константин Симонов станет едва ли не самым знаменитым русским поэтом, а Валентина — символом женской преданности и верности.

Стихотворение «Жди меня» Симонов написал еще до войны. Точной даты нет. Но в 1941-м никто не мог предположить, что испытания продлятся бесконечно долго, в жару и снег. Стихи о заключенных? «Жди, когда из дальних мест писем не придет», «всем, кто знает наизусть, что забыть пора». Это строки о заключенных, о лагерных «дальних местах», о страхе и его преодолении. Поэт опубликовал «Жди меня» в начале войны, и оно приобрело иной смысл.

Стихотворение Симонов читал друзьям на фронте, читал в Москве.

«Листок, — пишет Панкин, — где разборчивым, с характерным наклоном почерком были набросаны строки, которым суждено было стать известными всему миру, несколько месяцев еще покоился в полевой сумке среди других таких же листков, заполненных тем же почерком и такими же на вид строками. Этот был захватан пальцами больше других, потому что его чаще приходилось вынимать из планшета, чтобы прочитать. Впервые — на Северном фронте, в дивизии Скобова, по настоянию тогдашнего его спутника — военного фотокорреспондента Григория Зельмы, который заставлял Симонова вновь и вновь читать его то одним, то другим, потому что стихи эти, по его собственным словам, были для него как лекарство от тоски по жене.

Не с тем ли чувством они и писались?

В декабре сорок первого в одно из очередных возвращений в Москву с фронта Косте предложили прочитать несколько стихотворений по радио, и он решил, что одним из них будет «Жди меня». По дороге на студию заскочил в «Гудок», где как раз обосновались тогда его спутники по одной из первых военных командировок — Алексей Сурков, Слободской, Верейский. Не виделись до этого несколько месяцев, пережитое не уложить было бы и в годы. Симонов расцеловал отрастившего бравые чапаевские усы Суркова, хватанул добрый глоток неразбавленного спирта и тут же принялся читать наизусть «Ты помнишь, Алеша, дороги Смоленщины...». Растроганность и расслабление всеобщие, вполне объяснимые ситуацией, были таковы, что он чуть было не забыл о предстоящем выступлении. В студию, где диктор уже сам начал читать его стихи, он проскочил мимо строгого вахтера в ту минуту, когда оставалось только одно — «Жди меня». Пальцами показал, что хочет его прочитать сам».

Сама эта картина, как и Костя, с надеждой бегущий из «Гудка», с улицы Герцена мимо Никитских ворот, мимо Ее дома, под Ее окнами в студию на улицу Качалова и наивно надеющийся, что далеко-далеко, в эвакуации, Она услышит и поймет... Вся эта сцена тоже представляется кинокадром из все того же длинного фильма с вокзалом и сказанным «люблю» на прощание.

Итак, впервые стихотворение прозвучало на всесоюзном радио в исполнении автора. Неизвестно, прочел ли Симонов его, начиная с посвящения — Валентине Серовой.

> Жди меня, и я вернусь.
> Только очень жди.
> Жди, когда наводят грусть
> Желтые дожди,
> Жди, когда снега метут,
> Жди, когда жара,
> Жди, когда других не ждут,
> Позабыв вчера...
>
> Жди меня, и я вернусь,
> Не желай добра
> Всем, кто знает наизусть,
> Что забыть пора.
> Пусть поверят сын и мать
> В то, что нет меня,
> Пусть друзья устанут ждать,
> Сядут у огня,
> Выпьют горькое вино
> На помин души...
> Жди. И с ними заодно
> Выпить не спеши.
>
> Жди меня, и я вернусь
> Всем смертям назло.
> Кто не ждал меня, тот пусть
> Скажет: повезло.
> Не понять не ждавшим им,
> Как среди огня
> Ожиданием своим
> Ты спасла меня.
> Как я выжил, будем знать
> Только мы с тобой, —
> Просто ты умела ждать,
> Как никто другой.

1941

***

Стихотворение готовилось к изданию в сборнике «С тобой и без тебя» в журнале «Новый мир» — последнем номере за 1941 год. Но его должны были прочитать все — и те, кто слышал по радио, но не запомнил, и те, кто запомнил сразу, но не точно.

К. Симонов подробно рассказал о дальнейшей судьбе своего шедевра:

«И вот однажды, в конце января или в начале февраля сорок второго года, я, идя по правдинскому коридору из машинописного бюро с листками только отпечатанной после возвращения с фронта корреспонденции, встретил редактора "Правды" Петра Николаевича Поспелова, и он затащил меня к себе в кабинет попить чайку. Поспелов сетовал, что в последнее время в "Правду" что-то мало несут стихов, и, немножко поговорив кругом да около, спросил уже прямо — нет ли чего-нибудь подходящего у меня? Я сначала сказал, что нет.

— А мне тут товарищи говорили, что вы им читали какие-то стихи?

Я неуверенно сказал, что вообще-то стихи у меня есть, но не для газеты, и уж во всяком случае, не для "Правды".

— А почему не для "Правды"? — вдруг загорячился Петр Николаевич. — Откуда вы знаете, может быть, как раз и для "Правды"?

Я пожал плечами, уверенный, что прав все-таки я, а не он, и после некоторого колебания прочитал одно из стихотворений, казавшееся мне уж вовсе не подходящим для "Правды" и начинающееся строчкой "Жди меня, и я вернусь...".

Когда я дочитал стихи до конца, Поспелов вскочил и забегал по кабинету.

— А что, — вдруг, к моему удивлению, сказал он, — по-моему, хорошо...

На следующий день стихи "Жди меня" появились в "Правде"».

* * *

Валентина, конечно, эти стихи читала раньше. Симонов посылал их телеграфом, стихи приходили к ней на почтовых бланках, написанные его почерком.

После публикации в «Правде» симоновские строки перепечатали все газеты. Эпидемия под названием «Жди меня» распространялась с неимоверной скоростью, впрочем, это была самая безопасная, даже благая «болезнь».

«"Правда" и "Звездочка" были завалены письмами, — пишет Б. Панкин. — Рассказывали, что вырезки из газет — а стихи, разумеется, были мгновенно перепечатаны всюду, вплоть до "Красной звезды" — находили в карманах гимнастерок погибших бойцов. "Жди меня" чертили на броне танков и на бортах грузовиков со снарядами. Солдаты переписывали стихи в свои солдатские треугольники и отправляли домой. Солдатки пересказывали стихотворение "прозой" и посылали мужьям за своей подписью».

«Жди меня» перепечатывалось часто, но достать его в первозданном виде все равно считалось великой удачей. Затертые до полной ветхости газетные и журнальные вырезки передавались из рук в руки как святыня, переписывались от руки в тетрадки, и каждая строчка была настолько осязаема, что обретала фольклорное звучание, несмотря на удивительную интимность других стихов, и даже непонятную порой изысканность, и даже на упреки в неверности. Стихотворение «Жди меня» стало общим достоянием, гармоничной народной песней о любви, разлуке, верности, сомнениях и надеждах всех, кто читал...

Страстное заклинание Симонова покорило все мужское и женское население истерзанной страны.

В 1942 году в издательстве «Художественная литература» вышел сборник лирики «С тобой и без тебя». Его откровенность несвойственна гимну «Жди меня». Этот сборничек тоже был с посвящением — «Валентине Васильевне Серовой». В одной из тетрадок сохранился рукописный текст* автора на развороте обложки — обращение к друзьям и издателям с просьбой:

«Все здесь напечатанное представляет собой книгу, которую можно печатать только в том виде как она есть без малейшей вымарки и исправления. Это моя твердая просьба к моим друзьям и к тому кто будет издавать и редактировать эту книгу, в том случае если мне самому не придется принять в этом участие. Книга эта является полной собственностью Валентины Васильевны Серовой со всеми вытекающими отсюда последствиями.

12.12.1941 года».

Маленькую тетрадку я держала в руках. Именно ту, которую Симонов подписал для Валентины Серовой:

«Эта книга написана для тебя
и принадлежит тебе.
Я верю, что это лучшее и единственно
пожалуй настоящее, что я до сих пор сделал.
Должно быть так и есть, потому что это связано с тобой,
а ничего большего чем ты у меня в жизни не было и нет.
Все. Целую твои милые руки.

19.12.1941. К.».

Любопытно, что эту книжку М.К. Симоновой, дочери Валентины Васильевны, прислали из Израиля.

Серова, о которой столько судачили и которую друзья и недруги знали как особу добрую, но резкую и легкомысленную, да что говорить — просто ветреную, стала в одночасье символом женской верности. «Жди меня» знали все.

Собственно, благодаря этому стихотворению их помнят и не разлучают до сих пор.

---

* Здесь и далее в письмах К. Симонова сохранена пунктуация автора.

Симонов был прежде всего деловым человеком. И — влюбленным. Азарт успеха, страсть к женщине, желание еще и еще писать для нее и о ней, бешеный успех стихотворения «Жди меня» — все наводило его на мысль сделать пьесу и сценарий для Валентины. Идея приобщить ее к своему «Жди меня» с абсолютной точностью воплотилась в жизнь. Сначала он обратился к ней с заклинанием, затем она должна была, во-первых, показать публике интеллигентной, избранной — театралам, а затем и всей стране — в кино, как именно она ждет, как воплощает это великое военное заклинание. Таким образом, миф получал свое классическое завершение и звучал как апофеоз ее верности.

Первоначально Симонов хотел назвать пьесу «Как долго тебя не было!». Практически и пьеса, и сценарий в отличие от стихотворения были ответом Женщины Мужчине, тем ответом, который единственно и хотел слышать автор.

Сценарий свой Симонов писал для кинорежиссера Столпера, который снимал в Алма-Ате «Парня из нашего города».

Роль Вари в фильме исполнила Лидия Смирнова.

История героя и актрисы... Смирнова — брови, прическа, стиль — очень, казалось бы, похожа на Серову, но, Боже мой, как могут друг на друга быть не похожи люди внутренне! Смирнова — правильная, однозначная. Тщетно искать в ее игре серовское, сокровенное — «Нужно, чтоб исполнялись все желания! Тогда человек будет счастлив!». Как замечательно могла бы сыграть Валентина историю своей довоенной юности...

Роман с Валентиной Серовой, объявленный в посвящении стихов и, таким образом, литературно состоявшийся, очень повлиял на авторитет Симонова в глазах миллионов читателей. По всему Союзу пьесы Симонова были нарасхват, как и его статьи в газетах. Он становился первым государственным летописцем военной тематики во всем возможном, разрешенном цензурой того времени объеме. Многое было на страницах его рукописей, художественных и документальных, — сожженные, захваченные, но непокоренные деревни, города, где в тылу прекрасные женщины ждали своих героев, и сами эти герои на фронтах в самые драматические мгновения войны. Неистощимость Константина Симонова действительно вызывает уважение и преклонение. И до сих пор он является значительной фигурой нашей военной литературы.

Но цикл «С тобой и без тебя» все же стоит несколько особняком. Легенда гласит, что Сталин с присущим ему пугающим юмором произнес, получив свежую тетрадку «С тобой и без тебя»: «Книгу надо было издать в двух экземплярах. Один — для него, другой — для нее».

Хотя, конечно, проницательный вождь понимал, насколько продуктивен этот неожиданный лирический ход, обретший стратегическую силу в данных обстоятельствах, когда отношения между людьми обострены и обнажены до последней степени.

Маленький сборник круто изменил судьбу Валентины Серовой. Неожиданно для себя она стала едва ли не самой знаменитой актрисой и женщиной страны.

Серова, всегда честная с поэтом, не скрывала своего изумления силой его чувства, но надежд не давала. Любовь Симонова — такая всепоглощающая, обжигающая своей страстностью — стала для нее нелегким жизненным испытанием. Он создал ее образ, соответствуя которому она могла быть и неверной, и ветреной — ведь так? И в то же время «ждать, как никто другой». Образ правдивый, противоречивый, как сама Валентина.

Константину Симонову исполнилось только двадцать шесть лет, он стал известнейшим поэтом. Полюбив Валентину, он стал писать хорошие стихи. Автор-герой создал и свой образ — мечтателя, романтика, сорвиголовы, отчаянного смельчака. Началась война, и у поэта появилась реальная возможность доказать любимой женщине свою мужественность и смелость. Его герой (да и сам Симонов) не боялся смерти, но боялся потерять Ее, он уезжал как странствующий рыцарь и возвращался, овеянный дымом сражений, чтобы тут же вновь собрать немудреный вещмешок, не забыв блокнот со стихами, и покинуть дом возлюбленной. Таков лейтмотив его поэзии. Он был не просто солдат, а летописец сражений, певец солдатских дум. Военкор — идеальная военная профессия. Кто бы мог позволить себе так часто возвращаться и так часто испытывать свои чувства — неутоленную страсть, восхищение, боль, ревность, надежду, отчаяние?

ГЛАВА 9

РОКОССОВСКИЙ

Только что вышла книга «С тобой и без тебя». Валентина Серова была окружена такой нежной, громкой любовью Симонова, что казалось — чего еще ей желать? Но пережила ли она сама то чувство, которое вызывала у своего дерзкого трубадура? Она готова была полюбить. Однако взаимных эмоций, столь же сильных, не испытывала. Страсть пришла не вовремя и не к тому мужчине, который хотел сделать ее жизнь счастливой...

Молва о бурном романе Серовой и Симонова разрасталась. Солдаты и их верные подруги перечитывали, переписывали, заучивали наизусть трогательные строки, зачитывались проникновенными признаниями. И пусть война, но люди есть люди, и никакие обстоятельства не лишат их удовольствия посудачить над чужими проблемами. Тем более что поэтический образ у Симонова нередко подменялся рифмованным монологом, прямым обращением, четкой характеристикой поведения его героини. Силу его лирических откровений не каждому дано было понять, и иной читатель-знаток словно попадал в несколько неловкое положение, другой с удовольствием наблюдал, как замочная скважина чужой квартиры превращалась в ярко освещенную рампу. Читатели не могли представить, насколько сложны отношения двух людей в действительности. Но следить за жизнью двух знаменитостей, не придуманных, а реальных, становилось захватывающе интересно. Молва удесятеряла грехи белокурой красавицы актрисы. А поэт так подробно и убедительно живописал себя в образе рогоносца, что сомнений не оставалось: Валентине приписывали всех, кто только мог иметь романтическое значение для публики. Стоило ей только появиться в обществе мужчины, и сразу же очевидцы вспоминали, что «ветреная», задавались каверзным вопросом: «Кто опять тебе забыть меня помог?» Ее видели в обществе Василия Сталина, он тоже попал в утешители. «У нее новый летчик», — острили по этому поводу.

И все же, к кому ревнует Симонов? Действительно, кого она могла полюбить, с кем изменить? «Кто прекрасней всех на свете?» Кто этот герой?

Рокоссовский. Это не случайность — игра судьбы. Их словно прочили друг другу: он был самым романтическим из военачальников — еще молод, очень красив, непривычно интеллигентен. Судьба просто-напросто не могла не свести Валентину Серову, обитающую среди людей самого высокого положения в стране, с этим человеком. Актриса встретила сорокасемилетнего будущего маршала Константина Константиновича Рокоссовского, чей ум, благородство и аристократизм остались в памяти военного поколения.

Рокоссовский получил осколочное ранение в бою под деревней Сухиничи 8 марта 1942 года. Его срочно доставили в полевой госпиталь города Козельска и оттуда — в Москву. Госпиталь располагался в корпусе Тимирязевской академии. Рана оказалась тяжелая — повреждены легкое и позвоночник.

Можно определить точно, когда Рокоссовский встретил Валентину, — весной 42-го года.

До войны Константин Константинович попал под следствие, сидел в Бутырской тюрьме, освободился, уехал с семьей в Киев, где и служил, когда пришло известие о нападении Германии. Он срочно вылетел в Москву. Когда немцы заняли Киев, он потерял связь с близкими. К моменту ранения ничего не знал о судьбе жены и дочери.

Рокоссовский отказался от операции, осколок остался в теле, рана постепенно заживала, и теперь он лежал в отдельной палате в полной неопределенности и время от времени принимал пионеров, которые приходили к нему в порядке шефства над ранеными, приносили подснежники и читали стихи:

> Жди меня, и я вернусь,
> Только очень жди.
> Жди, когда наводят грусть
> Желтые дожди...

В Москве еще лежал снег, и Рокоссовский ждал сообщений о жене и дочери, ждал каждый день и не терял надежду, что они не в плену.

Валентина Серова в те дни много ездила с концертами. Она не читала «Жди меня», ее маленькая походная программа состояла из задушевных народных песен, сентиментальных романсов и забавных рассказов — для поднятия настроения раненых бойцов.

Попасть с выступлением в госпиталь, где на излечении находился высший комсостав, считалось среди артистов большой привилегией. И кому, как не знаменитой Валентине Серовой, можно было доверить столь ответственное дело? Здесь она бывала не раз. И вот однажды после концерта в приемном отделении к ней подошел врач и попросил в порядке исключения прочитать что-нибудь больному, который лежал в отдельной палате. Кому? —

поинтересовалась Валентина. Генералу Рокоссовскому — сообщил врач.

Она сразу с готовностью согласилась. Вошла тихонько и обомлела. Бледный, худой, но лицо красивое, очень интеллигентное, в огромных синих глазах явная насмешка. Может, принял ее за маленькую комсомолку из самодеятельности?

Воображаемую сцену знакомства описала М. Волина:

«Скрипнула дверь. Опять пионеры?.. Рокоссовский поднял веки. В дверях стояло... забавное голубоглазое существо. Он удивился:

— Вы кто?

— Актриса! — Существо улыбнулось. Вроде бы робко, но и лукаво. — Мы, актеры Московского драматического, обслуживаем госпитали, меня прислали к вам!

— Зачем?

— Уйти?

— Да нет... пожалуйста, садитесь!

— Я вам почитаю... Чехова! «Длинный язык».

Она стала читать, вернее, рассказывать от лица глупой барыньки о своих любовных похождениях, о глупом татарине-любовнике. Слова слетали с розовых губок, упархивали. Рокоссовский слушал давно знакомое, улыбался. Разглядывал Серову. Он узнал в ней «девушку с характером», как только она сказала: «Актриса».

Кинокомедия была глупа. Девушка с характером обаятельна, но тоже глупа. И чеховская барынька глупа и смешна очень! А Серова? «Жди меня, и я вернусь! Только очень жди!» — это, кажется, ей посвящено? Льняные локоны (крашеные, конечно), розовые губы, бледное лицо (без косметики), голубые глаза. Сколько ей лет? По виду — трудно прожитые восемнадцать! Под глазами — опалины-синяки. Но ресницы пушистые, как у ребенка. И забавна, как ребенок!..»

Что в действительности подумал о Серовой Рокоссовский, никому не известно. Наверное, он почувствовал нежность к очаровательной гостье. Валентина Серова в те годы умела вызвать в людях горячие чувства своим природным жизнелюбием. Но и Рокоссовский действовал на женщин гипнотически — был обворожителен, обходителен, с польской хитринкой, вальяжный, галантный. Валентина влюбилась с первого взгляда. Через день она пришла снова. Он уже ждал ее. Она пришла только к нему.

Неизвестно, после первой встречи с Рокоссовским происходила следующая сцена или прошло некоторое время.

Симонов получил от Ортенберга очередное задание и должен был на днях уехать на фронт. В квартире, кроме Валентины и Симонова, в тот день находился Евгений Кравинский. Он вернулся из лагерей и жил у Клавдии Михайловны на первом этаже в доме на Малой Никитской.

Валентина долго не приходила, задерживалась на работе. Ужинать не садились, ждали хозяйку.

Кравинский рассказывал, как она вошла с улицы, совершенно белая от волнения, лицо сосредоточенное. Симонов сразу понял — в ней что-то изменилось. Спросил. Валентина отозвала гостя в сторону, просила оставить их вдвоем. Он вышел, они закрыли за собой дверь. Поговорили. Валентина выложила все сразу, откровенно, она в ту минуту не оценивала своего поступка, не могла ничего скрывать. Глаза блестели. Влюбилась. Сразу и бесповоротно. Она и не думала просчитывать наперед, что приносит Симонову необычайную боль, что надо бы скрыть, проявить тактичность, подумать о последствиях своего признания. Она рассказала о Рокоссовском. С вызовом сообщила: полюбила другого — и точка.

Симонову — на фронт. А она... она сказала, что встретила другого мужчину и теперь все кончено.

Симонов молчал. Спокойно сели за стол, поужинали. Потом он ушел, погулял, вернулся. Обстановка в доме сразу стала невыносимой. Валентина как вещь в себе, ее нельзя было склонить к взаимности, заставить притворяться хотя бы при друзьях. В театре, на съемочной площадке — пожалуйста, дома — нет.

Трактовать ее поступок можно как угодно. Через год она сама в образе Лизы Ермоловой с тревогой и искренним осуждением обратится к другой, неверной героине фильма «Жди меня» с просьбой одуматься, остановиться. Но это — кино. И что же — фильму предшествовала столь явная холодность, бесчувственность, жестокость Валентины? Или глупость, по житейским неписаным правилам? Предательство? А может быть, честность?

Но ведь невозможно лгать. Они живут вместе, она должна его провожать, а что такое «завтра на фронт»? Надо его целовать, обнимать, любить, провожать в дорогу и делать вид, что ничего не случилось. Она на сцене так могла, а жизнь — не сцена. Сколько симоновских сюжетов потом, через много-много лет, наполнит этот женский поступок, эгоистичный и искренний, и внезапность потери, и усталость от безнадежности...

Чувства Симонова в тот момент не имели для нее никакого значения. Начался короткий, как утренний сон, период ее жизни под знаком «Рокоссовский», период, который никогда не забудет она и не забудет Симонов. Возможно, эта встреча, разделившая их совместную жизнь на время надежд и время разочарований, оказалась самой важной для Валентины. Забыть командарма она не могла и тяжело переживала его смерть в 1968 году, услышав сообщение по радио. Возможно и то, что с возрастом, выстрадавшая трагический разрыв с мужем, Серова постепенно сама создала эту встречу в своем сознании, наделив ее всевозможными нюансами, о которых не подозревал Рокоссовский.

Но если роман получился, то именно короткой весной 1942 года. Именно тогда она помогла командарму забыть печали об исчезнувшей в горниле войны семье, помогла утихнуть ноющей боли в сердце, более того, своей молодостью, оптимизмом вселяла надежду — жена и дочь очень скоро найдутся. Он чувствовал весну.

* * *

Как повествуют многочисленные летописцы этого удивительного романа, на следующий же день влюбленный Рокоссовский отправил адъютанта за Серовой прямо в театр. Машина понеслась по весенним улицам, и не успела Валентина доехать до Тимирязевки, как сплетня с еще большей скоростью понеслась вихрем по Москве: «Серова с Рокоссовским!» Народ злорадствовал: «Жди ее!» Но она не была бы Валентиной Серовой, если бы ее хоть в малейшей степени задевали чьи-то разговоры. Она не могла отречься от любви и обманывать только потому, что кому-то «хочется назвать ее женой». Слухи были ей безразличны. Рокоссовский — знаменитый полководец, отстоявший Москву зимой 1941-го от оккупации. И ей нечего стыдиться своей любви.

Константин Константинович Рокоссовский собирался на фронт сразу после выписки из госпиталя. Врачи рекомендовали некоторое время отдохнуть в домашних условиях. Правда, таковых в Москве у генерала не имелось. Зато у Валентины на Малой Никитской было целых две квартиры. Они условились, что он поселится в верхней, Валиной, а сама Валентина поживет пока в маминой, на первом этаже. Клавдия Михайловна оставалась пока в Свердловске.

Рокоссовский занял комнату гостеприимной хозяйки. О маленькой штаб-квартире вскоре были оповещены те, кому следует, и с утра до вечера здесь толпились военные.

Невероятно, чтобы Рокоссовскому негде было жить в Москве. Не нашлось номера в гостинице и он афишировал свою симпатию к обольстительной хозяйке квартиры перед высокими чинами? Невероятно, но тем не менее Агния Константиновна Серова утверждает, что сама лично застала высокопоставленного жильца у Валентины.

«В 1942 году призвали Володю, моего мужа. Учителей не сразу на фронт посылали, сначала они проходили подго-

товку. Ведь преподаватели, физики, математики, литерато-
ры, они военного дела не знали нисколько. И все они, москвичи и подмосковные, учились в пехотной школе, в Фи-
лях. Я осталась жить в директорской квартирке при школе,
в Щелкове.

И вот как-то ранней весной я на утренней электричке, часов в восемь — девять, приезжаю в Москву, прихожу к Валентине на Малую Никитскую. Валентина мне
открывает.

— Ой, Несса, раздевайся, проходи. Я тебя сейчас позна-
комлю с человеком, я первый раз влюбилась, после того
как Толя погиб.

А я ей в ответ:

— Что ты мне говоришь, ведь Симонов?

Она возражает:

— Нет.

Значит, она не любила Симонова, видите! А потом привела меня в комнату и представила Рокоссовского.

— Константин, это Агния, сестра Анатолия.

И тут же вошел официант, в костюме, белой рубашке, с
бантиком. Несет поднос. Чего там только нет! Всевозможные угощения. Закуски всякие, водочка в фужере. По тем
временам было трудно с продуктами, 1942 год... Но у них
стол шикарный. Я только глаза раскрыла. Я же ничего этого давно не видела, забыла и вкус и запах. Мы, можно сказать, корочки сухие хлеба ели. А тут такое дело, ясно. Симонов, он тогда на фронте был военным корреспондентом.
У Валентины дом богатый, Симонов делал ей шикарные
подарки.

— При чем здесь Симонов? Рокоссовский, наверное,
сам заказал угощения?

— Нет, нет, нет, этого я не знаю, кто заказал, только
официант приборы расставил, и сели мы за стол.

— Ну смотрите, все-таки вы к ней приезжали, значит,
отношения у вас были хорошие, добрые? Не случайно о
Серовой говорят как о человеке очень гостеприимном.

— Да, добрая-добрая, во всяком случае, как мне надо было, я всегда к ней приезжала, и она всегда меня принимала. А так, чтобы она ко мне приехала — это никогда».

Полвека прошло, а Агния Константиновна эту обиду не забыла.

«— Ну и что Рокоссовский, интересно!

— Да. Сидит такой красивый мужчина, военный, все при нем.

Смеемся, беседуем, и мне понятно — он чувствует себя здесь как дома.

Чуть позже Валентина завела радиолу.

— В девять часов утра?

— Да. Радиола заиграла, и мы стали с ней танцевать. Потанцевали. А Рокоссовский-то не танцевал, все сидел прямо. Я думаю: что ж он не танцует? А Валентина мне шепчет: «Не может он, у него ранение в спину». И еще она мне сказала только, что познакомилась с ним в госпитале для высшего комсостава.

Потом Валентина говорит:

— Ну, Несса, мы сейчас уезжаем, а вы с Лизой и Толиком оставайтесь.

Лиза — это домработница. У ней домработниц было! Все время меняла. Ладно. Ну и больше я его не видела».

Интересно, что через несколько месяцев, или, если точно, 9 сентября 1942 года, когда Рокоссовский давно уже был на фронте, Валентина в интервью сообщила читателям, что ее сын все еще живет в Свердловске. Даже весьма близкие люди, родственники, рассказывали небылицы, и весьма недоброжелательные. Почему небылицы? Об этом позже.

«Ну, в общем, они друг другу понравились, у них роман начался. Она не скрывала ничего. А Симонов тогда уже в женихах ходил. Он ей стихи писал и присылал с почтой. Все ей посвящал. Я знаю, что подарки ей Симонов делал богатые. Все вез ей из каждой командировки. Но она его не любила. Рокоссовского любила, Толю — уж и говорить нечего, а Симонова не любила никогда. Потому что, смотрите: с 39-го по 43-й год шел их роман, в 43-м она замуж вышла, а в 42-м я была на Качалова и видела Рокоссовского, присутствовала при их свидании. Можете не сомневаться, там был роман. А то пишут все, путают. 1942 год — Рокоссовский! Я сама с ним в 1942-м встречалась».

«Над чем работаем» — интервью от 23.04.1942 г.
В. Серова, артистка Театра имени Ленсовета.
Две роли.
«В пьесе «Русские люди» я исполняю роль девушки-шофера Вали Анощенко, добровольно вступившей в ряды Красной Армии. Прекрасную жизнь этой девушки, ее чистую любовь помогут мне воспроизвести на сцене частые встречи с девушками-фронтовиками.
Сейчас я закончила работу над второй своей ролью. Это роль Лизы в пьесе «Дворянское гнездо». Раньше эту роль играла моя мать — заслуженная артистка республики К.М. Половикова».

Ну, Лиза — хорошо. А насчет встреч с фронтовиками, прочитав заметку, ухмылялись знатоки театра, знаем мы, с кем частые встречи! А Валентине — плевать. Пусть говорят.

Константин Михайлович, приезжая в Москву, ночевал иногда в редакции «Красной звезды», иногда останавливался у друзей. Затем получил номер в гостинице «Москва». Тогда же, весной 1942 года, его приняли в партию, наградили орденом Боевого Красного Знамени. В Театре Драмы шли полным ходом репетиции «Русских людей», он встречал Валю в театре, куда ходил исправно, как на работу. Ситуация на фронте тяжелая, а в столице холодно, с продуктами плохо. В театре не топили, артисты выходили на сцену в верхней одежде. Горчаковский театр размещался в филиале здания МХАТ на улице Москвина. Грелись у буржуйки, пили водку. А Валентина не пила. Она прибегала счастливая, цветущая. Здоровалась приветливо, кончались репетиции, и она летела к своему любимому; поэт видел, что в ее мыслях его нет. Чужая жена! Симонов думал, что все между ними кончено навсегда.

> Пусть прокляну впоследствии
> Твои черты лица,
> Любовь к тебе — как бедствие,
> И нет ему конца.

> Нет друга, нет товарища,
> Чтоб среди бела дня
> Из этого пожарища
> Мог вытащить меня.

> Отчаявшись в спасении
> И бредя наяву,
> Как при землетрясении,
> Я при тебе живу.

> Когда ж от наваждения
> Себя освобожу,
> В ответ на осуждения
> Я про тебя скажу:

> Зачем считать грехи ее?
> Ведь, не добра, не зла,
> Не женщиной — стихиею
> Вблизи она прошла...

>   1942

Роман продолжался недолго, месяца три. Они ничего не скрывали, не прятались. Мечтали, как после войны они уедут куда-нибудь, где лес, озеро, маленький домик на берегу. И будут жить вдвоем и кататься на лошадях...

Внезапно все закончилось — Константину Константиновичу привезли радостную весть. Его жена и дочь нашлись, они успели эвакуироваться и теперь ждали от него вестей.

Рокоссовский тут же очнулся от волшебного сна, вернулся в реальность и, поблагодарив Валентину за тепло и кров, окрыленный, тут же стал собираться на фронт. Правда, ходили разговоры, что жена Рокоссовского, до которой дошли слухи, приехала в Москву и попала на прием к Сталину. После чего тот Рокоссовского вызвал и сказал: «Засиделся ты, генерал, пора тебе заканчивать лечение, поезжай на фронт!» И отправил его в четыре часа, дав назначение.

Так или иначе, Рокоссовский приехал проститься к Валентине, на секундочку. Актриса подарила ему на память свои фотографии — несколько кадров из фильма «Весенний поток». Он бережно спрятал их в планшет, пообещал при случае звонить и писать.

Она проводила его, затем побежала к окну, взлетела на подоконник, Рокоссовский махнул рукой на прощание, и машина поехала.

Шли месяцы, и ни звонка, ни весточки. Однажды прибежала в театр с конвертом в руке, ее буквально трясло. В конверте — фотография, Валя с маленьким Толиком, и записка от жены Рокоссовского: «Уважаемая В.В., возвращаю Вам вашу фотографию с Вашим очаровательным сыном. С уважением и пожеланием творческих успехов. Вера Рокоссовская».

Подруги успокаивали, обнадеживали, хотя, по-житейски рассудив, понимали — ни строчки не напишет ей Рокоссовский. Ведь он бывал в Москве. Мог хоть разок позвонить, цветы прислать к премьере...

Ей советовали — напиши сама! Говорили, она действительно написала. Симонов должен был лететь на фронт, и она дала ему письмо, просила передать. Симонов встретился с Рокоссовским на фронте, отрекомендовался, сообщил о редакционном задании, подарил маршалу книжку своих лирических стихов. И... передал письмо. Тот, посмотрев на конверт, быстро положил его в ящик стола и ни слова не сказал. Впрочем, трудно представить К. Симонова таким «почтальоном».

Историю знаменитого московского романа все рассказывают одинаково. Главный источник — сама Валентина Васильевна, поведавшая дочери о своем знакомстве с Рокоссовским. Дальше начинаются легенды. Серова никогда не утверждала, что встречалась с К.К. после того расставания. Связь оборвалась внезапно. Однако находятся свидетели, которые настаивают на ее дальнейшем романтическом продолжении.

Белла Руденко как-то описала такой эпизод: Рокоссовский в прифронтовом районе ехал на машине и вдруг увидел, что идет по пыльной дороге пехотный взвод и рядом с командиром — женщина. Он остановил машину, вышел:

— Кто такая, почему?

— Жена моя, товарищ генерал!

— Все равно, не положено!

А командир перевел взгляд, посмотрел в кабину и увидел через стекло лицо известной актрисы. Рокоссовский перехватил взгляд, помолчал, сел в машину и уехал.

«— Валентина к Рокоссовскому на фронт летала, и роман продолжался, — вспоминает А. Серова, — а жена узнала, пошла к Сталину, все рассказала. Сталин вызвал Рокоссовского, тот нагоняй получил большой. И когда Валентина прилетела на самолете в очередной раз на фронт, он ее отправил назад, даже с ней не встретившись.

Эта история с самолетом меня очень смутила.

— А что это за самолет такой, который доставлял ее на фронт, личный, индивидуальный?

— Да, наверное, у военных, а уж тем более таких, как маршал, с транспортом проблем не возникало.

— То есть Рокоссовский давал ей самолет?

— Да, и она к нему прилетала, по пути на фронт столько самолетов без дела. Села и все.

— Если он не хотел ее видеть, вернее, решил, что больше видеться не следует, зачем же он самолет ей или выделял, или распоряжался, чтобы ее захватили на фронт? Вряд ли в то время можно было без предписания попасть на фронт!

— Значит, у нее получалось. Мало ли. Конечно, шла война, но в войну все равно не останавливалась любовь. Все равно влюблялись, и тогда так же как всегда».

Невероятные фантазии. Родственники явно и вопреки здравому смыслу преувеличивали возможности Серовой.

Что правда в этих рассказах, что вымысел? Думаю, уже никто не узнает. Если бы снимался фильм, то, возможно, из всех историй родилась бы новая, самая длинная, с красавцем маршалом, живущим в маленькой квартирке у прекрасной, нежной женщины, с ревнивой женой и разгневанным Сталиным. В воображаемом фильме Валентина летала бы на фронт в маленьком самолете и колесила бы на военной машине со своим избранником. Роман все длился бы и длился и оборвался бы весной 1949 года, когда маршал уехал служить в Польшу министром обороны, а по сути — наместником Сталина.

Возможно, история завершилась бы эпизодом, описанным актрисой Инной Макаровой:

«Много лет спустя Павел Шпрингфельд, ее давний партнер по ТРАМу и «Сердцам четырех», рассказывал мне, как однажды Серова предложила ему пари, что ровно в пять часов, минута в минуту, под ее окнами остановится правительственный «ЗИМ», из него выйдет военный, который в течение нескольких минут простоит под ее окнами по стойке «смирно». «Думаю, ты узнаешь его в лицо». С этими словами она отодвинула штору, и Паша увидел, как к тротуару подъезжает лакированный лимузин, из него выходит представительный высокий мужчина, который, как и пообещала Серова, не сдвинулся с места, а только стоял и глядел на ее окна. Паша успел рассмотреть маршальские погоны и долгий печальный взгляд из-под лакированного козырька. Рокоссовский!

Ах, Паша! Даже если ты что-то напутал или приврал, мне до сих пор кажется восхитительным этот кадр с маршалом и лимузином. Такое бывает только в кино! Но вся жизнь Серовой — это кино. Драматическое, патетичное, эпохальное. Советский вариант «Унесенных ветром». Со страстями, смертями, войнами. Странно, что еще никто не догадался экранизировать ее жизнь».

Мне тоже странно. Правда, если бы фильм сняли правдивый, то, к сожалению, он во многом состоял бы из самого грубого материала, бесконечных длинных судов, скандалов. И больниц. «Психушек», как называли их в народе. Но это позже.

Заключительная, шпрингфельдовская сцена с маршалом действительно прекрасна. Она напоминает кадр из фильма «Сердца четырех», словно Рокоссовский — тот военный, пылко влюбленный офицер на учениях, и они, Паша и Валя — еще не солидные люди за тридцать, к сорока, а всего-навсего те студенты — цететинцы, трамовцы. История абсолютно невероятная, это очевидно. Каждый шаг такого человека, как маршал Рокоссовский, был на виду, и если еще можно бы предположить тайные — но именно тайные — связи человека такого уровня, то никак — его ежедневную «засвеченность» в центре города, на улице Горького, где жили Симоновы после войны.

Да, мифы рождались самые невероятные, их было больше, чем давал материал жизни.

Но вернемся от придуманного нами фильма в жизнь.

Часто воспоминания перестают быть драмой, женщина возвращается, а с ней — любовь, жалость. Чувство Серовой оказалось глубоким и сильным. Связь с Рокоссовским оказалась молекулой, из которой потом развился кошмар отчуждения. Симонов понимал, что у любимой женщины был тот, единственный мужчина. И — не он.

В его стихах, написанных задолго до встречи Серовой с Рокоссовским, есть точное предощущение того, что про-

изойдет. Впрочем, об этом можно прочитать в книге «С тобой и без тебя».

Серова была потрясена, оглушена чувством. Можно только гадать, что определило реальный исход романа, почему
за эту любовь, которая казалась окружающим столь важной
в жизни Серовой и Рокоссовского, они не стали бороться.
Возможно, что несвобода обоих, понятие долга, положение
в обществе, известность, страх перед скандалом или иные
обстоятельства послужили тому причиной. Может быть, дело
не в сталинском приказе Рокоссовскому. С точки зрения
власти роман с Симоновым был важнее какого-то брака
Рокоссовского: с появлением «Жди меня» государственная
легенда о любви, умелая, точная и безукоризненная, не под-
лежала упразднению. Не это ли дали понять военному мужу?
Один-единственный, для всех, роман Поэта и Актрисы был
слишком важен для страны, и нелепо вдруг позволить его
разрушить...

Одно несомненно — Валентина Васильевна и Константин Константинович не смогли позволить себе до конца
отдаться внезапно вспыхнувшему чувству. Расставшись с Рокоссовским, Серова обрекла себя на тяжкую жизненную
муку жить оставшиеся годы в разладе со своей душой и
сердцем.

...А Симонов любил эту женщину всей силой мужской
страсти и знал и помнил, что ее сердце горит не меньшей
любовью к другому.

О связи кинозвезды с боевым генералом знал столич-
ный бомонд, и Симонов, значительно более чуткий к чужо-
му мнению, чем его неверная подруга, слышал за спиной
шепот и смешки. Именно тогда появились и пошли в народ
знаменитые аббревиатуры «ССР» — Серова — Симонов —
Рокоссовский, «РКК и ВВС» — Рокоссовский и Серова...

Друзья поддерживали поэта. Обращались к Валентине,
взывали к ее благоразумию, заступались за Симонова. Вот
что писала ей в письме Серафима Бирман:

* * *

«Валентина!

Что-то не спится мне, и вот пишу два письма... На свое последнее письмо к Вам я ответа не получила. Здесь был Константин Михайлович. Он ошеломил меня своим переживанием, своей просторной душой, своей огромной любовью к Вам. Такую любовь, если она не очень нужна Вам, переносить трудно и крайне ответственно. Я не берусь разбираться в этом вопросе — это абсолютно меня не касается. Но Константин Михайлович меня как-то перевернул чем-то настоящим. Я не считала его раньше настоящим, каюсь. Каюсь, мне хотелось очень опекать, когда я его слушала, когда смотрела на его глаза, лицо. Оно очерствело, его лицо, глаза стали жесткими, но и глубокими, как будто многое в себе затаили. Я так много пишу о нем, потому что не ждала его видеть таким. Я не очень люблю удачливых людей. Они неизбежно душевно жиреют — у него удача книжек оправилась тем страданием, которое он видел, и своим собственным. Ну так, довольно о нем. Пожелаю ему вернуться ко всему, что он любит, чем дорожит. И ставлю точку... То, что во всех Ваших решениях театр не играет никакой роли, беспокоит меня... Человек Вы одаренный, но Вы любите себя в искусстве, а не искусство в себе. Я сама тяжелый человек и, быть может, себялюбивый — очень я одинока в своем жизненном и московском пути, но я люблю искусство, ей-богу, больше себя. Будьте здоровы... Привет.

Серафима».

«Дата в письме не проставлена, — пишет В. Вульф, — оно отправлено из Ташкента, где до Ферганы находилась Бирман и куда приезжал Симонов. Уже были написаны «Жди меня», «В домотканом, деревянном городке», «Мне хочется назвать тебя женой за то, что так другие не назвали...», уже перепечатывали на машинке и переписывали от руки «Да, я люблю тебя еще сильней» и «Твой голос я поймал в Смоленске», а Серова все еще не решила, стать ей женой поэта или нет. Бирман внимательно относилась к ней и была рада ее союзу с Симоновым: как много проживший человек, талантливый, страстный, резкий, избирательно относящийся к людям, она верила молодой актрисе, которой было двадцать пять лет».

Вскоре Валентина действительно помирилась с поэтом.

ГЛАВА 10

КЛЮЧ ОТ ДОМА

Подходили к завершению репетиции «Русских людей». Симонов ездил на фронт, возвращался и приезжал к Валентине на Малую Никитскую. Они мирились, ссорились. Ссорились даже чаще, чем любили. Конечно, ревность не могла пройти в одночасье, но Симонов знал, насколько Валентина искренний, нелукавый человек, и, в сущности, доверял ей. Он приносил акт за актом новую пьесу «Жди меня» Горчакову. Тот уже начал репетиции.

В июле, а может, и чуть раньше Симонов получил, как сам он писал в «Разных днях войны», «двухкомнатную квартиру на Ленинградском шоссе, в новом доме с похожими на казанское мыло кружевными каменными балконами». Москвичи так и назвали этот причудливый, едва ли не первый построенный в военной столице дом архитектора Бурова: «кружевной» или «дом-корабль».

Переехав туда, Симонов наконец обрел собственную отдельную квартиру и обзавелся горничной-домработницей.

12 июля состоялась долгожданная московская премьера «Русских людей». Константин Михайлович устроил после спектакля банкет с невообразимыми для тех месяцев угощениями, преподнес артистам подарки. Его радость и щед-

рость вполне объяснимы: в двадцать шесть лет самый известный поэт, самый популярный драматург. Но самое прекрасное заключалось даже не в этом. Валентина сидела во главе стола как хозяйка. Всем дала понять, что мир с Симоновым восстановлен и в их доме царят любовь и согласие.

С продуктами в Москве трудно, но говорили: Симонов купается в роскоши, а для Валентины своей наполняет ванну шампанским.

Впрочем, сие безобразие и расточительство, если и имели место, ее не опьянили и здравого смысла не лишили. Разум ее оставался ясным.

Валентина собиралась в длительную командировку, на съемки в Алма-Ату. 9 сентября 1942 года появилось интервью:

«Валентина Серова живет в Москве, на Малой Никитской улице. Она живет здесь с матерью и трехлетним сыном. В настоящее время маленький Анатолий в Свердловске. Мать его недавно навестила, прилетев туда на самолете. Мальчик был с ней в госпитале для раненых бойцов, пел им военные песни. Мальчик часто говорит с матерью по телефону, и она и он мечтают снова о свидании.

— *Самое яркое мое переживание за последнее время, —* сказала нам В.С., — *это мои недавние встречи с командирами партизанских отрядов, действующих в тылу врага.*

Когда я готовилась к роли Вали в пьесе «Русские люди», я выезжала на фронт, чтобы все самой увидеть и пережить. И вот, будучи под Можайском, я видела ужасное пепелище, оставленное фашистами. Там было сорок цветущих сел, которые фашисты, уходя, подожгли. Осталась лишь одна изба. Отступая, враги методически поджигали деревню за деревней, а жителей увозили с собой. В одной деревне я встретила женщину с ребенком: это все, что осталось от населения целой деревни. Под Гжатском немцы гнали перед собой большую толпу крестьян. Одна женщина с грудным ребенком на руках отставала, так как другой ее ребенок, шедший с ней рядом, не мог поспеть за ней. Немецкий конвоир приказал идти быст-

рее. *Женщина глазами указала на отставшего ребенка. «Сейчас он не будет мешать тебе...»* — *сказал фашист и выстрелил в мальчика...*

Готовясь играть роль девушки-бойца в пьесе «Русские люди», я изучала жизнь фронта и незаметных героев этой жизни. Я встречала на фронте молодых девушек-санитарок, сестер с длинными русыми косами, выносивших тяжело раненных с поля битвы. Я видела девушку, бежавшую из немецкого плена.

Когда я играю Валю, мне достаточно все это вспомнить, и образ моей героини сразу вырисовывается.

Сейчас я готовлюсь к новой постановке в театре в связи с 25-летием Октябрьской революции. Это новая пьеса К. Симонова «Жди меня». Одновременно я буду сниматься в фильме по тому же сценарию».

Валентина рассказывала о самом ярком переживании, но на самом деле сильнейшим потрясением той поры была, конечно, встреча и разлука с Рокоссовским. Она готовилась воплотить в кино образ, с которым войдет в историю, — Лизу Ермолову, женщину, ждущую так верно, что к ней нельзя не возвратиться, «всем смертям назло». Впрочем, знать об этом она не могла и принимала деятельное участие в работе над сценарием.

Симонов очень доверял вкусу Серовой, ее тонкому слуху. Она первая читала пьесы, не говоря уж о стихах, и он просил ее отмечать неловкие, фальшивые места. Она отмечала. Сценарий для фильма «Жди меня» он писал осенью 1942 года — и как многое он черпал из своего семейного опыта, личных отношений, домашних привычек, пристрастий. Пока вопрос с семейными отношениями не разрешился положительно. Но, в сущности, Валентина была нормальной фронтовой женой и знала: ее долг — встретить военкора с фронта, сделать каждое короткое пребывание дома настоящим праздником, организовать встречу с друзьями и нужными людьми, принять их честь по чести. Симонов — вихрь, дел огромное количество и людей, которых надо принять, — тоже. У нее же — свои друзья, и свои дела, и репетиции, и спектакли, и концерты. Часто эти бытовые, понятные обстоятельства рождали недоразумения и размолвки, выливались в некую бесконечную пограничную ситуацию с обоюдным страхом разрыва, измены. Поэтические преувеличения Симонова и откровенность Серовой рождали бурю слухов и пересудов вокруг помирившейся пары.

Новая разлука — новые сплетни. Теперь уезжала Валентина, в Алма-Ате Столпер готовился к съемкам картины «Жди меня».

В 1941 году «Мосфильм» и «Ленфильм» перевели в Алма-Ату, где была создана Центральная объединенная киностудия художественных фильмов, которой руководил Ф. Эрмлер. Собственно, вся студия располагалась в Народном доме, типичном Дворце культуры довоенного образца. Под павильоны спешно оборудовали фойе здания, сцену и даже зал, откуда вынесены были стулья. Места не хватало, но именно там снимались все картины военного времени от «Жди меня» до «Ивана Грозного», рабочая группа которого во главе с Эйзенштейном эвакуировалась в Казахстан в начале войны. В коридорах, в подсобках Дворца культуры расположились цеха, гримерные, мастерские. Натурные съемки производились по большей части здесь же, в Алма-Ате, и окрестностях. Заснеженную Россию снимали в горах Медео.

Жили киношники в небольшом двухэтажном доме, который сами его временные обитатели называли «лауреатником». Там поселились Пудовкин, Эйзенштейн, Тиссе, Александров и Орлова, Райзман. Некоторые обосновались надолго, другие гостили наездами. Каждой семье выделялась одна-единственная комната, и дальше только фантазия и смекалка позволяли выкрутиться в невероятно стесненных условиях. Эйзенштейну смастерили антресоли, и получился второй этаж. Впрочем, несмотря на коммунальную систему, а может, и благодаря ей, жизнь в «лауреатнике» протекала весело и шумно. Почти у всех двери открыты настежь, посидеть, поговорить, пообщаться, выпить — в этом вовсе не было проблем.

Киностудия не являлась главным стратегическим объектом: в Алма-Ату было эвакуировано немало важнейших столичных предприятий, поэтому ради экономии энергии свет в студию давали только ночью. По ночам и шли съемки. День и ночь путались, спали тогда, когда оставалось время. Теснота, скудный паек, но работа не прекращалась. Симонов приезжал в военную столицу кино несколько раз и всегда с вкусными трофеями, с изрядным запасом коньяка.

В конце декабря 1942 года, когда съемки шли в полную силу, Ортенберг отпустил Симонова в Алма-Ату. «Встретив новый, 1943 год в Алма-Ате за одним столом с Блиновым и Свердлиным, которым предстояло играть главных героев фильма «Жди меня» — летчика Ермолова и фотокорреспондента Мишу Вайнштейна, я выехал согласно предписанию в сторону Каспийского моря».

Как удалось Константину Михайловичу, подробно описывая встречи в Алма-Ате, свою работу над прозой, ни разу не упомянуть Серову, это тайна. Впрочем, тот, кто заинтересованно читал его дневники, видел Серову как наяву, и именно Серову — Лизу, целомудренную, подобранную, добрую и очень верную. Может быть, напиши он все как есть, и не возник бы с новой силой этот миф, а так — она, ее дух, не строптивый, горячий и изменчивый, а такой, как в фильме — лучше, являлся между строк и словно нашептывал: вот оно, самое главное для автора — я, Валентина Серова! Но он не упоминает.

Симонов приехал в Алма-Ату и весной 1943 года писал «Дни и ночи».

Примерно в то же время в киномирок приехала и Клавдия Михайловна. Она пробовалась на роль Ефросиньи в фильме «Иван Грозный», возможно, Симонов пытался тому способствовать, но Эйзенштейн искал не просто талантливую актрису, и позже его выбор пал на Серафиму Бирман, которая сыграла эту роль гениально.

Для всех поэт и актриса были мужем и женой. Но у Вали, говорили, новый роман. Ермолова, ее любимого супруга, играл Б. Блинов, красивый, породистый мужчина, с легкой сединой, глубокими глазами, знаменитый незабвенным образом Фурманова в фильме «Чапаев». Валентина увлеклась: небольшого романа, как говорили, партнеры не избежали.

Впрочем, Б. Панкин по-мужски скупо пишет именно о симоновских мелких шалостях, слухи о которых узнавала и весьма переживала сама Валентина. Пока она трудилась в далеком Казахстане, ее Костя гудел в московских ресторанах до утра.

«Гул этот, разумеется, доносится и до Алма-Аты. И оказывается, что не так-то уж и лестно быть героиней лирических стихов стремительно идущего в гору поэта. Звездой, богиней, судьбой, кометой и одновременно всамделишной, из кожи и мышц, нервов и сухожилий, желаний, капризов, женщиной.

Лестно, конечно же, обнаруживать свой портрет в каждом новом стихотворении. Увидеть себя.

> Такой, что вдруг приснятся мне
> То серые, то синие
> Глаза твои с ресницами
> В ноябрьском первом инее.

Убедиться, что твое невинное, чисто инстинктивное кокетство, рожденное извечным для всех женщин со времен, быть может, Далилы стремлением крепче привязать к себе мужчину, дает свои блаженные плоды:

> И твой лениво брошенный
> Взгляд, означавший искони:
> Не я тобою прошенный,
> Не я тобою исканный.

...В компаниях ей преувеличенное внимание. На улицах ее узнают, исподтишка показывают на нее друг другу кивком головы. Она, да-да, та самая...

Но так уж устроен человек, что горечь накапливается в тех же потаенных уголках души, что и торжество, и радость.

Нет-нет да и царапнет, что как героиня его стихов она, кажется, становится известнее, чем актриса Серова. Снимаясь в кино, она привыкла к яркому, слепящему свету юпитеров. Но когда то, что в кино часами, в жизни без конца... Услышал же он шепот ее, что «не годится так делать на виду у всех». Почему же, страстно и настойчиво взывая к ней каждой своей строкой, не внял этому ее легкому, полувшутку-полувсерьез, упреку?

Уж ладно бы только радости, только патетика и лирический свет их личных отношений выплескивались на страницы его книг. Такова уж ее натура — с королевской непринужденностью внимать его дифирамбам и с уязвимостью принцессы на горошине реагировать на действительные или мнимые уколы. Ей ведь не привыкать к вниманию. Не в диковинку успех...

Ну не обидно ли, когда в одном и том же стихотворении и «с мороза губы талые», и отдающее пошлостью признание:

> Я не скучал в провинциях,
> Довольный переменами,
> Все мелкие провинности
> Не называл изменами.

То ли наговаривает на себя, боясь окончательно попасть в кабалу, то ли рисуется, чтобы вырваться из нее. Каково это — находить в стихах, отданных на всеобщее обозрение, отголоски своих слез, упреков, признаний, всего того, что одному ему было предназначено, достоянием двух рождено было быть...

...Стихами все можно объяснить возвышенно и красиво. Но живому человеку, привыкшей к обожанию женщине дороже может быть самое обыкновенное, написанное обыденными словами письмо. Из тех, что в отличие от стихов он пишет, по его собственному признанию, лишь «от случая к случаю».

То, что для его читателей было поэзией, для нее было жизнью. В этой воспетой им эйфории, возбуждающей атмосфере поездок, рейдов, вылазок, в бессонных бдениях над газетным листом и книжной версткой, в бесконечных мужских застольях, сплошь и рядом под огнем, не умудрился ли он позабыть «на минуточку», что то единственное сердце, которому и были изначально посвящены все эти строки, нуждается в чем-то большем, чем посвящение, даже публичное.

И как ему сказать об этом, не поступаясь своим женским достоинством, которого у нее было, пожалуй, даже с избытком.

...Для него она — неиссякаемый источник любви и вдохновения. Радость и боль одинаково становятся словом. И с каждой такой строкой, наполненной страстью и страданием, он становится все знаменитее.

Для нее он — близкий и одновременно все удаляющийся — с каждым новым публичным признанием человек».

Эта романтическая и одновременно печальная фабула отношений Симонова и Серовой все-таки кажется мне не совсем точной. Вернее, совсем неточной, скорее метафоричной. Б. Панкин просто забегает вперед.

В то время Валентина стала для своих современников героиней лирики, что вовсе не делало ее менее значительной самостийной фигурой. Актриса всегда, пока не сошла с большой сцены, была известнее, любимее поэта хотя бы потому, что он воплощал собой государственность, уверенность, стойкость, так сказать, крепких советских позиций в стране и за ее рубежами, она — душу и эмоции. Конечно, ее узнавали, с ней здоровались, на улицах ей дарили маленькие букеты цветов, даже женщины признавались в любви, благодарили ее за то, что она действительно существует. Серова бесконечно привлекала людей своим обаянием и открытостью.

Симонов привязывал ее очень прочно, объявлял своей, но уверенности в ее чувствах не испытывал. Все знали, какая у них любовь. Все, кроме нее. Он воззвал к ней гимном верности, она ответила — Лиза дождалась своего пропавшего героя Ермолова, ключ повернулся, она прыгнула в его объятия. Но — на экране. В общем контексте их мифа (вокзал, перрон, радиостудия, она слышит его голос) это прочитывалось как обобщенная повесть о любви — где выдумка, где соблазн приукрасить, а где правда? Не важно. Так писался один на всех любовный роман войны.

История их любви волновала всех. Впервые в сталинское время явились на всеобщий суд стихи о реальной страсти, причем — двух известных людей, которых знали не понаслышке, но и в лицо. Портреты Симонова в газетах, о Валентине и говорить нечего — летопись ее жизни, начиная с брака с Серовым, вся как на ладони. И вот теперь эта любимица, эта очаровательная женщина, потерявшая при столь трагических обстоятельствах героя, сталинского «сокола», обрела новую любовь. И он, само собой, тоже герой.

По сути, впервые не только были опубликованы стихи. В стране, где сама тема личной жизни считалась достойной звучать строго в контексте «трудовых и героических будней», больших свершений и подвигов, одна и та же женщина второй раз публично входила в иной поток, в чувственный мир отношений мужчины и женщины. Ее актерская жизнь — «трудовые будни» — сама по себе была овеяна легендой. Да и кино с театром в те годы являлись понятиями культовыми, окружались особым, фанатичным поклонением. Актеры считались людьми иного мира — мира грез, фантазий, счастливых романтических снов. И хотя пресса, киножурналы перед сеансами фильмов в кино рассказывали об артистах как о вполне реальных тружениках-современниках, тем не менее почти суеверный, священный трепет человечества перед своими кумирами был неистребим.

Симонов и Серова еще отнюдь не решили своих личных проблем. Она не давала согласия на брак, да и он, видимо, сомневался, терзался вопросами. Тем не менее это была жизнь двух «планет» на виду у публики. В то время, правда, не существовало той практики «семейного театра», каковая широко и многосторонне представлена сегодня. Это была великая проба пера. Два темпераментных, непростых человека ведут свои партии, казалось бы, при чем тут театр? Но в зрителях нет недостатка, и взоры придирчивы. Любой слух меняет никем не написанный сценарий, по ходу действия меняется игра. Тут даже точное соответствие идеалу не поможет. За героями «семейного театра» наблюдают пристально, им не прощают ничего, и мало того, их жизнь, так своеобразно начавшаяся, выставленная напоказ великим поступком Мужчины, его заклинанием «Жди меня», рождает и жажду творчества у наблюдателей. Каждая строка рождает слухи, и вот уже эти слухи рождают ревность, и ожесточение, и боль у героев романа. Каждый поступок оценивается во множестве вариантов. Свобода, внутренняя свобода уходит от них, но они не персонажи, они живые, и им хочется сопротивляться, отстаивать свою волю к поступку. И это снова рождает слухи, и слухи сливаются со строчками, и все идет по кругу.

Серова и Симонов создали прецедент «семейного театра», такой яркий и болезненный для двоих. То есть пары-то известные имелись, но отношения таких пар должны были выглядеть идеальными. И выглядели. Остальное скрывалось за фасадом. Жизнь знаменитостей тем не менее не случайно сразу попадала под прицел: виной тому не просто досужее любопытство поклонников или завистников — скорее еще незнакомое тому поколению, но, как показала история всего двадцатого века, никуда не исчезавшее за годы отсутствия публичной личной жизни желание видеть, как играют в «семейном театре» настоящие профессионалы. Интерес особый — личная жизнь знаменитых людей, поэта и актрисы, существовала для того, чтобы показать современникам, что глубоко спрятано в личной жизни каждого. Надо было смотреть, слушать и учиться. Как избегать ошибок, как их прощать или не прощать. Нельзя осуждать современников ни за интерес, ни за мифотворчество. Каждый вкладывал в роман Серова — Симонов свой характер, свою натуру, свои мысли и опасения. Но за всем этим были живые и, в сущности, очень неопытные люди. Одно дело — обнародовать свои чувства и поступки своей возлюбленной, совсем другое — выдержать такую народную славу. Симонов был предназначен для публичности, что и доказал всей своей жизнью, Серова — для интимной жизни, но этого тогда не понимала. Как черти разбегались ее личные переживания и поступки по городам и весям. Обнаженность ее сердца изумляла и бередила душу. И прежде всего именно ей самой. Симонова поражали и мучили ее поступки, а Валентину — собственная незащищенность и публичность, исходящая подспудно от того, что он пытался анализировать ее поступки и чувства. Но когда вся история «семейного театра» только начиналась, у Валентины было очень много сил... Сначала это «представление» ее не слишком тяготило. Или все-таки было? И еще одна тайна: страдающий поэт — в какой мере для Симонова образ, поэтическая метафора?

Если судить не по фактам, которые до полной и чистой правды никому, в сущности, не могут быть известны, а по стихам, то роман 1939—1943 годов полон обидами, неумением идти на взаимные уступки. Она оставалась свободной женщиной, он — свободным мужчиной. Это и обижало их обоих, и в какой-то мере устраивало. Она не считала, что вопрос их — брачный — решен бесповоротно, он подозревал ее во всех грехах. Так сложилось с самого начала, и это не было кинематографично для зрительского и читательского воображения в те годы. Такой поворот — живая женщина, у которой могут быть увлечения, — не экранный образ (отрицательный — да, но не идеал); мужчина, полный сил и желаний, неотразимый в глазах женщин (а Симонов очень нравился) и на фронте, и в тылу, тоже далек от идеала. «У хороших мужчин есть привычка — когда их очень ждут, они всегда возвращаются», — говорит брошенный женой герой в фильме «Жди меня». Герой тот погибает буквально на глазах от неверности супруги. Верность — аксиома идеала.

«Роль Лизы, — признавалась В. Серова в письме к зрителю, — *моя любимая в кино, как любим ребенок, рожденный и выношенный в муках и трудностях военного времени».*

«Ее Лиза Ермолова (зачем-то Симонову понадобилось присвоить героине самую громкую в России театральную фамилию) — это она и не она, — писала И. Макарова. — Я и сейчас, когда смотрю по телевизору "Жди меня", поражаюсь акварельным краскам, которыми Валя нарисовала портрет трогательный и неотразимо узнаваемый. Портрет женщины на фоне мужчин, уходящих на войну, на непроницаемом фоне из шинельного сукна и маскировочного брезента из гимнастерок и плащ-палаток. (На таком фоне и на таком сером экране и должно было появиться нечто совершенное, нечто импрессионистическое, подвижное, зыбкое, ускользающее — и это была Серова. — *Н.П.*) Перед глазами стоит ее изящный силуэт в бархатном платье, с накладными плечами по моде времени, стройные ноги на грубых танкетках (тоже военная мода!). Светлые волосы разделены прямым пробором, собраны сзади в скромный узел маленьких аккуратных косичек, весь ее облик — такой домашний, близкий, родной — и сейчас кажется неотделимым от обычной, некинематографической жизни.

Я видела этих женщин. Я стояла с ними в очередях за хлебом, отоваривала с ними карточки. Вместе с ними приникала к черной тарелке, слушая сводки Совинформбюро. Я видела, как менялись их лица и уголки некогда смешливых губ опускались будто бы под тяжестью тоски, переполнявшей их сердца. Я знаю — они были другими. Не такими изящными, не такими трогательно-беззащитными, не такими красивыми, но они были, были похожи на Валю Серову, которая для всех них стала (и за всех них) той, которая умела ждать, "как никто другой"».

«Жди меня» — действительно фильм-загадка.

«Как удалось неверной симоновской подруге, хулиган-ке, ёрнице, создать целомудренный, трогательный в своей однозначности образ верности — тайна актрисы, — пишет М. Волина. — Но Серова создала его».

Тайна, как ни странно, заключалась именно в верности. Это верность себе, это искренность.

В годы войны ни одну актрису не любили так, как любили Валентину Серову. Ее нежный облик на экране возвращал солдатам чувственную память о доме, о мире, о любви, о женщине. Так было потому, что была она необычайно талантлива и талантлив боготворивший ее поэт. (Драматург?) Теперь — и сценарист. В кино не было откровенности, сумасшедшей страсти поэтического цикла «С тобой и без тебя». Но фильм (который впоследствии ругал и не любил сам Симонов) был пропитан насквозь нежностью, мечтами и рассказывал о вполне конкретных лучших минутах в жизни двух реальных людей (может, потому его и не любил Симонов? Впоследствии...).

Фильм во многом назидателен, прост и все же очень искренен. «Жди меня» — мечта Симонова о другой Серовой, о Серовой-идеале. Здесь все так похоже на их жизнь, словно нам доверительно разрешили побывать у них дома.

Не в квартире на Малой Никитской, но пусть будет — на Малой Бронной. Герои живут совсем рядом, в том же дворе.

Гости гуляют, кто-то бренчит на гитаре, поют по-домашнему, и мы тоже приглашены:

> Мы сегодня выпили, как дома,
> Коньяку московский мой запас;
> Здесь ребята с вами незнакомы,
> Но с охотой выпили за вас.
> Выпили за свадьбы золотые,
> Может, еще будут чудеса...
> Выпили за ваши голубые,
> Дай мне бог увидеть их, глаза.

* * *

Помните роковую ситуацию: ему завтра на фронт, а она — нате, влюбилась в другого!

В фильме — на фронт летчик Ермолов вылетает через два часа. Лиза настойчиво выпроваживает друзей, собравшихся просидеть с майором до отъезда.

— А здесь я одна буду с ним прощаться... Человек приехал с фронта на двенадцать часов!

— Был, был человек, вдруг взял и женился! — говорит его друг, фотокорреспондент Миша Вайнштейн в блестящем исполнении Л. Свердлина.

Здесь ситуация, о которой мечтал сам Симонов. Он словно исправлял ту Валькину нелепую ошибку, когда она пришла и сказала: «Полюбила. Другого». Здесь сцена прощания — мечта Симонова.

Она — в его фуражке, куртке:

— Хоть бы еще день вместе?

— Нельзя.

— Нельзя, но я тебя люблю!

— Пока ты будешь вот такая, как сейчас, я отовсюду выберусь... Ну а когда тебе будет грустно по вечерам, то ты вспоминай, что далеко-далеко от тебя, за много верст, где-нибудь в землянке, вернувшись после полета, сидит один твой знакомый мужчина средних лет, сидит, смотрит вот на этот ключ, вспоминает тебя и очень скучает.

— Ты берешь его с собой?

— Ага. Я же не хочу, чтобы ты вскакивала на каждый стук. Если постучат, значит, это не я. А я вернусь и открою дверь своим ключом.

Лиза ждет пропавшего на войне летчика год и ничего о нем не знает. Лиза работает на заводе, Лиза строит оборонительные окопы вокруг Москвы. Она видит, как подруга решает не ждать, жить весело, изменяет мужу, и тот вскоре гибнет.

Он бросит ей симоновское в сердцах:

— Мы там, а вы — здесь.

Да. Валентина в этом фильме представлена двояко. Упрек есть. Скрытый.

Лиза не верит в смерть, ждет. Она пьет с заводскими подругами водку.

— Твой муж водку пьет?

— Пьет. (Надо видеть, с какой интонацией Лиза — Серова это произносит — как о редком, полном живого обаяния мужском достоинстве своего любимого!)

— Значит, и ты выпей. За солдатское житье водку надо пить.

Выпив, Лиза дивно поет:

> Хороша я, хороша,
> Плохо лишь одета,
> Никто замуж не берет
> Девушку за это.
> Пойду с горя в монастырь,
> Богу помолюся,
> Пред иконою святой
> Слезьми я зальюся...

Только эта песенка выдает нам в святой Лизе отчаянную Валентину, способную откалывать такие номера, что даже личный драматург не сможет опомниться и будет черпать из ее жизни сюжет за сюжетом для своих пьес...

В фильме есть скрытые от посторонних глаз интимные знаки.

Супруги знакомы четыре года. Как Валя и Костя — с 1939-го. Он, вдали от Москвы, говорит, что тоскует. По детям? Нет, не по ним. Это — симоновское. «Пусть забудут сын и мать...» И наконец, Ермолов в землянке приглашает товарищей домой, на Малую Бронную, в гости. Он рассказывает, в каком платье будет Лиза — закрытом, с кружевным воротничком и манжетами. И действительно, Симонов любил, когда Валентина его надевала...

Да и ключ — это тоже очень личное. Символ доверия. «Надо, чтоб все были такими, как ты, верными, стойкими.

Это и есть любовь». Он предлагал ей осознать такую простую, непреложную истину. Он хотел спокойно открывать дверь ее дома своим ключом.

> Сколько б ни было в жизни разлук,
> В этот дом я привык приходить.
> Я теперь очень старый твой друг,
> Чтоб привычке своей изменить.
> Если я из далеких краев
> Очень долго известий не шлю,
> Все равно, значит, жив и здоров,
> Просто писем писать не люблю.

(К слову о поэтических преувеличениях: четыре увесистых крафтовских пакета своих писем к Серовой Симонов приказал уничтожить за несколько дней до смерти...)

ГЛАВА 11

ВАСЬКА

Летом 1943 года Серова и Симонов наконец поженились. Свадьбу праздновали летом, как вспоминает С. Караганова:

«Я помню летнее платье Вали, цветы живые в маленьких вазочках у каждого прибора на свадебном столе... Гостей было немного.

Они часто потом бывали вместе на фронте — на Брянском, в Праге, Югославии».

М. Волина пишет, что добро дал сам Сталин. И на свадьбе гуляли Алексей Каплер со Светланой Аллилуевой, и Василий Сталин. «От своего бати — нашего общего Отца и Учителя — жениху и невесте совет да любовь передал — и пожелание! Симонову Константину — Анатолию, сыну Героя, за отца быть! И воспитать из него ленинца-сталинца!»

Не знаю, может, действительно Иосиф Виссарионович и благословил молодых. А с Василием Сталиным, бедовым летчиком, Валентина дружила, о чем мне рассказала А. Серова: «Я к ней как-то решила зайти, году в 1942-м, вот приезжаю вечером, иду по Малой Никитской, подхожу к дому, а ребятишки:

— О, Васька Сталин приехал, Васька Сталин!

И машина стоит — черная, длинная. Так ребята кричали, видимо, повторяя за родителями. В общем, я, как услышу крики да как увижу машину, быстренько раз, повернулась — и обратно. Я не заходила. Если Васька, значит, пьет с ним Валентина!»

Вскоре после свадьбы Серова переехала на Ленинградский проспект. Не в квартиру Симонова — поменяла свою, на Малой Никитской, на маленькую квартирку в доме архитектора Бурова. В причудливом доме, построенном по принципу коридорной системы, два длинных коридора образовывали букву «Г». В конце одного жил Симонов, Валентина поселилась в конце другого, на том же этаже. Квартирки обе небольшие, неровные, даже пол покатый, но двухкомнатные. Маленький Толик, вернувшись из Свердловска, поселился с мамой и любил кататься на самокате из одной квартиры в другую. Хозяйство супругов — раздельное, вели две домработницы, у Симонова — Маша-черная, у Валентины — Маша-белая. Общего дома пока не было, тем не менее жили вместе, вместе принимали гостей. Много пили.

Тема «хмельной жизни» появилась у Симонова в первых же стихах. Водочка, коньячок — это святое. Вино тоже в доме не переводилось. Но Симонов — гедонист, он умел много и красиво пить. А Валентина...

Поначалу Симонову нравилось, когда она выпивала:

— Васька, ну выпей, Васька, ты так здорово читаешь, ты так здорово поешь.

Он дразнил ее, подогревал. Когда уезжал в командировки, оставлял ящиками вино в доме. Чтобы Ваське не было скучно. Возможно, он ощущал, что она думает о другом мужчине, что она мысленно целует, обнимает другого. Валентина помнила о Рокоссовском и не могла найти в себе силы на близость с Симоновым. А когда напивалась... И он это знал: выпей, мол, хорошенечко, и только тогда ты будешь хороша, ты будешь такая, как я хочу. Моя. Наверное, так и началась болезнь Серовой.

Симонов давно мечтал о тепле своего будущего мирного дома и еще в 1942 году написал замечательную маленькую поэму «Хозяйка дома»:

Подписан будет мир, и вдруг к тебе домой,
К двенадцати часам, шумя, смеясь, пророча,
Как в дни войны, придут слуга покорный твой
И все его друзья, кто будет жив к той ночи.

Хочу, чтоб ты и в эту ночь была
Опять той женщиной, вокруг которой
Мы изредка сходились у стола
Перед окном с бумажной синей шторой.
Нет, я не ревновал в те вечера,
Лишь ты могла разгладить их морщины.
Так краток вечер, и пора! Пора!
Трубят внизу военные машины.

С тобой наш молчаливый уговор —
Я выходил, как равный, в непогоду,
Пересекал со всеми зимний двор
И возвращался после их ухода.
И даже пусть догадливы друзья —
Так было лучше, это б нам мешало.
Ты в эти вечера была ничья.
Как ты права — что прав меня лишала!..

Дом все-таки образовался, не такой, как у нормальных семей, похожих одна на другую. Тем не менее — дом. Жизнь налаживалась, ничего, что помогало вино. Тогда казалось, все нормально, в порядке вещей. Симонов называл Валентину «Васька». Он не выговаривал букву «л». Васька с интересом относилась к работе мужа, он доверял ей иногда важные поручения, она с охотой исполняла роль послушной секретарши, если в это занятие можно было вложить немного юмора и иронии. Разбирала его бумаги по папкам и оставляла свои пометочки — вот стихи, написанные до Васьки, а вот — Ваське.

«(Для Симонова)
Переделкино 2.12.43

Имею честь доложить
Вам, мой любимый,
что Ваши многолетние
четвертаковые труды
расположены мной
след. образом:

Папка № 1: «Обыкновенная
история» и «История одной любви».

Папка № 2: «Беломорстрой», «Завоеватель»,
«День в путьсельхозе», «Горизонт»,
«Павел Черный».

Папка № 3: Критика на ваши произведения.

Папка № 5: «Мурманские дневники», «Репортаж из Мурманска», «2-е ремесло».

Папка № 6: «Родина», «Щорс», «Суворов».

Папка № 7: Пародии. Переводы.

Папка № 8: «Первая любовь».

Папка № 9: «Ледовое побоище».

Папка № 10: Стихи, которые Васька знал.

Папка № 11: Статьи, материалы,
документы, стеногр. выступления, письма.

Папка № 12: Стихи, которые Васька не знал
и не мог знать, потому что еще не был
Вашей (?) Васей.

Папка № 18: «Старая фотография».

Папка № 26: «Пять страниц».

Папка № 702: Чужие рукописи.

Более для разбора Васику не представлено было четверта-
ковых трудов, посему перечисление заканчиваю на вышеука-
занном.

Васька — жена».

Между тем незадолго до Валиной свадьбы Театр имени
Ленинского комсомола вернулся из эвакуации, и Валентина решила вернуться в родные пенаты.

В театре не все складывалось, как ей хотелось бы: началась серьезная работа, начались и интриги. Мелкие трения,
обидные назначения — неназначения на роли, скандалы...

В статье «Неотправленное письмо» Серафима Бирман
писала:

«Для меня всегда казалась немыслимой разлука с театром, с коллективом: я вся корнями врастала в жизнь
театра, деля его радости, невзгоды, а главное — его со-
знательный труд.

Но с некоторых пор эта неразлучность с театром перестала казаться мне нерушимой. В Театре имени Ленинского комсомола стало мне нерадостно. Как странно, что в тя-
желейших бытовых условиях эвакуации было полное
единодушие, стремление к тому, чтобы стать поистине Театром. В Фергане мы все жили в помещении театра, каж-

дый за рогожными «стенками», а в апреле сорок третьего года вернулись в Москву, разошлись по своим квартирам и этим как бы раскрошили целостность эвакуационного единения — творческого и человеческого. Я всегда была излишне впечатлительной. Грубое, в особенности несправедливое отношение ко мне и к кому-либо всегда рождает во мне стремление уйти — от человека ли, от коллектива... Тревожно, чудно́ и чу́дно вдруг порвать с привычным. Как-то заново чувствуешь жизнь, бескрайний ее простор, бесконечность ее возможностей».

В 40-е годы в Ленкоме был удивительный ансамбль: Берсенев и Бирман, Гиацинтова и Фадеева, Окуневская и Серова, Мурзаева, Пелевин, Шпрингфельд и многие другие. Тогда театр считался одним из самых интересных, и, чтобы попасть на его спектакли, зрители простаивали в длинных очередях.

А за кулисами возникали свои сложности. Валентина конфликтовала и с Бирман, которая ее любила, и с Берсеневым, своим трепетным партнером — Сирано де Бержераком, и с его немолодой женой Гиацинтовой.

Театр вернулся, но роль Роксаны ей не досталась. Ее место заняла красавица Татьяна Окуневская, только поступившая в труппу и позже рассказавшая в своих воспоминаниях о конфликте Валентины с «патриархами» Ленкома:

«Что было в действительности, знают только Валя и Тройка (Берсенев, Гиацинтова, Бирман). Разговоры же вокруг, что именно с Валей Тройка не сошлась характерами. Говорят, что у Вали вздорный характер, избалованна, малоинтеллигентна — все эти качества для Тройки неприемлемы. Более того, Гиацинтова по амплуа героиня и поэтому играет все главные роли, а Валя уже признанная героиня Ленкома.

Возникновение спектакля «Сирано» связано с творческой личностью Бирман: роль Сирано — ее пожизненная мечта, ставить спектакль должен был Берсенев, Роксана — Гиацинтова. Но Берсенев все перевернул: сам играет Сирано, ставит Бирман, и вот с Роксаны-то все и началось. Гиацинтова уже с натяжкой играет молодых героинь, а Роксана — юная парижанка, красавица, в обнаженных туалетах. И все-таки Гиацинтова решилась. Начались репетиции, второго состава у Тройки не бывает, и Валя начала сама приходить на репетиции и сидеть на них, как теперь заведено в театрах. Одно это, мне кажется, могло вызвать у Тройки абсолютную неприязнь.

Война. Валя в эвакуацию с ними не поехала, а Гиацинтова все-таки играть Роксану побоялась, и Берсенев, воспользовавшись отсутствием Вали, решает от нее избавиться и приглашает меня на роль Роксаны, рассчитывая на то, что Валя «взорвется» и уйдет в другой театр.

Так ли все это или не так, но вот в такой ситуации я встретилась с Валей в коридоре нашей гостиницы, она выходила из номера Кости, того самого начинающего поэта... Если Валя будет драться за Роксану... во-первых, я умею драться только с мальчишками, во-вторых, ведь справедливости ради это ее театр и у нее большее право. Чем все это кончится?.. Неужели я опять провалюсь в никуда?

Мне кажется, что такое же противостояние, как у меня с Валей, у Бориса (Горбатова, мужа Окуневской. — *Н.П.*) — с Костей.

Костя стал известен своим стихотворением, посвященным Вале. У них роман.

Мне кажется, что и Борис, и Костя карьеристы и их противостояние состоит в том, чтобы идти нога в ногу по этой лестнице. Между нами четырьмя замкнулся круг.

...И опять Борис шагает в ногу с Костей. У Кости тоже вышла книга стихов, тоже средних, тоже поднята на щит, ведь много хороших и писателей, и поэтов на фронте. Их обоих выдвинули на Сталинскую премию. Валя с Костей поженились, я их встречаю счастливыми и всегда «подшофе».

Костя написал для Вали пьесу о молодежи, но Малому театру она не подошла, и Иван Николаевич взял ее для нас.

Теперь Костя часто бывает на репетициях, стал членом худ-совета».

Добавлю, что театр стал буквально родным домом для Симонова, он занимал должность завлита, его отчим преподавал артистам и персоналу военную подготовку.

Возможно, Окуневская несколько путает, речь идет о более раннем периоде, но закулисный конфликт был — и нешуточный. Видимо, его тяжело переживала Бирман, о чем поведала в статье «Неотправленное письмо» (приводится выше). В. Серова писала Бирман в Алма-Ату, объяснялась, высказывала как режиссеру свои мысли о будущих ролях, которые хотела бы играть в театре, о бальзаковской пьесе, о Лидии в «Бешеных деньгах» А. Островского.

Серафима ей ответила:

«Алма-Ата, 3 апреля (1944 г.)
Сегодня мне легко начать письмо с...
«Дорогая Валентина», пока еще не Валя — это следующая ступенька, которая нами двумя должна быть оплачена так...
Дорогая Валентина, сегодня получила я Ваше письмо и сегодня же отвечаю, так как я свободно чувствую теперь себя с Вами. Я знаю, что Вы, благодаря Константину Михайловичу, его любви к Вам, не потерявшей и человеческой грани, и благодаря надвигающемуся на Вас течению жизни — иногда доброй, часто очень жестокой, — Вы стали разумнее и более зрячей. Помните, я из Ферганы Вам писала о чаше жизни и о Ваших закрытых глазах? Я сама была больна дифтеритом, будучи уже далеко не в средних годах, а похуже, и тогда поняла, что значит смерть у порога моей жизни. Смерть учит жизни, поэтому я без охраняющих средств осмотрительности и предосторожности пишу Вам доверчиво и думаю, что Вы не заставите меня в этой моей к Вам доверчивости раскаяться.

Так вот: с Вами работать я хочу. «Бешеные деньги» только около того, что Вам нужно на театре, но это только вокруг центральной точки — это не снайперское попадание.

Бальзак же интересует (не знаю, как эта пьеса соответствует репертуарному плану театра?).

Вообще же Бальзак острее, бесшабашнее и созвучнее с тем, что я не устаю узнавать по жизни в людях. Я-то сама думаю, что театр должен давать зарядку людям в напряженнейшие годы войны — это как вода жаждущему, а не «как устам вкусный лимонад» гурману. Я искренне, всем сердцем считаю самую беспечную комедию оборонной пьесой. Укрепить дух, прогнать уныние от зрителя, родить надежду — это великий и поистине священный долг советского актера. Только те советские пьесы, которые не фото советского человека (снятая на бульваре «моментальная» фотография), а портреты, — только те пьесы интересны, только те драматурги, которые вскроют сущность наших дней и сегодняшнего человека, — настоящие драматурги. У нас много людей, ногтями изнеженных рук царапающих действительность. Я верю, что Константин Михайлович у порога того, чтобы написать настоящую пьесу, чтобы помочь нашим актерам отворить свои безгласные «уста». И Горбатов напишет. Верю его искренности к Родине.

Думаю, что Вы понимаете, что я не ханжа и что я хочу пьесы земной, и яркой, и трудной, и победной, как наша земля и как наши люди. Много написано, не знаю, ясно ли? Короче говоря, хочу ставить с Вами или комедию острейшую или острейшую советскую пьесу. Но без «диетического» стиля...

...Я отдавала свое сердце целиком театру, так же и Иван Николаевич, и Софья Владимировна. Вы меняли к ним отношение, но, Валентина, однако, знайте, — эти люди, и я в их числе, любят Театр с большой буквы. Мы все грешные люди, глупо пялиться на лики святых, нет, мы люди, иногда стервенные, но мы любим искусство и этой любви не изменяем и не изменим.

Будьте верной театру, искусству драматической актрисы — докажите, что театр для Вас не витрина, в которой, выставляясь, повышаешь себе цену, — я всегда буду держать Вас за руку. Но я должна знать, что в минуту тоски моя рука, протянутая Вам, не встретит эту пустоту, а иногда и острый кашель. Конечно, я тоже причиняла боль людям близким и неблизким, знаю, что я трудный, иногда неудобоваримый человек, но я сознательно не делала ничего злого и подлого. В этом я в себе не сомневаюсь...

В том письме, которое до Вас не дошло, я писала, что меня смущает тень Клавдии Михайловны. Я мало ее знаю как человека, немного как актрису, но я глубоко чту ее за ее призвание к сцене, которое неоспоримо. Я думаю, простите, что Вы недооцениваете артистичность своей матери, Вы бы тогда многое поняли, и вам обеим было бы легче. Простите, что вмешиваюсь. Но раз я Вами заинтересована, значит, мне до всего в Вас есть дело. И раз Вы себя обрекаете на творческий союз со мной — держитесь стойко. Я буду глядеть на Вас пристально. Я буду интересоваться, каким человеком растет Ваш ребенок — какого сына вы создадите духовно, что он красивенький физически — это я знаю. Это очень серьезно для меня — работать с Вами. Я хочу и для других людей, чтобы Вы стали лучше, строже. Это простительное тщеславие. Видела Вас в «Сердцах четырех». Теперь, как о самой себе, обаятельное чередуется с черствостью, но нам всем нужно, чтобы ровными и неповторимыми звуками была бы пронизана песнь жизни. В Вас есть Жизнь...

Привет Константину Михайловичу и Клавдии Михайловне. Вас целую как воскресшую.

Серафима».

Коль скоро С. Бирман, человек очень принципиальный, заметила воскрешение Валентины, значит, жизнь в театре налаживалась. Как бы там ни было, Роксану Серова играла, и настолько успешно, что одна театральная легенда гласит: Валентину и Берсенева вызывали на поклоны по двенадцать раз. Это много. Окончательно Серова и Бирман сойдутся в работе над новой пьесой Симонова «Так и будет».

«С Бирман были связаны молодость, успех, период становления, творчески они (Серова и Бирман. — Н.П.) были неравнодушны друг к другу, — пишет В. Вульф. — Бирман как режиссер сделала с ней Роксану в «Сирано де Бержераке», Джесси в «Русском вопросе» Симонова, играла с ней в «Так и будет». Пьесы Симонова способствовали росту театра. Серова играла Божену в «Под каштанами Праги», Валю в «Русских людях», Олю в «Так и будет» — в сущности, все они были написаны для нее.

Умная, острая Серафима Бирман вспоминала: «Каждый приход Симонова с новой пьесой одарял театр доброй надеждой на будущий спектакль. В этом процессе Симонов принимал самое живое участие. Он пылко увлекался театром, в нем жила воля к победе, это привлекало к нему актеров... Симонов — земной человек, закономерно, что он любит себя в искусстве, любит успех и ищет его, и все же эта эгоистическая любовь его неразлучна с любовью к искусству в себе...»

Это из книги Бирман «Судьбой дарованные встречи», она была опубликована в 1971 году, когда все уже было позади, имя Серовой Бирман теперь упоминала вскользь в главе «Перо современника», посвященной Симонову. Она знала, что он старается выжечь из памяти все, что было связано с именем Серовой, и не хотела наносить ему боль, прекрасно сознавая, что «выжечь» он ничего не мог. И Симонов, и Бирман, и Серова — все помнили, как на сцене в годы войны играли «Сирано де Бержерака».

«Бирман считала лучшей ролью Серовой Ольгу в «Так и будет», — отмечает В. Вульф. — Шла война, Симонов приезжал с фронта на репетиции и снова уезжал на фронт. Пьеса пленяла живым ощущением времени. Серова играла легко и поэтично. Простенький сюжет вызывал волнение зрительного зала, уже после войны играли «Так и будет», и всегда зритель бурно реагировал на спектакль. Серова была на гребне огромного успеха.

Бирман любила вспоминать работу над спектаклем «Так и будет». Начали репетировать в 1944 году, победа была близкой, хотя еще шли тяжелые бои. Читая ее письма к Серовой... ощущаешь удивительную чистоту, без примесей актерства, без «мути эгоизма». Они работали и верили в пьесу, в автора, хотя пресса особой симпатии ни пьесе, ни спектаклю не выразила. Что-то живое было в той старой, уже всеми забытой работе».

Спектакль ставил И. Берсенев. Сюжет пьесы «Так и будет» прост, мелодраматичен и до боли похож на вечную симоновскую историю о Валентине и ее мужчинах, только теперь место Серова, молодого Героя Советского Союза, занимает немолодой военный — напоминающий Рокоссовского.

Полковник Савельев (его роль исполнял Берсенев) солидного возраста человек, его жена и дочь отдыхали летом 1941 года в Прибалтике, попали в оккупацию и погибли. На фронте Савельев получил тяжелое ранение. Он возвращается домой. В квартире теперь живет другая семья — профессор Воронцов и его обворожительная дочь Ольга. Ольгу, естественно, преследует своими чувствами талантливый карьерист Синицын, но она влюбляется в военного с израненной душой, и он отвечает ей взаимностью. Сегодня это читать смешно и трогательно, но вся фабула напоминает истинно случившийся, или воображаемый, роман Валентины 1942 года! Жена и дочь, пропавшие в оккупации, несчастный, талантливый, отвергнутый друг. И даже то, что полковник остался жить в квартире, где теперь поселилась семья его новой избранницы, сходится. Впрочем, возможно, что слухи о том, 1942 года «сожительстве» будущего маршала (который не смог устроиться в гостиницу) с В. Серовой и были почерпнуты из пьесы мужа актрисы. 1944 год. Воспоминания в Москве о громком романе Валентины и Рокоссовского свежи. И более того, несмотря на то что, по свидетельству многих, роман давно исчерпан, легенда о нем живет. В воображении современников роман существует совершенно отдельно, и рядом — счастливая влюбленная пара: Поэт и Актриса, которая «ждет, как никто другой».

Первый раз на сцене—
с мамой (спектакль
«Настанет время»
по пьесе Р. Роллана)

Валя-сорванец, 12 лет

И.Я. Судаков,
художественный
руководитель ТРАМа

ТРАМ, 1935 г.
«Бедность не порок»
А. Островского.
После премьеры.
Валя Половикова
в 3-м ряду в центре

Катя Иванова —
девушка с характером.
1938 г.

Лапарузка

Анатолий Серов.
Дальний Восток,
1935 г.

Слушатель Академии Генштаба, 1939 г.

Валентина с сыном, 1940 г.

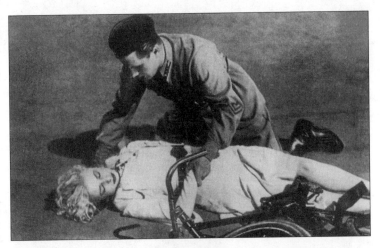

Галя Мурашова, строгая девушка. «Сердца четырех», 1941 г.

Сцена из фильма 1934 года
«Соловей-соловушка»
(в фильм не вошла)

Валентина Серова—
звезда экрана
(открытка, 40-е гг.)

Любимые кинообразы:
Лиза Ермолова. «Жди меня», 1943 г.
Галя Мурашова. «Сердца четырех», 1941 г.
Госпожа Глинка. «Глинка», 1948 г.

Эту фотокарточку
К. Симонов пронес
в кармане гимнастерки
через всю войну

Валентине 35 лет

Дорога домой

Фронтовая встреча

Семья Симоновых после войны

Сад в Переделкине, 1947 г.

К. Симонов и В. Серова
во Франции, 1946 г.

Встреча в Орли

Прогулки по Версалю

Джесси. «Русский вопрос».
Театр им. Ленинского комсомола,
1946 г.

Толя Серов-младший,
1956 г.

В памяти она навсегда осталась красавицей

За пьесу «Так и будет» Симонов не удостоился премии, что стало для него неожиданным и неприятным исключением из правила. Спектакль пользовался шумным успехом у столичной публики, но вызвал и споры.

И. Юзовский опубликовал в «Литературной газете» за 3 февраля 1945 года весьма ироничную рецензию, отметив, правда, безупречную работу Бирман:

«Театр имени Ленинского комсомола создал очень теплый спектакль «Так и будет»: есть там атмосфера дружбы людей — тема этой дружбы составляет прекрасную черту симоновского творчества. Мужественный стиль симоновских героев автор немного портит известным, с некоторых пор модным у нас хемингуэевским налетом, и это идейно мешает автору. Автор любовно относится к своим героям, но готов, чтоб утешить и обласкать их, пойти на благородную и утешительную, возвышенную ложь. Приезжает с фронта командир, потерявший семью, израненный, усталый, и автор вознаграждает его любовью миленькой девушки, которая должна приласкать его седую голову. Автор заодно устраивает и судьбу девушки. Устроен и отец девушки, профессор, — его дочка выходит замуж за симпатичного человека. И наконец, неудачный претендент на любовь девушки, молодой архитектор, устроен тем, что в нем обнаружен талант, который утешит его в неудаче.

При всей мужественности и сдержанности, с какой герой — командир — ведет себя, вы чувствуете некоторую бессознательную рисовку его своим несчастьем, своим горем, своими ранами; какие-то затаенные вздохи, которые он скрывает, конечно, но так скрывает, чтобы они все-таки были заметны. И нам кажется, что он ведет себя так, чтобы деликатно, но пожаловаться, достойно, но испросить нашего сострадания и обнаружить, стало быть, основательность своих претензий на вознаграждение в виде этой симпатичной отроковицы.

Единственный человек, которого автор не «устроил», — это женщина-врач майор Греч в блистательном исполнении Бирман. Греч — немолодая женщина, некрасивая женщина, она в стороне от событий, совершающихся в пьесе, но любопытно, что долго спустя после спектакля, когда вы начинаете забывать и о командире, и о девушке, и о профессоре, и о молодом архитекторе, когда исчезает доброжелательная улыбка к ним и к их счастью, когда рассеивается окутывающая вас атмосфера душевной теплоты, единственный человек, который остается у вас в сознании и надолго, — это майор Греч. Она прошла огонь и воду войны и полюбила этого командира, которому спасла жизнь, вылечила и выходила его... Но она скрывает свою любовь от других и даже от себя, и до такой степени скрывает, что вы по каким-то отдаленным намекам, неосторожно оброненным ею, догадываетесь об этом чувстве... Она умеет побороть свое горе... и делает это с таким юмором, она пронизана, как лучами, такой светлой иронией, в ней столько силы жизни, размаха жизни... что этот момент мужественного преодоления, эта демонстрация воли, ума, души человека в тысячу раз больше утешает и удовлетворяет вас, чем то филантропическое счастье, которое автор, как рождественский дед, вытащил из своего мешка и подарил своим любимцам.

...Мы говорим, что после войны наступит мир, но мы заблуждаемся, если думаем, что настанет тишина и идиллия. Мира в этом смысле не будет. В этом смысле и раньше не было мира...

Нужна ли нам убаюкивающая, ласкающая литература, под крылом которой мы должны спрятаться от грозы жизни, чтобы увидеть «небо в алмазах»?..»

С Юзовским Симонов разберется чуть позже, когда назреет сталинский вопрос о «безродных космополитах».

Нам же интересно другое: почему Симонов так намеренно и так часто использовал сюжеты Валиной женской судьбы? Что это, самоистязание, особенное удовольствие?

И еще одна тайна: страдающий поэт — в какой мере для Симонова образ, поэтическая метафора?

Стихи он посылал, как письма. А письма, они действительно способны были — единственно из всего необъятного наследия Симонова — составить конкуренцию его стихам. Стихи его лирические и как любовная лирика вошли в историю литературы. Письма пронизаны высокой эротикой. Этот жанр в советской литературе, увы, не был открыт, а если бы был, то, несомненно, именно Симоновым и именно в письмах 40-х годов. Желание, страсть, даже стремительность, болезненность обладания — вот то, почему он и решил сжечь эти письма, уничтожить их. Чувственность писем превосходит чувственность лирики многократно. Не случайно и не вдруг сам Симонов как-то изрек, что единственное, что от него останется, — это «С тобой и без тебя» и военные дневники. И письма, они, несомненно, стали бы классическим произведением эпистолярного жанра, и если бы соединить можно было ее безыскусные, простые письма с его — молящими, всепроникающими, беспомощными, содержащими такую мольбу на встречу, такие воспоминания о ее теле, запахе, глазах, руках, ее ласках письма, — получился бы действительно гениальный роман двадцатого века. Но этого романа нет. Часть сгорела в камине в Красной Пахре — ее, Валентины, письма. Свои Симонов уничтожил, как я уже писала, перед самой смертью. Но отдельные листочки долетели до читателей и стали фактом литературного наследия поэта.

Письма К. Симонова к В. Серовой. (Опубликованы в «Общей газете» в ноябре 1995 года.)

Военные:

«Васенька! родная моя!

Только сейчас вернулся с линии фронта. Последние два дня сидел в Тарнополе, было интересно, близко от немцев в самом городе — но безопасно, ибо у них уже нет снарядов, только пулеметы. Бои там идут жестокие, за каждый дом, как в Сталинграде, сопротивляются свирепо до конца. (...)

Я сидел на крыше и видел штурм во всех подробностях, а из дома взял тебе на память распятие и вот посылаю тебе в письме — молись богу за своего непутевого мужа.

Родненькая моя и нежно любимая, знай, что очень без тебя скучаю, а что в письме пишу не о том, а о Тарнополе — так чтоб тебе, хвостик, было интересней.

Люди идут и идут вперед, и кажется, нет пределов человеческих. Война еще большая длинная и интересная — надо нам еще много работать и самоотверженно писать — иначе уподобимся тем из нашей братии, кого сами же презирали в первый год войны.

Милый мой и ненаглядный — ты же у меня умница моя родная — пойми и не сердись на меня за то, что я полон и увлечен своим делом сейчас.

Если б это было не так — то из меня не вышло бы настоящего человека, — а с ненастоящим такой чудной девке, как ты, нечего и знаться и целоваться и так далее под рифму (глагольную). (...)

Если какие осложнения с ролью в картине — прямо от моего имени к Г.Ф. Александрову.

Целую еще раз тебя.

Васька Васенька мой и лапы твои милые

К.
1944».

«Васька! Милый мой. (...)

А у меня впервые в жизни какое-то глупое чувство — я сижу вот в номере — и не понимаю — почему, собственно, я сижу в этой голой чужой комнате и один — а не дома — и с тобой.

Несмотря на любовь и страсть, на все, я все-таки лишен должно быть лишен был все эти годы чувства своего дома — и как новорожденный младенец оно сейчас просто вопит во мне. (...) Я бы повесился от тоски, если бы не заранее принятое решение писать стихи. И так я встаю как всегда и в 8 уже сижу за работой. Сейчас я параллельно пишу «День неудачного боя» — это из дневника, откуда и «Метель», но будет вдвое, наверное, длиннее — и кроме того пишу большое стихотворение — помнишь о том письме, которое нам показали на Брянском фронте от жены убитого. Его я сегодня кончу, и если мой нос мне не изменяет, оно прозвучит в другом смысле, но так же как «Убей его». Когда кончу его, буду продолжать одновременно писать и поэму и мелкие стихи. (...)

Васька, как ты живешь? Васька, ты мне дальше не смей худеть. Васька, смотри у меня не пьянствуй с этим будущим фронтовиком — Софкой. Васька, как ты спишь — я сплю плохо, чего и тебе желаю.

Васька, я тебя люблю. (...)

P.S. Кажется, у меня прорезается фамильная привычка в системе писания писем. Если будет туго с деньгами — пойди к Гр. Бор. Хесину — покажи ему эту приписку и попроси выписать несколько тысяч тебе. Васька милый, еще раз целую твои милые нежные лапы много раз и очень люблю тебя, больше, чем когда бы то ни было. Твой муж и покорный слуга К».

(Без даты.)

«Любимая моя!

Трудно написать то что хочется тебе сказать. (...) Пишу тебе стихи, наконец третьего дня почувствовал, как что-то словно прорвалось и они начали получаться как-то легко и неожиданно — не писаться, а выходить сами как когда-то в сорок первом году. Вчера посмотрел на первый лист своего истрепанного зеленого блокнота — там написано «С тобой и без тебя. Книга вторая». Сейчас в нем осталось всего несколько чистых листов — книга выходит и, по-моему выйдет скоро и будет непохожа на прежнюю, чем-то лучше, больше и старше. Я написал после твоего отъезда четыре стихотворения и начал пятое — но посылаю тебе с этим письмом всего одно. Я не хочу лишать себя счастья видеть твои задумчивые, счастливые и чуть удивленные глаза, когда я приеду и буду и их и другие тебе читать сидя против тебя. Я постараюсь написать их больше, чтобы продлить эту минуту счастья. Я не могу не писать тебе стихов.

То что я посылаю — больше чем стихи для меня. Сейчас — это вера в наше счастье, в то, что его ничто не пресечет. Я писал эти стихи легкие и спокойные по форме грубо и чувственно я видел тебя, хотел тебя вспоминал твои ночные лепеты и поэтому должно быть, как мне кажется, осколок моей страсти засел в этом стихотворении.

Я кажется расхвастался, но это неважно, я тебя люблю, и мне хочется вновь по-мальчишески и по-мужски — быть твоей гордостью. Все-таки ничего лучше не написано о мужчине, который любит, чем «Желаю славы я».

Да, хочу, чтобы твой слух был поражен всечасно, и для этого готов на все.

Работаю как вол — стихи, дневники, беседы и даже скажу тебе по секрету — маленькая повесть, которую начал писать урывками между поездок.

Я хочу жить иначе чем мы жили я хочу вот так же и впредь работать и быть свободным вдвоем с тобой — я хочу многих минут и часов счастья, бывших у нас с тобой здесь — перенести в Москву, я хочу просыпаться вместе обнимая тебя и никуда не гонясь и не торопясь.

Мы так можем много доставить счастья друг другу, когда мы прижаты друг к другу, когда мы вместе, когда ты моя, что кощунство не делать это без конца и без счета. Ох как я отчаянно стосковался по тебе и с какой тоской и радостью я вспоминаю твое тело. Я тебя люблю, Валька, и мне сегодня ничего не хочется писать тебе больше. Сейчас еще рано — чуть рассвело, уезжаю на два дня на передовые (...) — а сейчас как будто держу тебя в руках и яростно ласкаю тебя до боли до счастья до конца и не желаю говорить ни о чем другом — понимаешь ты меня, моя желанная, моя нужная до скрежета зубовного, я даже ношу в кармане твое письмо и помню его и боюсь перечитывать — оно волнует меня и бесит тем, что я бессилен вот сейчас так же грубо и торопливо, как это быва-

ет, когда приезжаю издалека, схватить тебя в свои руки и, задыхаясь от счастья и желаний, сделать с тобой все что захочу. (...)

К.
1945.III.20».

«Васенька! Ненаглядная моя.

Только что кончилась война. (...) Голова идет кругом. В комнате десять человек, все что-то кричат, на улице стреляют и пускают ракеты. Ненаглядная моя, наконец все это кончилось — как-то странно и счастливо и непонятно, необычайная усталость. Мне сегодня и вчера не повезло — должно быть, чем-то отравился — всего второй день ломает и выворачивает — и даже не могу выпить ни глотка за окончание войны — ну выпьешь ты за нас обоих. (...)

Еще ничего не понятно, что произойдет в ближайшие дни, сколько здесь надо будет пробыть, и когда можно возвращаться. (...) Я хочу застать еще в Москве сирень — увидеть, увидеть тебя скорей желанье мое. (...) Васька милый целую твои нежные руки, твое желанное тело, и что тебе еще сказать — ты сама договори за меня остальное. (...)

Твой К.
1945. 7 мая. Берлин».

С момента объявления войны и до подписания мира Симонов всегда был первым, вездесущим голосом — предвестником скорой победы. Поэт и военкор не жалел себя. Прямо с передовой, где он отличался недюжинным бесстрашием, Симонов неожиданно прилетал в Москву и мчался в театр, вбегал за кулисы. Серова репетировала и играла главную роль в его новой военной пьесе; наутро в «Красной звезде» появлялась статья собственного военного корреспондента К. Симонова, газеты и журналы наперебой печатали его свежие стихи, а кинохроника снимала его на фронте в гуще бойцов.

Симонову очень везло, он бывал на фронте множество раз, ни разу не был ранен, лишь однажды контужен.

Апофеоз его военной карьеры выглядел более чем убедительно: 8 мая Симонов среди лучших советских журналистов присутствовал на подписании акта о полной и безоговорочной капитуляции Германии в Карлсхорсте. И даже, потупив очи, сам признавался, что стащил там — на память о великом историческом событии — ценный сувенирчик со стола.

Валентина видела мужа редко, чаще оставалась одна, ждала. Но тогда, в дни войны, это было и естественно, и понятно.

ЧАСТЬ III

ГЛАВА 12

«БЕСПОМОЩНО ИДЕТ
У НАС ЛЮБОВЬ...»

В 1945 году вышел на экраны положенный на полку четыре года назад фильм «Сердца четырех». Уже второй в судьбе Серовой после «Строгого юноши». Но о первом пришлось забыть, он так и не был показан при жизни Серовой и, таким образом, стал событием уже 90-х годов. А «Сердца...» все же освободили из-под спуда в конце войны, когда появилась необходимость развеселить людей хорошей комедией. Критики фильм не оценят. Так, пустяк: «Кое над чем зритель посмеется, кое в чем посочувствует, а в общем — скоро забудет».

Но «Сердца четырех» и сегодня в числе лучших отечественных довоенных комедий. Он хорош своим молодым, остроумным ансамблем — В. Серова и Е. Самойлов, Л. Целиковская и П. Шпрингфельд. Хорош дивной, чистой, свежей Москвой, девственными Воробьевыми горами довоенного образца, летней дачной станцией в лесу. Беспечен мир — возможно, и фильм запретили оттого, что беспечность героев (добрая половина коих — славные военные ребята) несколько контрастировала с реалиями 1941 года. Валентина — смешная, в фальшивых очках, с усиками, с пушистой белой челочкой, преподает в университете, автор труда «Кривая ошибок и понятие случайностей». И очаровательна в момент слабости — слабость наступает мгновенно: как тает она и преображается от первого же мужского прикосновения! «Все стало вокруг голубым и зеленым» — с изрядной долей самопародии Валентина играла свою маленькую лицемерку Галю Мурашову в этой незамысловатой комедии положений. Точнее, лицемерку наизнанку: самоуверенная и независимая женщина, какой представлялась героиня в первых кадрах фильма, — недостижимый идеал самой актрисы Серовой. Трогательная влюбчивая девчушка, которая буквально вылуплялась, как птенчик, из скорлупы этой взрослой серьезности, — сама Валентина, настолько естественная, что, казалось, спрыгни она с экрана в зал — никто не удивится. Все три фильма, где Серова играет главную роль, навевают мысль об импровизации особого толка, словно их создатели в какой-то момент отмахивались со вздохом — пусть ведет, и Валентинина бестолковая, обаятельная непосредственность действительно вела действие фильма за собой, персонажи как таковые устранялись в тень. Возможно, поэтому не сложилось у нее с кино.

Картина «Жди меня» вызвала у критиков прохладную реакцию. Уж что говорить, своеобразный, слишком домашний, семейный фильм. Этим и задевал за живое. Война закончилась не для всех. Солдаты несли службу на границах страны, бои продолжались, и фильм оставался актуальным.

Из писем в газету:

«...Помню вечер в Монголии — 6 августа 1945 года. Прямо под открытым небом показывают фильм «Жди меня». И мы, солдаты, долгое время оторванные от своих домов, увидели на экране Валентину Серову в роли преданной, любящей жены... И всем тогда хотелось, чтобы наши любимые были похожи на Лизу...»

Есть актрисы, которых любишь, но они изначально недоступны в сознании. Грезить о Серовой возможно. Ее редчайшее качество — оставаться на экране женщиной.

Сколько непридуманного, естественного было в ней, даже неправильность ее черт делала ее образ во сто крат милее. Это лицо — страстное, видно, как страсти зарожда- ются, эта чувственная линия носа и губ, эти одинокие, шаль- ные глаза, в них такая грусть и надежда.

Удивительно, но точно такая же милая улыбка и милые, одинокие, чуть шальные глаза на многих женских семей- ных фотографиях тех лет, и та же прическа, гладкая волна белых, русых, темных волос, и разворот в три четверти, и взлет утонченных до выразительной стрелки-ниточки бро- вей, такие же скуластые русские, украинские лица. Верно, думали об одном — и все эти женщины, и она.

Что ощущала Валентина, когда увидела себя — уса- тую, бойкую, слабую на мужские прикосновения, при- творно умную образца сорокового года Серову? Беспечно поющую:

> Хотелось бы мне отменить расставанья,
> Но без расставаний ведь не было б встреч!

«Встречи — расставания» стали лейтмотивом ее после- военной жизни с Симоновым. Трепетное «жди меня» очень скоро обернулось утомительным — длиною в бесконечные дни и месяцы — бесконечным процессом ожидания...

В конце войны Симонов успел объехать всю воюющую и выздоравливающую Европу. «Когда после войны Констан- тин Михайлович посмотрел английский фильм «Мистер Питкин в дни войны», — заметил Б. Панкин, — он, не упус- кающий случая поиронизировать над самим собой, поду- мал, что такой фильм и в таком же ключе можно было бы снять и о нем, военкоре Симонове».

Он, конечно, скучал по своей Ваське, писал ей стихи:

> Никогда не думал, что такая
> Может быть тоска на белом свете.

* * *

Но тоска тоской, а дело делом. Сразу после объявления мира он оказался в Праге, написал для театра по свежим следам «Под каштанами Праги» — сентиментальную пьесу, которую поставили в Ленкоме. Роль обреченной на верное ожидание чешской девушки Божены играла, естественно, Валентина.

После войны необходимость в поездках по стране, по миру не только не отошла на дальний план, но, напротив, оказалась самой актуальной. Симонов работал все так же энергично. Он был очень популярен, его публиковали повсюду в мире, его стихи и драматические произведения узнали в разных странах. Кому, как не ему, представлять культурную элиту великой страны за ее рубежами? Он должен был уезжать и возвращаться. Уезжать не от Валентины — в поисках самого главного в мире, в истории. Ему следовало бывать всюду, и поездки становились постепенно внутренней причиной конфликтов между ним и женой, она никогда не могла полюбить одиночество. Она ненавидела именно эти длительные командировки, и даже эти письма, нежные и страстные, напоминали ей все больше о том, что Костина любовь к ней носит отчетливо литературный характер. Странное свойство: сама Валентина достаточно путешествовала с концертами, со спектаклями, но с обостренной обидой и нетерпением относилась именно к его отлучкам. Он был в центре жизни, а она постепенно оказывалась вне ее. Он становился все более важным литературным чиновником.

Вот в этой-то ситуации Валентина и должна была повзрослеть, стать серьезнее. Бросить свое простодушие, научиться дипломатии жены большого чиновника, бросить ждать его с нервом из любой командировки, успокоиться. Но и она была дитя войны, дитя пограничной ситуации. Рискну сказать — она по-детски ждала приключений, отчаянных жестов. Их отсутствие со стороны любящего мужа и почиталось за ослабление любви. После войны им стало тяжелее оставаться надолго вместе. Она не повзрослела. Внешне она являла собой образ великосветской дамы, но внутренняя неуверенность переполняла ее ежеминутно. Инфантильная отчужденность от семейных проблем мешала Валентине преодолеть себя.

Если бы ей немного практичности, немного умения жить с человеком такого полета. И странно, в первом браке она все это знала, и терпела, и стойко ждала, а ведь тогда понимала: каждый день и каждый час разлуки с Анатолием заключал в себе смертельный риск. Теперь же она сходила с ума от одиночества. Начала пить, появилась алкогольная зависимость.

У Симонова развивалась иная, трудоголическая зависимость. «Он уже был отравлен ощущением собственной незаменимости, ежедневной и ежечасной необходимости кому-то и для чего-то и с тоской и недоумением оглядывался вокруг, если вдруг затягивалась пауза между двумя телефонными звонками в его первой в Москве квартире, которую можно было уже без всяких натяжек назвать домом» — вот точный диагноз, данный этому «заболеванию» Б. Панкиным.

Речь идет о квартире на Ленинградском проспекте, той самой, полученной в год 42-й, во время войны. Здесь он живет вместе с Валентиной и в то же время обособленно. В другом конце длинного коридора! Симонов незаменим, и любая малейшая пауза в работе тревожит его. Странно, почему бы эту паузу не посвятить тем, кому он нужен более всего на свете, — жене, приемному сыну? Ведь Толя рос — по всем повадкам, при столь знаменитом отчиме — безотцовщиной?

Кстати, о детях, которым тоже необходим отец. В книге «Четыре Я Константина Симонова» Панкин «родил» Серовой и Симонову дочь Машу буквально на четыре-пять лет раньше, чем это произошло в самом деле, она появилась на свет у Панкина сразу после войны. Отсюда и некоторое сдвинутое во времени отношение к так называе-

мой личной жизни героя, где с Валентиной покончено
чуть ли не в 46-м, во всяком случае, как персонаж она
появляется случайно, в стороне от бурь симоновской
жизни, являясь в действительности и по существу первой
стихией его бытия на протяжении еще почти десяти послевоенных лет... Маша у Панкина года на три-четыре
моложе Алексея. На самом деле разница в возрасте у старших детей К. Симонова — 11 лет!

Но Б. Панкин словно бы заранее освобождает своего
героя от Серовой. Ее, как женщину, доставляющую сплош-
ные неприятности, вычеркивает из полной больших свершений жизни замечательного человека. Даже в знамена-
тельном эпизоде отъезда поэта в Японию на вокзале среди
провожающих Симонова главенствует Серафима Бирман, а
не Валентина. Со старушкой Бирман горячо и пылко про-
щается Симонов на вокзале, уезжая надолго в Страну вос-
ходящего солнца. Зря, я думаю. Конечно, Бирман — друг
Валентины, и работала с ней, и ставила с ней спектакли.
Симонов ее уважал и любил как коллегу по театру, но вряд
ли прощался все-таки с ней, а не с женой, которая только
спустя четыре года подарит ему дочь.

В конце 1945 года Симонова включили в состав ответ-
ственной делегации в Японию, только что проигравшую войну, более того, он возглавил группу журналистов. С ним
ехал и его давний друг Борис Горбатов.

Все казалось таким естественным. Он уезжал в конце
декабря 45-го. До Владивостока — поездом. На платформу
вместе с Валентиной пришли несколько актеров — ее коллег из Ленкома, они провожали своего знаменитого драматурга. Праздновали отъезд весело, пьяно, широко, пили шампанское. В общем, самая нормальная ситуация: деловой муж
уезжает, жена провожает. Будут нежнейшие письма, под-
робные, любовные:

*«...Завтра на рассвете улетает еще один самолет. Не знаю,
когда и как доберется до тебя это письмо, но пользуюсь каждым шансом. Темнеет рано, жизнь города замирает, и очень*

тоскливо по вечерам, а днем суета, поездки, разговоры — и время до вечера идет незаметней. Сейчас за окном уже темно. Через полчаса в отеле поздний по-английски обед, а потом поеду в посольство, повезу пакет. В отеле душно — американцы любят тепло топить, а на улице днем градусов пять-шесть тепла. Вчера на весь день ездили в горы, наверху шел крупный снег. Сидели дрожа в японском клеенном из бумаги домишке, на корточках вокруг лаковых столиков и ели жарившиеся на жаровне «скияки» — куски полусырого мяса с грибами и кореньями...

Токио, 1946, 6 января».

«Милая моя, дорогая, ненаглядная, любимая. Час назад прочел твои дорогие нежные письма — все сразу — и у меня то же чувство щемящего стыда и горечи за все ссоры, за все грубые слова, за все издержки той нескладной но сильной и большой любви, которою я люблю тебя.

Те радостные вещи, которые я узнал с премией и кандидатством обрадовали меня как-то задним числом сейчас когда я прочел твои письма. Я счастлив что исполняется сейчас когда ты меня любишь (как хорошо писать и выговаривать это слово которого я так долго и упрямо ждал) то о чем я тебе самонадеянно и тоже упрямо говорил давно, кажется сто лет назад, когда был Центральный телеграф и несостоявшееся Арагви и когда ты меня не любила и может быть правильно делала — потому что без этого не было бы может быть той трудной, отчаянной, горькой и счастливой нашей жизни этих пяти лет.

Что-то странное произошло со мной. Я почти трусливо берегу себя для встречи с тобой.(...)

Я потащусь во Владивосток на пароходе. Да, позже на три дня — но увидеть тебя без «если».(...)

Нет, Алеша из «Обыкновенной истории» не прав — я хочу и буду говорить тебе прекрасные слова любви и буду повторять потому что для чего как не для этого устроена страшная и удивительная жизнь.

Я люблю тебя, моя дорогая, — вот в чем все дело — если говорить коротко то что мне хочется сейчас сказать бесконечно длинно.(...)

Я бы солгал, если бы сказал что мне грустно. Мне не грустно и не скучно, я просто как часы отстукиваю часы и минуты отдаляющие меня от встречи с тобой. Два месяца отстучали, осталось столько же. Я не живу, я жду. Я работаю много и упорно, как вол, я это умею я не психую и не пью больше чем обычно и не курю папиросу от папиросы, но жду упрямо и терпеливо. Мы увидимся моя родная так как не увидится никто другой. (...)

У меня чувство в этой поездке такое, словно это какое-то неизбежное испытание временем, которое только к счастью, за которым сразу начинается счастье с первого твоего объятья, с первого поцелуя, с первой минуты вместе. (...)

Ты спрашиваешь, почему нет стихов в письме... Нет и не будет. Будут только вместе со мной, потому я ничего не хочу украсть у нашей первой ночи, ничего, в том числе ни одной минуты из счастливых минут чтения того что ты еще не знаешь (так долго пишется — так коротко читается).

10-го

А сегодня день твоего рождения и в девять часов мы все тут четверо в доме и Муза соберемся чтоб выпить за тебя.

Если ничего не напутали в Москве ты получишь от меня сегодня цветы и записку. Дай бог. (...)

Если хочешь себе меня представить точно как я есть сейчас — открой альбом и найди хату в медсанбате — где я лежу и ко мне пришел Утвенко. Так же не брит, так же обвязан компрессами и в той же безрукавке и ты еще дальше от меня чем тогда. Может быть и не надо все это писать в письме — но вот так подошло, девочка моя, что хочется до смерти чтоб ты пожалела. Знаешь, мне иногда казалось, что тебе в твоем чувстве ко мне не хватает возможности помочь, пожалеть, поддержать. Я в этом чувстве всегда ершился, и в начале нашем принятый тобой слишком за мальчика раз на-

всегда поднял плечи, закинул голову и, присвистывая, старался быть слишком мужчиной — больше чем это нужно и больше чем это правда по отношению ко мне. И в этом часто у меня было отсутствие искренности и открытости души для тебя до конца, что порой обижало тебя и сильно, я знал это.

Сейчас что-то повернулось в моей душе, повернулась какая-то дверь на неслышных ни для кого петлях. (...)

Сейчас напишу тебе вещь над которой если хочешь, улыбнись, это мелочь, но сейчас вдруг ужасно важная для меня — я с какой-то небывалой нежностью покупаю от времени до времени милые безделушки для нашего дома — я не знаю где он будет, надеюсь вместе с тобой что не там где сейчас — но он мне отсюда представляется впервые каким-то небывалым и прочным (на целую Библию) Ковчегом Счастья (...) К чему написал это — наверное просто чтоб улыбнулась своей вдруг застенчивой тихой улыбкой — бывает у тебя такая, именно такая и я ее люблю больше всех других, эта улыбка — ты, какой тебя иногда знаю один я и больше никогда и никто.

Родная, нет сил больше писать — устал от муки видеть тебя и не видеть говорить с тобой и не говорить — сейчас лягу и попробую заснуть, но я не прощаюсь — последние строчки завтра перед самым отъездом на пароход — утром, а пока — господи, как я тебя люблю и как мне сейчас недостает твоего желанного милого тела рядом со мной, и пусть было бы плохо, как бывает всегда когда слишком хорошо.

11-го утро последние две минуты. Родная моя девочка целую тебя всю от кончиков пальцев до кончиков волос хочу тебя люблю стосковался по тебе до безумия. Все.

Жди меня.

Твой К.
11. Февраль 1946. Токио».

«8 марта 1946 г., Токио.
...Что сказать тебе? Во-первых, работаю как вол, глушу тоску, как могу. Написано уже больше тысячи страниц, де-

*лаю все, чтобы к 25-му кончить все и быть готовым лететь
или плыть первой оказией. Во-вторых и главных, — нет жизни без тебя. Не живу, а пережидаю, и работаю, и считаю
дни, которых по моим расчетам осталось до встречи 35—40.
А в-третьих, верю как никогда в счастье с тобой вдвоем. Нет
причин вне нас самих для того, чтобы его не было — были и
уменьшились, и сейчас кажется мне, что нет их и не смеют
они быть. Скажи, что так, скажи, что я прав.*

*Я так скучаю без тебя, что не помогает ничто и никто —
ни работа, ни друзья, ни попытки трезво думать...»*

Но именно эти месяцы разлуки особенно тяжело переживала Серова. Она уже пила, и процесс становился
необратимым. Симонов за тысячи верст блистал на кон-
цертах и литературных вечерах и читал свои (ее!) лирические стихи. Она пила одна в квартире на Ленинградском проспекте.

Симонов задумал построить дачу в Переделкине и фан-
тазировал вдали о ее экзотическом убранстве. Закупал всевозможные восточные диковинки — куски вышитых шелком и золотом тканей, кимоно и смешные женские туфельки
для Вали, Аленьки, Роднуши, лакированные шкатулочки,
наборы для чайных церемоний, фарфоровые чашечки, рю-
машечки для саке, фарфоровые вазочки, веера, шелковые
картины с изображением цветущей сакуры, тростниковые
занавески, маски, куклы.

Он воображал, что устроит их жизнь похожей на мечту,
что создаст для Валентины дом уютным и экзотическим гнездышком любящих людей.

Валентина, приезжая домой, думала о том, что квартира
в дальнем конце длинного буровского коридора пуста.

По-прежнему Симонов писал ей стихи:

> Еще кругом был пир горой,
> Но я сидел в углу,
> И шла моя душа босой
> По битому стеклу

> К той женщине, что я видал
> Всегда одну, одну,
> К той женщине, что покидал
> Я, как беглец, страну,
>
> Что недобра была со мной,
> Любила ли — бог весть...
> Но нету родины второй,
> Она одна лишь есть.

Стихи не такие красивые и вдохновенные, как в 1941-м, можно сказать — слабые стихи. Почти беспомощные, торопливые образы. Но все о том же — об их разлуке, о своей тоске. Казалось бы, что тосковать? Кто теперь его гнал от себя? Валентина, надеюсь, тоже понимала, что стихи слабые. Все равно она очень любила его стихи, знала их наизусть. Со своей привычной уже иронией посмеивалась над слабостью своего беглеца: нельзя быть и чиновником и поэтом одновременно. Возможно, образ героя-трубадура казался ей несколько пародийным. Может, и фальшивым по отношению к ней. Пила она не от тоски по беглецу. Пила от смешного и отвратительного лицемерия жизни. Как поэзия с ее пламенными чувствами (к ней) превращается в привилегии, в большие (очень большие) деньги? Как был искренен Толя! Как галантен К.К. Рокоссовский! Как предают мужчины! Как циничен мир... Просто пила — как тут объяснишь?

В Японии Симонов узнал, что его выдвигают в Верховный Совет СССР. И его пьеса «Под каштанами Праги», написанная для Валентины в первый месяц мирной жизни, по следам пражской командировки, получает очередную Сталинскую премию. Но главное, только-только достигнув родных берегов, во Владивостоке Симонов получил приказ лететь в Москву самолетом и через несколько дней, без передышки, — в США.

Валентина, услышав об Америке, пришла в смятение и отчаяние. Когда и кто будет устраивать жизнь в доме...

Приезжая, он так устраивал их жизнь, что она наполнялась людьми, друзьями, важными знакомыми. Дом его, о котором мечтал, наполняясь прелестными подробностями экзотической жизни бывалого путешественника, становился чем угодно — отелем, гостеприимным приютом для друзей, но не уютным гнездышком любящих людей.

Кризис отношений не просто затягивался, он перерастал в патологию. Она устала ждать его из Японии. Он думал, что все уладит. Но ведь он не принадлежал себе. Государственный человек! Только что несколько месяцев в Японии, и теперь опять — три месяца...

В Америке Симонова читали, его лирика, повесть «Дни и ночи» были переведены на английский и лежали на прилавках книжных магазинов. В маленьких театрах Нью-Йорка и других городов ставились его военные пьесы: Валентина — Лиза, Катя, Варя — поднималась (в исполнении других, красивых и нет, белых и даже черных женщин) на многочисленные подмостки за океаном. Магия серовской неповторимости рассеивалась, таяла, как гудзонский утренний туман. Он вдруг отчетливо представил себе, что она ни при чем... Только он создал своих честных, нежных, ждущих женщин. Он встречался с такими знаменитостями, что кружилась голова. Чарлз Чаплин, Артур Миллер, Гарри Купер... Он видел их в работе. Альберт Эйнштейн. Его не в работе, конечно, но — встречал. И все знали его «Жди меня», читали или слышали о его прекрасной музе. А слабая и безвольная Валентина в Москве чувствовала себя брошенной.

Симонов не просто пребывал в Штатах, он обладал статусом необычайно состоятельного человека. Даже малой толики, оставленной ему от американских гонораров, хватало на роскошную жизнь. Он наслаждался свободой и сибаритствовал.

«Симонов убеждал себя, что его поездки — в Японию, Америку — это продолжение войны, но иными методами... указание лететь в Америку рисовалось командировкой прямо на линию огня. Но, словно Дон Кихоту, ему с недоуме-

нием приходилось оглядываться вокруг в поисках заколдо-
ванного противника», — писал Б. Панкин.

«Холодная война» еще не наступила. А Симонов предчувствовал и уже видел «образ врага». Это ему удавалось
отлично. Но все же он понимал, что началась другая, мир-
ная жизнь. И Валентина понимала, но взять себя в руки не
могла. И непонятно было обоим, откуда это отчуждение?
Если бы проблема заключалась только в его командиров-
ках. Но нет. Все меньше точек соприкосновения, все глуб-
же отчуждение...

«По коротким и редким весточкам из дома он чувствовал, что заданный им в письмах и в первых стихах на японском материале тон, — пишет Б. Панкин, — прямо не высказанное, но прочитывавшееся в каждой строке предложение
считать, что рожденная войной модель сосуществования про-
должается, там, что называется, не проходили».

Я знаю, ты меня сама
Пыталась удержать,
Но покаянного письма
Мне не с кем передать.

И все равно, до стран чужих
Твой не дойдет ответ,
Я знаю, консулов твоих
Тут не было и нет.

Но если б ты смогла понять
Отчаянье мое,
Не откажись меня принять
Вновь в подданство твое...

«Моя любимая!
Как ты? Может, я часто не прав бывал в последнее
время и среди суеты и своих дел мало думал о тебе в самом
главном — о том, как на душе у тебя, как тебе работает-
ся, как дышится. И это невнимание большее, это грех боль-
ший, чем забыть чиркнуть вовремя спичку. И я повинен в

этом, и мне сейчас на расстоянии горько, что не могу поговорить с тобой, помочь тебе...»

Симонов и сам чувствовал, что он уже не военкор, а заслуженный государственный муж и дом должен быть степенным... Но он любил высокие проявления духа, пограничные ситуации, он был драматург их жизни и хотел, чтобы так оставалось всегда. Подспудно он стремился именно к этому. Валентина пограничные ситуации воспринимала все с меньшим энтузиазмом: ей тридцать лет, актерская карьера, как по кругу лошадка, идет за симоновской мельницей театральных созданий. Анемичных, послушных, глуповатых. Скучно.

Познав Америку с ее лицемерием и жаждой наживы, Симонов обогатил театральный репертуар новым драматическим произведением — пьесой «Русский вопрос». Таким образом он вроде как ответил Валентине, что старается для нее исключительно. Пьеса являла собой очередной вариант личной жизни автора в предлагаемой ситуации — модель «Если бы я потерял свое положение, как бы себя повела со мной она, жена писателя?». Впрочем, интимный подтекст уже не считывался буквально.

«Русский вопрос» в конце сороковых с железной непоправимостью сталинского указа загрохотал по театральным подмосткам империи. Это был обязательный, как диамат, экзамен, безумный конкурсный смотр, в котором принимали участие практически все звезды — от всесоюзного до поселкового масштаба. Вся театральная страна, напряженно задавшись «русским вопросом», дружно разрешала его силами самых своих любимых артистов. Только в Москве его ставили не то пять, не то семь театров одновременно — странно, что не все двадцать пять сразу.

«Сегодня пьесы Симонова могут показаться ходульными, выдуманными, особенно это заметно, когда читаешь «Русский вопрос», — пишет В. Вульф. — Искусство в те годы брало на себя пропагандистские функции, эффект достигался с помощью прямой дидактики. Пять московских театров ставили «Русский вопрос».

Гарри Смит, герой пьесы, поехал в Россию, чтобы написать книгу о русских. От него ждут антисоветской рукописи, но он пишет честную книгу и терпит жизненную катастрофу, остается без средств, без дома, и от него уходит жена Джесси, любящая его на американский манер.

Сконструированная, прямолинейная пьеса воспринимается как откровенный знак приверженности автора сталинскому режиму. Пьеса из тех, что не остается за пределами сиюминутности, но в те годы, когда Джесси играли Степанова, Зеркалова, Любовь Орлова, Казанская, Варгина, Серова удивляла несентиментальностью. Ее лирическая струя придавала образу щемящую трогательность. Она всегда, играя любовь на сцене, была бесконечно трогательна. Пока ее героини были любимы — они ничего не боялись, наоборот, всегда были готовы прийти на помощь, но когда они теряли любовь — медленно шли на дно».

«С большим мастерством, потрясая зрителей, передает В.В. Серова финал этой "человеческой комедии"» — так парой строчек отмечены успехи Серовой в пропагандистской пьесе.

После США странствия Константина Михайловича по дальним странам не закончились. Из Канады он отправился пароходом во Францию и прибыл в эмигрантский Париж.

«В Париже, как и в Штатах, они (с Эренбургом. — *Н.П.*) сразу оказались в водовороте имен и событий. Луи Арагон и Эльза Триоле пригласили своего старого друга Илью, а заодно и Симонова, которого знали только по имени, на «Чердак», так называлось место, где функционировал Комитет французских писателей. Здесь... он увидел Элюара, Кокто, Сартра...

...Среди первой волны русских эмигрантов, где никто не мог остаться равнодушным к тройке из Совдепии, царило смятение и воодушевление...»

Возможно, Б. Панкин и преувеличивает. Эмигранты относились к гостям настороженно.

«Я с охотой взял на себя это неофициальное поручение попробовать повлиять на Бунина, — писал Симонов в дневниках. — Не собираясь с места в карьер приниматься за уговоры, брать паспорт и ехать, я видел свою задачу в том, чтобы рассказать Бунину все, что ему будет интересно: о войне и о людях во время войны, дать ему представление о том, что мы испытали за последние годы, и всем этим душевно приблизить его к нам».

Бунин пришел на встречу в советское посольство, где в концертном зале Симонов читал «Жди меня», лирику. Там Бунин и познакомился с поэтом-дипломатом, обремененным сложной миссией. Симонов прочитал уже «Окаянные дни». Возможно, его дворянская кровь (во всяком случае, по материнской линии) и подсказала ему, насколько глубок патриарх Бунин, насколько прав и точен, но он знал, что надо объяснить другое — великий Бунин испытывает великое заблуждение относительно революционных событий и пришло время посмотреть на новый мир иными глазами. Тем не менее и несмотря на миссию, Симонов все же чувствовал, что с заданием не справится.

Симонов умел говорить убедительно и развертывал перед Буниным картины героического настоящего своей социалистической Родины — Советского Союза. У Бунина была другая родина — Россия. И Симонов понимал это. У поэта были средства пустить пыль в глаза далеко не богатому человеку, в Париже он получил гонорар за две книги. Он водил писателя в ресторан, и ощущение, что советский художник — личность преуспевающая, не должно было вызвать ни малейших сомнений. Бунин ответно пригласил щедрого полпреда России в гости. Симонов подготовился к сему событию тщательно и продуманно. На специальном самолете Валентина привезла московские гостинцы — черный хлеб, сало, селедку, водку, колбасу с жиром: все — чистый яд. И главное — наконец прилетела сама! (Правда, биографы о данном обстоятельстве не упоминают.) А Бунин, радуясь угощению и восхищаясь молодой красивой женой своего нового знакомого, в общем, понимал «задание» Симонова, но ничем своего понимания не выдал и сводил разговор к старости своей и неохоте к перемене мест, к привычкам, комфорту дома. Беседуя мирком с гостями и воздавая должное их талантам, Бунин ни на миг не раскаивался в своем отношении к Советской России. Валентина, рассказывают, пела ему дивные народные песни, и он загрустил о России. Впрочем, кто знает?

Часто в статьях о Серовой упоминают, что она, по свидетельству многих русских эмигрантов, сыграла свою особую роль в проведенной Сталиным с помощью многих общественных деятелей, включая Симонова, операции «Возвращение». Их, понятное дело, дома ждали лагеря, а нередко и смерть. Валентина намекала собеседникам, что лучше от теплой встречи с родиной отказаться. Многих этим она спасла. Говорили, что именно Валентина отговаривала Бунина от возвращения. Возможно ли такое — неизвестно... Однако сама легенда характерна: молва противопоставляла Серову Симонову, придавая ему черты посланца органов, а ей — доброй русской души, оберегающей великих сиих от шага рокового. В причастности к органам безопасности человека, летающего в один год в Японию, США, Францию, никто всерьез не сомневался. Это казалось естественным и понятным. Но Валентину молва отгораживала от подобного альянса, ее слишком любили. То, что в этой звездной паре муж и жена — не одна сатана, было ясно каждому.

Вернувшись в Москву, Симонов получил должность главного редактора «Нового мира», а также пост секретаря Союза писателей и начал активную борьбу «против буржуазного влияния и отклонений».

В доме своем «буржуазные влияния» он принимал и культивировал с удовольствием, а вот отклонения начинали мучительно давить на психику.

В конце 1946 года Симонов заболевает, как пишет сам, «получил нервное воспаление рук, ходил всю осень с завязанными руками, не имея возможности даже ни с кем поздороваться, а потом вообще свалился от переутомления, провалялся вторую половину декабря в постели».

Валентина снялась в фильме «Композитор Глинка» у режиссера Л. Арнштама, где исполнила роль красавицы, обворожительной и стервозной жены композитора, а Роднуша играла ее мать. За небольшую работу Серова получила Сталинскую премию, но фильм оказался слабым. И уж совершенно беспомощно выглядел в образе Пушкина кумир зрителей Петр Алейников. В нем буквально разочаровалась публика, фильм стал лебединой песней прекрасного актера. Валентину хвалили, ею восхищались. Могла ли она знать, что фильм последний и для нее? Последний, где она молода и прекрасна. Казалось, все еще только начинается. Как предвидеть такое?! Она была в расцвете женской красоты.

Инна Макарова вспоминает свой трепетный восторг в момент первого знакомства с Серовой, и восторг связан чисто по-женски с красотой актрисы:

«...Завтра мне будут красить волосы, потому что я шатенка, а Любка (Шевцова) должна быть блондинкой. И вообще, все первые артистки в кино обязательно блондинки. И Орлова, и Ладынина, и Целиковская, и Серова... Я еще не знаю, пойдет ли это мне. Боюсь стать другой, на себя непохожей... Боюсь парикмахерской «Националя», куда меня должна отвести Тамара Федоровна (Макарова), — всего этого недоступного мне мира взрослых замужних женщин с их косметичками, домработницами, шоферами, приемами в ВОКСе и МИДе, с их непоколебимой уверенностью, что этот мир и все их мужчины, военные и штатские, только и созданы для того, чтобы им было удобно, весело и покойно жить, что все вокруг только и совершается ради того, чтобы они могли ходить к своим парикмахерам, лакомиться пирожными, менять туалеты да еще болтать о разных пустяках в перерывах между примерками и приемами.

Мне нечего сказать им. Я пришла из другой жизни и скоро в нее вернусь. Мне нечего стесняться своих брезентовых туфель... С облегчением покидаю салон с щебечущими дамами и сажусь в кресло. В старинном зеркале — мое исполненное отчаянной решимости лицо, а рядом... Где я видела раньше эту женщину? Господи, неужели она? Серова? Валентина Серова. Вот уж не могла предположить, что она тоже красит волосы.

Я не могу оторвать от нее глаз. Мне хочется сказать, что я знаю про нее все. И про ее первого мужа-летчика, сражавшегося в Испании, и про их маленького сына, и про Константина Симонова. Ведь «Хозяйка дома» — это она, и «Жди меня» — тоже она, и «Ты говорила мне "люблю"» — она. Я помню наизусть его стихи и ее лицо, которые в моем сознании неотделимы друг от друга. Она вся из них — из этих воплощений и клятв, из его горестных строф, из его немногословной нежности и безъязыкой мужской тоски. Как это написано в учебниках по средневековой поэзии — прекрасная и немилосердная дама.

Теперь эта дама сидела рядом со мной, укрытая, как и я, до подбородка накрахмаленной парикмахерской простыней. С нашими волосами возится один и тот же мастер, вдохновенный искусник своего дела Ардалион Михайлович. И есть в этом какая-то неизъяснимая странная близость, почти интимность, сводящая на нет дистанцию, разделявшую меня, безвестную дебютантку, и ее, прославленную звезду отечественного экрана. Я не смела заговорить первой. Только когда Тамара Федоровна подошла к нам, Серова обратила на меня внимание.

— Это наша студентка. Скоро кинопробы. Вот привела, надо что-то с волосами делать.

Серова скользнула по мне быстрым взглядом, мгновенно оценила все достоинства и недостатки моей внешности и гарде-

роба, не спрятанного простыней (чертовы туфли!). Сказала
вполне дружелюбно:

— У нее темные глаза. Ей пойдет быть блондинкой. Как
вас зовут?

— Инна. Инна Макарова.

— Еще одна Макарова. — Насмешливая улыбка в сторону Тамары Федоровны. — Это обязывает. Особенно в вашем положении. Я, например, ни за что не хотела оставаться Половиковой. У меня мать — актриса. Я ужасно боялась,
что все нас будут путать: кто — мать, кто — дочь. Знаете,
как раньше в балете. Половикова-первая, Половикова-вто-
рая. Ерунда какая-то!

— Ну, вас, Валечка, ни с кем не спутаешь, — поддержал
разговор Ардалион Михайлович.

— И слава богу!

Шел 1946 год. Он еще больше упрочил ее славу и положение среди первых советских звезд. На экраны только что
вышел «Глинка» — скучный биографический фильм из се-
рии «Жизнь замечательных людей», — за который она получит Сталинскую премию. Летом она побывала с Симоновым в Париже. У нее есть дом в Переделкине и роскошная
квартира на улице Горького, где жизнь поставлена на ши-
рокую ногу — две домработницы, серебряный трофейный
«виллис» с открытым верхом, который она водит сама, шум-
ные застолья, которые собирают «всю Москву». Ее имя и
союз с Симоновым, как и полагается, окружены молвой,
разноречивыми слухами, сплетнями. Оба они слишком за-
метные и яркие люди, чтобы оставаться в тени. Говорят,
что он влюблен в нее уже не так, как прежде. Говорят, что у
нее были романы, и он об этом знает...

...Для моего поколения Серова больше чем актриса, больше чем красивая женщина. Она, если угодно, сексуальный
символ эпохи. Ее можно было желать, в то время как всем
остальным полагалось поклоняться и дарить цветы к 8 Марта.
Глядя на Серову, меньше всего хотелось думать о женской
солидарности и равноправии, не говоря уж о всех этих знат-

ных передовиках производства женского пола, которых время от времени предъявляли миру как эталон новой советской женственности. Напротив, в самом присутствии Серовой на экране или на сцене заключалась какая-то незримая угроза и даже вызов любому женскому сообществу. Эта женщина была создана, чтобы быть подругой, любовницей, женой. Любая общественная деятельность была ей смешна и противна, любые карьерные успехи — сомнительны. В жизни она знала только одну истину — любовь. И не отступала от нее даже тогда, когда осталась покинутой, забытой, брошенной. Но это потом, а в 46-м Серова была еще любима всеми.

Быстрая, бесстрашная, горячая, понимающая толк в жизни и в удовольствиях, берущая все без боя одним только своим нежным натиском, одной только своей грустно-виноватой улыбкой. Живет, как дышит. И играет, как дышит. Самозабвенно. Без расчета на дальнюю перспективу.

Параллель с Любовью Орловой напрашивается сама собой. Тоже ведь звезда, блондинка, «девушка с характером». Но какие они разные! И по судьбе, и по душе, и даже по времени, выбравшему их».

Эти искренние воспоминания нуждаются в некоторых комментариях. Инна Макарова несколько забегает вперед. Квартиру на улице Горького в 1946-м семья Симонова еще не получила. Да, невольный вызов женскому сообществу в облике Серовой был, за что ей и мстили сплетнями, и некрасивые истории рассказывались словно анекдоты. Да, карьера не была ей важна — она жила рядом с человеком, делающим свою карьеру последовательно, как никто другой, и, может, потому сама не обладала необходимым для закулисных интриг иммунитетом, хваткой, заставляющей самостоятельно бороться за место под солнцем. Да, приемы и широкий дом, и роскошь, и центр внимания для всех — это была модель ее жизни, но при всем при том дама бомонда непостижимым образом уживалась в ней с девчушкой из деревни Валки Пасуньки Боборыкина улица. Она приезжала на Палашовский рынок в роскошной шубе, на лимузине и покупала семечки — вместе с диковинными кавказскими фруктами. Она сама, хоть посторонним и казалось, что этот мир существует специально для нее, была ему более чужда, чем умная, разумная начинающая актриса Инна Макарова.

Все могло бы сложиться иначе, если бы не обострившееся чувство потерянности, пришедшее в тридцать лет. Жизнь Серовой и Симонова, по сути, большое расставание, короткие встречи. Их роман во многом роман эпистолярный, то, что не говорилось словами друг другу, говорилось в письмах — и потому они так откровенны, болезненны и полны надежды на то, что, приехав, примчавшись домой, поэт встретит там свой неизбывный идеал, пронизывающий все его творчество. Все это Серова блистательно играла на сцене. Хотя, пожалуй, блеск — это не ее слово, оно скорее относится к Орловой, а Серова нет, она сыграла с очаровательной непосредственностью самое воплощение вознагражденного ожидания — это была гениальная находка времени. Но жизнь все-таки не кино.

Дом Симонова на Ленинградском проспекте оставался «мужским неуютным жильем». Он занимался здесь и редакционными делами. Приходили Фадеев, Борщаговский, Сурков, Твардовский... Валентина всех принимала, но тем не менее было совершенно очевидно, что у нее — своя жизнь, о чем свидетельствовали очевидцы. Она была в те годы — сороковые — ослепительно красива. Уже не девочка, а женщина, раскованная, смелая, независимая. Симонов постепенно тоже менялся — после своих длительных вояжей он стал одеваться модно, даже фатовато и чуть по-пижонски броско. Начал седеть, седина придала облику импозантность. В зубах появилась знаменитая трубка, а в поведении постепенно стиль полевого журналиста стал меняться на вальяжный, солидный, но только не совдеповски-чиновничий, скорее медлительностью, спокойной размеренностью он стал походить на барина. Это особенно контрастировало с текстами его письменных и устных выступлений, в которых он представал воинствующим борцом за чистоту и идейность литературы. Ему хотелось сохранить образ «свойского парня», принципиального до мелочей, когда дело касалось обсуждения его собственных произведений, подлежащих изданию в журналах ли, в издательстве, и в этом была определенная продуманная наивность, впрочем, тоже весьма киногеничная.

Симонов и Серова, казалось, являли собой идеальный образ советской семьи самых достойных людей, объединенных общим делом (творчество, театр, кино). Но сами супруги словно вступали в образный спор — кто колоритнее, ярче. И тут побеждал Симонов, он был невероятно трудоспособен — проза, пьесы, стихи, очерки, статьи, выступления, важные посты. Валентина уже не снималась, но еще много играла в театре.

В первые годы после войны на поэтических вечерах Симонов почувствовал, как слушатели упорно возвращаются к его лирической военной тетради. Ревность к собственным стихам раздражала поэта. Он не мог не понимать, почему после прослушивания новых его творений почитатели требуют тех, искренних, не по заказу написанных стихов.

Он написал еще пьесы, в каждой был герой, похожий на него, Симонова, и героиня — Валентина, в самых разных ипостасях. С иными именами, привычками и проблемами, но всегда — она, любимая, единственная.

«1947, 28 января.

...Я очень скучаю по тебе. Сегодня сижу у себя и листаю «Историю одной любви». Вдруг понял, что это была хорошая пьеса, а главное, нагрянули воспоминания — трепетные, бестолковые, дерзкие, веселые, печальные, всякие — репетиции, прогулки, ночные блуждания, дребезжащие разбитые такси, бог знает что, и среди всего этого упрямое и сильное, не от

самодовольства, а от любви, предчувствие общей жизни, годов ласк, ночей, примирений, разлук, гнева и обожания...»

Симонов все еще таял перед непосредственностью своей любимой, ее внутренней свободой, он помнил их бурную юность. Помнил ее дерзость и смелость. Она могла после концерта на передовой вскочить на лошадь, помчаться с места в карьер и чудом остаться целой — ведь и в голову не приходило спросить, разминировано ли поле, на которое понеслась лошадь.

Все это он таил в глубинах души, но сам уже давно вступил на ту тропу, где надо обладать недюжинными способностями не наступать на идеологические мины. И сие заботило Константина Михайловича неизмеримо больше, чем ночные ласки и прочие мелочи бытия. Симонов редко оступался, его идеальный нюх помогал не совершать досадных ошибок. Но, дав волю чувствам, написал, размышляя об эмигрантах, коих так часто встречал за границей, роман «Дым отечества». И — неожиданно ошибся. В газете «Культура и жизнь» появилась разносная статья «Правде жизни вопреки». Именно с этим фрагментом жизни Симонова связан скупой намек Б. Панкина на антиморальное поведение Валентины Серовой в те годы.

Он описывает переживания Симонова: «Голова, как всегда в минуты особой опасности, была на удивление ясной. Мысли — четкие. Каждое движение — в такт мысли. Закончил завтрак. Покосился на дверь спальни. Оттуда не доносилось ни звука. Как всегда, вернулась после спектакля чуть ли не под утро. Теперь и специально будить станешь — не разбудишь. Кивнул Марусе — можно убирать со стола. Позавтракал!»

Книга Б. Панкина не о Серовой — о Константине Симонове. Создавая в книге образ мужчины, внутренне сразу после окончания войны устремленного уйти, убежать, скрыться от жены, он всегда пишет одно: «Жены не было». «Жена вздохнула и ушла» и т.д. Автор изъял ее из парижского путешествия Симонова как несущественную деталь.

Многие журналы сегодня публикуют их фотографию в аэропорту Орли, и только ее милый облик в шляпке набекрень и делает человечным 1946 симоновский год — год, когда он пытался вернуть в Советский Союз эмигрантов. Симонов работал с творческой интеллигенцией в то время, когда десятки тысяч военнопленных возвращались из Европы и попадали в сталинские лагеря.

И вот здесь, подчеркивая драматизм «разогнанного» в печати, а значит, с ведома Сталина Симонова, автор приносит в жертву его «половину». Она словно балласт, ненужная помеха извне, может быть, его позор.

Что творится за скупой фразой: «Вернулась под утро»? Разврат, измена? 1947 год...

Симонов, как и Фадеев в «Молодой гвардии», исправлял «недостатки» своего романа «Дым отечества». Он знал, что справится с неудовольствием вождя, что сумеет сделать так, как этого требовал политический момент. Он не мог справиться только с Валентиной.

Говорили, она все еще любила Рокоссовского.

В конце сороковых (к этому времени относится легенда Шпрингфельда, доказывающая, что боль утраты была взаимной) маршал получил назначение в Польшу. Иногда журналисты просят учесть этот факт биографии Валентины Серовой, как хотя бы отчасти объясняющий ее пристрастие к алкоголю, которое возникнет в тот самый, внешне такой блестящий период ее жизни.

ГЛАВА 13

РУСАЛКА

«...Что с тобой, что случилось? Почему все сердечные припадки, все внезапные дурноты всегда в мое отсутствие? Не связано ли это с образом жизни? У тебя, я знаю, есть чудо-

вищная русская привычка пить именно с горя, с тоски, с хандры, с разлуки...

1.1948».

Почему Валентина пьет с горя и тоски?

В театре все шло на первый взгляд благополучно. В 1948 году Ленком отмечал двадцатилетие. Серова получила звание заслуженной артистки РСФСР и орден «Знак Почета». Телеграммы и поздравления, гости — все люди достойные, знаменитые, избранные, обласканные властью — с подарками, с славословиями. Германы, Козинцевы, Вертинские, Каверины, Карагановы, Фадеев поздравляли актрису.

Валентина чиновников знала, иллюзий не питала, почтение к себе оценивала трезво — жена самого Симонова, этим все и сказано. Другое дело — друзья. Николай Горчаков, с которым память связывала счастливые дни репетиций весной 1942 года, прислал письмо, напоминавшее о днях былых:

«Моя дорогая и любимая!

Поздравляю тебя от всей души с первым почетным званием! Уверен, что тебе еще многое предстоит на этом пути... Очень хочется тебе написать что-нибудь фривольное, но ради торжественности минуты и моей искренней любви к тебе и Косте удерживаю свой недостойный язык от...

Крепко тебя целую. Всегда и везде твой

Николай Горчаков».

«В эти годы на сцене театра актриса играет свои лучшие создания. Много писали об ее Софье Ковалевской в пьесе «Цель жизни» братьев Тур. В ремесленно сконструированном построении актриса достигала неожиданного результата — ее героиня была не только умной, талантливой женщиной, но и прирожденным математиком. То был секрет дара, поскольку друзьям было хорошо известно, что в жизни Серова была с математикой не в ладу», — писал В. Вульф.

Серова завела тетрадь, куда записывала очень подробно все, что узнавала о Софье Ковалевской. Все, что казалось ей созвучным себе самой. Ее завораживал волевой характер этой женщины, стройность мышления (качества, не присущие самой Серовой) и в то же время ее неожиданная противоречивость.

«Я чувствую, что предназначена служить истине — науке и прокладывать путь новым женщинам, потому что это значит служить справедливости. Я очень рада, что родилась женщиной, так как это дает мне возможность одновременно служить истине и справедливости...» (С. Ковалевская.)

Математик Ковалевская была прекрасным поэтом. Сколь талантлива, разносторонне одарена — как же сыграть такую женщину? Валентина выучивала стихи Софьи Ковалевской наизусть.

> Твоей смуглянке скучно
> Мужа ожидает
> Раз в сутки на дорогу
> Выбегает.
> Собаки лай, бубенцев
> звонких дребезжанье
> В ней возбуждает трепет ожиданья.
> И вновь бежит она и,
> Обманувшись вновь,
> Клянет мужей неверных
> И любовь.
>   (С. Ковалевская, 1874.)

Все в Ковалевской: внешность, проявления характера, темперамент великой женщины, как описывал ее биограф Ковалевской Ф. Лефлер, — напоминало Валентине давно минувшую юность.

«Маленькая Соня — с желтыми вьющимися волосами, чистыми правильными чертами лица, детским невинным лбом и страстно и странно напряженным взглядом блестящих глаз с вопросительным выражением глядящих... Ее прозвище «воро-

бышек»... Эта кроткая девочка, которая не могла выносить малейшего недружелюбного взгляда или сердитой интонации голоса у людей, которых она любила. Она могла в решительные моменты проявлять необыкновенную твердость характера и непоколебимое упорство, могла, когда в ней возбуждался дух борьбы, попирать ногами все отношения и хладнокровно оскорблять того, кого она за минуту перед тем осыпала самыми горячими выражениями привязанности... Будничная жизнь с ее серыми сторонами была ей глубоко ненавистна; у нее была цыганская натура, как она сама часто говорила, и все, что подразумевается под словом «мещанские добродетели», было ей не только не симпатично, но просто отвратительно». (Из книги Ф. Лефлера.)

Есть в тетрадке написанный столбцом ломким нервным почерком неожиданный текст, звучащий вдруг диссонансом. Серова словно кричит: ей не надо ни славы, ни денег, ни наград. Заботы, любви и понимания — вот о чем она молит Бога. И о работе, которая может заменить ей любовь. Иначе — смерть. Она признается, что нужно жить хотя бы ради сына, что нужно быть мужественной, работать — мстительно. Надо только решиться...

*«Жизнь! Вот она какая,
оказывается. Господи,
помоги мне найти
правильный путь!
В омут или — работать
и работать без конца
и края. В награду
что? Не деньги, славу,
ордена — любви и
понимания и заботы
немного? — Много?
Думаю, что и то и
другое. Благослови
Господи «Его» за*

столько зла, за
столько добра...
Больше не могу
нужно выбрать
НУЖНО, НУЖНО,
НУЖНО. Зачем?

Ничего не знаю.
Но нужно... Знаю!
За тем, что не хватает
решимости и мужества
ни на то ни на
другое, а и то и
другое требует
одинаково и мужества
и решимости любовь
или работа заменяющая
ее — как раньше
монастырь. А сын?
Сын, подлость не
вспомнить о нем
нужно жить
НУЖНО РАБОТАТЬ
каторжно, настойчиво,
МСТИТЕЛЬНО.
РЕШЕНО!»

У Ковалевской никогда не было сына. Значит — не роль? Пассаж походит более всего на всплеск эмоций самой Серовой. Почему — в омут, почему так мучительно мыслит? Думает о смерти? Для чего нужно набраться мужества?..

Еще запись:

«Я бесконечно мучаюсь сознанием, что твоя работа постоянно становится между мною и тобою. Я замечаю охлаждение при виде того, что именно в то время, когда самая сильная любовь влечет меня к тебе, ты предаешься так страстно погоне за славою и отличиями...» (личное).

«Несчастна, как собака!

Впрочем, я думаю, что собаки, к своему счастью, не могут быть никогда так несчастны, как люди и в особенности как женщины» (С. Ковалевская).

Пьеса братьев Тур разбудила в Валентине такой необычный интерес к жизни Ковалевской?

Очень странный дневник. Я привела только малую часть его. Ну ладно бы пометки в ее актерском экземпляре (действительно, пометок много, и переписанные фразы на ходу, и замечания режиссера, и пояснения). Но дневник роли?! Валентине Серовой 30 лет. Что ей, делать, что ли, нечего? А как же бесконечные пиры, пьянки и наконец любовники, которым, утверждают, несть числа? Но она садится и кропотливо выписывает все о Ковалевской. Какая она женщина, о чем думает, как себя ведет. Что у нее в душе? Выписывает то, что тревожит ее в этой странной, талантливой женщине. Сливается, соединяется с ней, и пишет свое, разгорячась...

И вот здесь, читая дневник Ковалевской — Серовой, начинаешь, собственно, сомневаться, так ли легко, внахват, только от врожденной естественности и артистичности поведения она брала роли, завораживала зрителей или было что-то другое? Зачем хулиганке и ёрнице писать огромный дневник, вживаться в сомнения, сложности судьбы математика прошлого века? Не вжиться в роль — найти себя в образе, который играла, свои реалии, свои боли...

Пьеса — ничего особенного, обычная пьеса. И не могла породить уж особых в ней эмоций. Может быть, она пытается разобраться сама с собой? С Костей?

Из статьи «В защиту Софьи Ковалевской»:

«Некоторая озорная резкость, нарочитая угловатость, которую Серова любит сочетать с лиризмом в поведении своих героинь, пришлась очень кстати для характера молодой Софьи Ковалевской — «воробышка», как называли ее в семье, с ее внешней порывистостью, мягкой женственно-

стью и упорством воли, с ее переходами от девичьей застенчивости к саркастическому остроумию, к смелым и решительным поступкам...»

По преданию, перед премьерой «Софьи Ковалевской» Серова уронила роль, стоя на автобусной остановке под проливным дождем. На глазах прохожих тут же, как была, в белом роскошном пальто, села на тетрадку прямо в лужу. Ничего не поделаешь — актерская примета!

О Валентине говорили — виной тому и многочисленные слухи о ее строптивости, даже грубости в репетиционном зале, что она не особенно трудилась над ролями, что талант и естество вели ее вперед. В этом спектакле она много работала. Пьесу исправляли по ходу работы, находили новые слова, вычеркивали старые. Все это осталось в ее актерском экземпляре. Она переписывала все, что касалось Ковалевской, словно находя в ней себя, пытаясь как-то постичь дух этой женщины. Стихи, ей посвященные, слова. Вдруг ей показалось, что необходимо взяться за математику. В то время она уже много пила. И это решение ее словно бы останавливало. Наркотический трепет перед большой, «чужой», а значит, интересной ролью (не симоновской) ее мобилизовал. Она перестала пить, стала работать. Такая жажда стать Ковалевской поразительна. Ей надо было во что-то вливаться, верить магии ухода, необходимо было отвоевать у Симонова какую-нибудь свою, незанятую им территорию, и это казалось сложным и заманчивым. Она погружалась в Ковалевскую, как в стихию спасения.

Нашла детские учебники по арифметике. Этого показалось мало. Ей привезли книги из библиотеки. Рассматривала формулы, уравнения, задачи — не понимала ни черта, но любовалась, как непостижимым для нее и все же существующим в пространстве совершенством:

> В тех в сферах — числа, функций ряд,
> Чужому следуя порядку,
> Тебе, быть может, разрешат

Бессмертья вечную загадку.
Ты преломленья световых
Лучей на призме наблюдала:
Какими там ты видишь их
У родника их и начала?
Со светлой звездной высоты
С участьем в просветленном взоре
Ты смотришь в бездну темноты
На землю, на земное горе...

Этот мир представлялся ей прскрасным, он был далек от ее жизни, которая посторонним казалась достойной зависти. Так же как много лет назад она отгородилась от театральной, закулисной суеты звездными далями, пришедшими в ее судьбу вместе с Анатолием, так и теперь уходила в абстрактный мир чисел. Судьба Ковалевской, по-женски трудная, казалась ей схожей с ее собственной. Но она боготворила самостийность, самостоятельность этой женщины, преклонялась перед ней и гордилась своей причастностью.

Симонов боролся на идеологическом фронте, писал статьи, романы, речи. Она — писала в тетрадь. Может быть, бесконечно устав от мужниных «Чем дальше пойдет освобожденное от пут капитализма человечество по пути к коммунизму... народа, который под руководством Ленина — Сталина первым двинулся к высотам коммунизма».

*«Сын, подлость не
вспомнить о нем»,* —
читаем мы в тетрадке.

Серова чувствовала, что во многом виновата перед своим ребенком.

Толя, видимо, не любил отчима. И Симонов при его гигантской работоспособности и постоянной занятости не находил ни сил, ни времени, ни желания на воспитание пасынка. Хотя Маша утверждает, что брата ее он любил из-за матери...

Анатолия Константин Михайлович не усыновил. Так решили, видимо, вместе — он был сыном Героя Советского Союза. Жизнь мальчика в «кружевном» доме складывалась странно и беспокойно. С одной стороны, вседозволенность, с другой — внимания ему уделяли мало. Его не воспитывали родители, воспитывали посторонние — няни, учителя, бонны. Так часто бывало в барских домах. Однако одно отличие — принципиальное, между аристократией как таковой и аристократией советской (в нашем, частном случае) — сразу бросается в глаза. В барских семьях дети редко, может быть, встречались с мамой-папой, но их старались не допускать во взрослые компании, за общий стол, во взрослые разговоры. Маленький Толик Серов начал познавать бытие под праздничным родительским столом. Богема, известно, народ нестеснительный, вульгарность часто почитается за остроумие. Артисты, писатели, взрослые, если он был рядом, просто не замечали мальчика, никогда не сдерживались в его присутствии. Толик слышал и разговоры о Валентине, видел и проявления мужского интереса к ней со стороны гостей. Мать он ревновал, как ревнуют все дети.

«— Валентина Васильевна как-то утром встает, а обуться не во что. Куда все туфли девались? Ищут — найти не могут! Анатолий в угол забился и оттуда зыркает! Валя к нему: «Ты нашкодничал?» Молчит... Искали-искали... Как догадались под лестницу заглянуть — запамятовала, но нашли там! Сынок всю обувь до пробуждения матери с пятого этажа покидал, чтобы ей выйти было не в чем и она дома осталась!

— Валентина Васильевна его наказала?

— Обнимала карапуза своего, шлепала и хохотала... А он плакал!

— Больно шлепала?

— От счастья, дурачок, слезы лил! Мамулечка с ним занимается!

— А Валентина Васильевна мало ребенку внимания уделяла?

— Да как вам сказать... Нерегулярно. И стихийно! То зацеловывает, а то: «Не лезь! Надоел!» Понятно — актриса... Роль в кино новая, в театре — премьера, гости!..

— А Толю — спать?

— Нет, его при гостях спать не прогоняли. Сидит за столом, пока глаза слипаться не начнут, а потом уж сам со стула сползает и в кровать!

— Рос... как трава на пустыре. Без внимания».

Эти разговоры «подслушала» М. Волина. Где — остается только гадать...

Превеликая компания Валиной родни тоже как будто бы заботилась об Анатолии. Но больше — о себе. Роднуша просто не могла устоять перед женским искушением — Валентина часто дарила ей драгоценности, делала всевозможные подарки.

— Валя, что у тебя на руке? Ой, какое кольцо, новое?

— Да, — отвечала Серова, — вот, подарил муж. Нравится?

Снимала с пальца и отдавала матери.

— Ой, а что это у тебя в ушах такое интересное?

— Это Костя мне привез.

— Ты что, это же аметисты!

— Ну и что?

— Так это же очень плохой камень. Дурной.

— Ой! Правда?!

В форточку раз — и кидает, как мусор. Она-то, Клавдия Михайловна, думала, что и серьги ей отдадут, а Валентина взяла и выбросила. Схитрила.

Клавдия Михайловна вышла замуж. Валентина помогла ей полностью обновить старую обстановку в квартире на Никитской. Не обидела и теток: старинная, красного дерева, шелком и бархатом обитая мебель покупалась родственницами с великим азартом. За все платил Константин Михайлович.

Пока у Серовой было все в порядке, мать, обе тетки со своими домочадцами чуть не каждую неделю наведывались в Переделкино, иногда жили там неделями. На даче вообще бывало многолюдно, кроме Половиковых, постоянно жила Александра Леонидовна с мужем, приезжала Евгения Самойловна Ласкина со своим сыном Алешей. Серова очень хорошо относилась и к ней, и к сыну Симонова. Когда Константин Михайлович отправлялся за границу, она наставляла его:

— Костя, едешь в Америку, пожалуйста, если покупаешь Толе, не забудь купить и Леше.

К сыну Симонова она относилась с сочувствием, сама испытала все тяготы безотцовщины, понимала мальчиков и хотела, чтобы оба росли, не чувствуя обид, общались, дружили. Правда, сами мальчики друг друга не выносили, летом, живя часто вместе в Переделкине, они грызлись очень здорово, выясняя, кто здесь хозяин. Но обе женщины, их матери, пребывали в ту пору в мире и согласии. В целом ситуация сложилась уникальная. Евгения Самойловна умело строила отношения Алеши с отцом, прекрасно понимая, что если она сделает какое-то резкое движение, то сын будет отвергнут. И Валентина ее поддерживала:

— У тебя есть сын, Костя. Не забывай!

Симонов купил дачу в Переделкине. Дача, конечно, была обычная, маленькая. Он из этой дачи сделал двухэтажный особняк, разбил сад. Получилось поместье. Спальню Валентине оборудовали по ее собственному желанию, она хотела, чтобы у нее был свой балкон и терраса на втором этаже. Так и построили. Вид из спальни открывался чудесный. Жить да радоваться.

«Отделав дачу на свой размах, возведя бетонные гаражи, Константин Михайлович решил: без бассейна в саду никак нельзя! — пишет М. Волина. — Речка Переделкинская не глубока и не чиста, а в бассейне Костя собирался

плавать, не опасаясь заразу подцепить... Выложили дно цвет-
ным кафелем, для удобства пользования бассейном подве-
ли к дверям террасы второго этажа пандус, крытый скольз-
ким пластиком... Воду напустили, а Толька — в бассейне,
пузыри пускает! Плавать-то еще не умел, а глубина трех-
метровая! Костя увидел, кричит: "Спасите!" На крик — люди:
садовник, шофер, обе горничные, повариха... Шофер, он в
трусах был, жарко, нырнул, вытащил! Валентина, она уж,
когда все обошлось, прибежала, шофера мокрого целует, а
на Костю рычит: "Толька утонул бы — я бы тебя утопила!"
Костя твердит: "Я хастеяйся". А Толька мать от шофера
отрывает и лопочет: "Я бы сам выплыл, мамочка! Я бы сам!"
Они бы еще долго пререкались, если бы не новое событие.
Переделкинские аборигены вламываются в калитку! Не помню (значит, была свидетелем некая собеседница М. Волиной — намеренно неизвестно, кто она — из прислуги, из
подруг; это тайна. — *Н.П.*), был среди них Борис Леонидо-
вич Пастернак, а Корней Иванович Чуковский, не совру,
шагал впереди. Идут они к бассейну и вопят истошными
голосами: "Вы, Константин Михайлович, рехнулись! Вы,
Константин Михайлович, спятили!" Чуковский посмеива-
ется: "Ау, местком, где ты?" А Боря Горбатов палкой на
Костю замахивается, вернее, не палкой, а тростью бамбуко-
вой, японский сувенир, машет и пыхтит: "Из-за твоего "черного моря" все Переделкино без воды осталось! Ты бы сначала с поселковым Советом посоветовался, а потом
водохранилище на дачном участке сооружал!"

Валентина змеит губы улыбкой, Константин Михайлович просит всех к столу...

Не с вредительскими целями Симонов на несколько часов Переделкино без воды оставил, а по широте души. Не
учел, что его размах выше возможностей водопроводной сети
поселка... Ну в дальнейшем Костя учел! И более чем на два
метра бассейн не наполнялся! И добавлю — к счастью для
Валентины! В глубине трехметровой она бы запросто спья-
ну утонула!

Но это надо было видеть!.. Ночь. Луна. Флоксы благоухают. Розы льют аромат! Сад весь как волшебный! А из окон: звон бокалов, смех, голоса. И вдруг на верхней террасе — Валентина! Светлые локоны по плечам, голубой шифон (платье от Диора) до пят и золотые резные туфельки... Она поднимает руки, как бы желая взлететь, а потом задирает подол, садится, извините, на задницу и скатывается в бассейн! В туфлях и платье — бултых! "Ненормальная!" — это я кричу, я в саду находилась, и бегу к воде. А за мной все собрание друзей. Мужики обступают бассейн, а Валька в платье и туфлях плавает и хохочет: "Я — русалка! Я — русалка!" "Скойко ты выпила? Уасалка?" — смеется Костя. И все мужики смеются и любуются Валиным озорством. Трезвых-то среди них нет...

— А Толя?

— Толя... плачет!

— И он тоже... нетрезвый?

— Да вы что? Ему тогда девяти лет не исполнилось... Шампанского капельку, наливочки глоток, а водки ни грамма! Он на голоса к бассейну прибежал... Сон у него всегда был некрепкий, вздрагивает, ногами сучит, бормочет. Крики, смех разбудили, прибежал и сразу через барьер — мамулечку спасать! Боря Горбатов его подхватил, обнял, пояснил: "Твоя мамулечка не тонет, а русалку играет! Это ее новая роль!"»

Собеседница Волиной — мы не знаем кто — присутствовала на даче. Насколько точна сцена — неизвестно. Понятно одно: рассказчица сочувствовала только одному человечку — маленькому Толе Серову.

Конечно, Толе не хватало отца. Но Симонова он не называл «папа». И какой-то стихийной естественностью, которую не смогли вытравить из Валентины ни ее положение жены крупного литературного босса, ни ее пятнадцатилетнее положение богемной примадонны, Толик был похож на мать. Он, видимо, имел травмированную психику — заикался, когда волновался, хотел что-то сказать — не получалось. Его поступки раздражали Симонова. У него было слабое зрение, и он почти не учился.

Обе бабушки предлагали Валентине взять Толю на воспитание. Клавдия Михайловна, убедив мужа (в 1943-м она вышла замуж), хлопотала особенно усиленно, но Валентина не отдала.

Симонов предлагал свое, кардинальное решение проблемы воспитания пасынка: раз Толик — сын летчика-испытателя, ему лучше всего будет воспитываться в Суворовском или же в Нахимовском училище. Толино замедленное развитие — от вседозволенности и требует суровой муштры, так он говорил Валентине. Может быть, и даже наверняка, Константин Михайлович был прав. Если бы Толя не видел домашних сцен, не сиживал за столом со старшими, не слушал бы пьяных разговоров... Но она не согласилась. Тогда на семейном совете порешили, что мальчику для укрепления здоровья и психики нужен свежий воздух, и отдали его в переделкинскую школу. Он круглый год стал жить на даче вместе с няней, Аленькой и отчимом Симонова.

Толя к школе отнесся совершенно равнодушно, уроки прогуливал, играл с товарищами в войну, и, наверное, это был самый свободный и счастливый миг в его жизни. Первый класс он не закончил, но Симонов, идя на уступки своей Ваське и пользуясь обширными связями, перевел пасынка в хорошую московскую школу, во второй класс. Там успехов не прибавилось, напротив, скоро учителя поняли, что толку из парня не выйдет никогда. Мать была к сыну снисходительна и невнимательна. Ей хватало проблем с Симоновым.

По-прежнему красивая, роскошная. Мужчины по-прежнему очарованы. Он по-прежнему ревнует, и в его рабочем кабинете все свободное пространство заполнено портретами В. Серовой. Он гордится ею как актрисой. Мечтает превратить ее жизнь в истинный рай: в том же 1948 году начинает строить еще одну дачу — в Гульрипши, близ Сухуми, на самом берегу Черного моря.

О ней судачат, как и десять лет назад, ей приписывают всевозможные романы. А она так же часто остается без него, одна с многочисленной челядью... И все чаще мелькает в разговорах знакомых одна и та же тема — пьет, пьет...

«Валя была необыкновенно добрым человеком, ее очень любили актеры, у нее было много друзей, всегда полон дом гостей. Она всегда угощала, и люди, пристрастные к выпивке, находились там постоянно...» — вспоминала Лидия Смирнова.

Из своих поездок за границу и по стране Симонов привозил рецепты новых блюд. Но все же вина были настоящей слабостью в этом доме. Ряды бутылок всевозможных форм и размеров заполняли полки. Он даже остался в глазах обывателей человеком явно кавказского темперамента, его образ ассоциировался с Грузией или Арменией, вина были его страстью. Не говоря уж о Ваське.

Симонов очень любил гостей. Гости любили Серову. Возможно, любили с лукавой мыслью — вот слабое место безупречного стального литературного генерала!

Ближайшие соратники Симонова, пишет М. Волина, по-разному относились к легкомысленной жене своего друга: «Горбатов из всех Костиных друзей особенно нежно к Вале относился... Фадеев, пожалуй, единственный из Костиных товарищей, к Вале не тянулся... Боря тянулся. Но без секса, а исключительно по-дружески. Вернее, по-братски. Он вроде бы как к младшей сестренке к ней относился. Весной приносил ландыши, летом — васильки и ромашки... Иногда за столом он отбирал у нее рюмку: «Хватит!» И Валя слушалась. Она умела и без вина быть весельем пьяна, и это умение ценил в ней Боря. И Валя ценила Борю. Но даже с ним она не откровенничала. Не признавалась даже ему, что не сумела Костю полюбить! Сдалась на его мольбы, привыкла, а не полюбила... А к неестественности его и привыкнуть не сумела...»

Валентина — в глазах людей малознакомых — барыня. Свои, приближенные к семье знали — безалаберная, стихийная в проявлениях до крайней досады, до желчи у Симонова.

То, что раздавала вещи, шубы, ковры, мебель, драгоценности, раздражало мужа до крайности. Ну это еще полбеды. Но иногда, по свидетельству Б. Панкина, эмоциональные всплески жены позорили его в глазах других. Например, как следующий эпизод, легкими штрихами призванный обозначить вздорность В. Серовой и бабскую ревность. Сцена касается встречи с Эренбургом в 1948 году.

«— Этой ночью часа в два, — начал Эренбург, — вдруг раздался звонок в дверь. Представляете? — Он саркастически усмехнулся. — Люба к дверям, а я — к чемоданчику с двумя сменами белья. — Он еще в Штатах любил рассказывать, что держал таковой всегда при себе перед войной. — Оказалось, ваш шофер. Вы, должно быть, в курсе? Валентина Владимировна (правильно: Васильевна. — *Н.П.*) узнать прислала: не у нас ли вы задержались?

У Симонова кровь бросилась в лицо. Чертыхнулся внутренне и на Валю за эту глупость, и на шофера — не предупредил. Тем более что задержался он вчера не у друзей и не в Дубовом зале, а в своем кабинете в «Новом мире».

— Я не в претензии, — усмехнулся уже лукаво Эренбург».

Б. Панкин создает особый образ этой нелепой женщины, которая, сама приходя чуть не под утро домой, вдруг посылает шофера по друзьям и коллегам мужа (вряд ли к одному Эренбургу — а друзей-то много!). Но не в силах позвонить в «Новый мир». Словом, сумасшедшая.

Другим людям, хорошо знакомым с Валентиной, она запомнилась в те годы скорее слишком нормальной, более нормальной, чем общество, ее окружавшее.

«Известная тогда портниха, Ефимова, сшила Вале платье из розового муара с длинным поясом ярко-зеленого цвета — для встречи Нового года в Кремле, — вспоминает С. Караганова. — Красивой женщине, актрисе, наверное, хочется покрасоваться? Но спустя час после начала праздника Костя с Валей срываются на встречу Нового года с друзьями, в очень узком кругу — в Переделкино. Валя бросает бал без истерик и с удовольствием — ради друзей. Ночью мы катались на санках с горы».

Валентина проявляла равнодушие к вещам, драгоценностям. Но все же красивую жизнь свою ценила: любила вкусную еду и главное — скоростную езду. Машины с ранней юности стали ее истинной страстью. Серовскую «Королеву», видимо, она сдала в войну, когда реквизировали личный транспорт — и автомобили, и мотоциклы — для нужд фронта. После войны у нее были другие автомобили. Симонов привез из Германии и подарил жене «виллис» с открытым верхом. Константина Михайловича и Валентину Васильевну всегда сопровождали водители — у каждого свой шофер, однако Симонов машинами не управлял. Серова водила замечательно, уступала шоферу руль только в том случае, когда сама была слишком пьяна и не в состоянии отличить проезжей части от тротуара.

Водители, как и прочая прислуга в доме, были в курсе всех семейных неурядиц. Многое из шумного быта семьи знаменитостей утекало в народ через эти источники. Но многое, а именно пьянство белокурой красавицы актрисы, скрыть уже не представлялось возможным.

Лидия Смирнова, дама в любовных делах весьма решительная, поддерживала приятельские отношения и с Симоновым, и с Валей. Подругу свою она за любовь к мужчинам, конечно, не судила, но сочувствовала Косте.

«Я была свидетелем того, как она пристрастилась к выпивке. Костя очень страдал...

Помню, как мы летели с Валей с каких-то концертов. Во время полета разговаривали с летчиками. Они уважали Серову, знали, что ее муж был их коллегой, и даже дали ей на несколько минут руль управления. Пассажиры, наверное, почувствовали это, потому что самолет тут же сделал несколько ям. До Москвы была одна посадка, мы пошли обедать. Валя выпила рюмку чего-то, водки, наверное, и очень быстро захмелела. Когда мы шли обратно в самолет, мне пришлось ее поддерживать. Я забеспокоилась: нам еще лететь и лететь полтора часа, а вдруг она не придет в себя? В самолете она легла и заснула. Я слышала, что если человеку достаточно малой дозы, чтобы захмелеть, — значит, он болен. И вот мы приземляемся. Она была уже в форме. Когда мы вышли из самолета, Костя встречал нас с цветами. Я еще из окошка увидела: он стоит в белых, очень красивых брюках, стройный такой; тогда у него была хорошая прическа, потом он стал носить какую-то детскую челку, которая ему не шла.

Первое, что он у меня спросил, было:

— Что, Валя пила?

— Нет.

Он посмотрел мне в глаза и сказал:

— Это неправда.

Он знал малейшие нюансы ее поведения. Мы сели в машину, они повезли меня домой. И я почувствовала, что он озабочен. Как он старался ее вылечить!»

Конец сороковых. Серова и Симонов — сталинский бомонд. Одной прислуги не менее шести человек. Оба преуспевают. Поэт, секретарь Союза писателей, решает судьбы — кому и что писать, как писать, что печатать. В его ведении — литературная (читай: идеологическая) линия партии. Она... тоже блистает. Бывает в ВОКСе на дипломатических приемах и вечерах встреч с писателями. Это одно из немногих мест в Москве, где наша элита встречалась с деятелями культуры и политики из-за рубежа. Но возникающие как грибы после дождя сплетни сводят на нет все гигантские усилия Симонова на ниве карьеры.

Вот, к примеру, приезжает китайский посол и устраивается роскошный прием. Может, даже не в ВОКСе, а в Кремле, у Сталина. И Серова является в огромном декольте. А китаец встает с каким-то тостом, видит «обнаженную до сосков грудь», теряет дар речи, бежит к актрисе и хватает ее за эту грудь. А Серова разомлела, и... все остолбенели.

Помните сцену из фильма «Жди меня»? О любимом, глухом платье? Валентина Васильевна всегда стеснялась своей груди — слишком велика. Она любила закрытую одежду и никогда бы ни на какой прием не надела декольте. И вряд ли в этой ситуации остолбенел бы Симонов. Он точно устроил бы драку — Китай там или нет, Сталин не Сталин, все равно.

Почему возникали такие неприличные разговоры? Возможно, ее отождествили с героиней фильма «Глинка», где она играла жену композитора, Клавдия Михайловна играла ее мать, и обе прекрасно смотрелись в ролях светских стерв. И вот в том фильме В. Серова действительно в декольте. Фильм слабейший, но когда смотришь на большом экране — правда, роскошное тело, роскошная женщина.

Кто-то увидел, просмаковал, другой приврал, третий раскрасил, озвучил. Получился сюжет.

Гораздо интереснее почитать воспоминания людей, любивших Серову по-настоящему. В них нет-нет да и мелькнет легкая тень нашей героини:

«До сих пор у меня хранится пригласительный билет на встречу-банкет с молодежью зарубежных стран, который состоялся 5 ноября 1948 года в «Метрополе». Там я во второй раз увидела Валю, — пишет И. Макарова. — Она сидела далеко у фонтана вместе с группой артистов Ленкома. Курила, смеялась, пила. Видно было, что ей привычна атмосфера дорогого ресторана, что она здесь не случайная гостья, как я, а хозяйка, первая дама всего этого торжества, немыслимого по размаху, роскоши и изобилию. Я не завидовала ей, нет. Ни ее светской раскованности, ни ее заразительному смеху, звеневшему под стеклянным куполом чинного зала, ни ее гипюровому платью, сиреневой волной обливавшему тело. Вместе с другими я молча восхищалась ею, такой недоступной и ослепительной, не смея подумать о том, что она может вспомнить меня. Впрочем, наверняка она уже видела наш фильм... В какой-то момент я отвлеклась от Серовой, чтобы предаться мучительным размышлениям, какой вилкой полагается есть рыбу, так что даже не заметила, как кто-то подсел за мой столик.

— А я вас помню. Когда первый раз увидела на экране, сразу узнала — это та девочка, с которой мы были вместе у Ардалиона. Ну вот видите, я была права. Светлые волосы вам очень идут.

Это была Валя. Она сидела рядом, держа в руках недопитый бокал, положив ногу на ногу. Ее глаза обдавали меня какой-то пьяной нежностью, а губы в полустертой помаде улыбались чему-то своему. Некоторое время мы просто смотрели друг на друга, а потом, приблизив ко мне вплотную свое лицо, она медленно, шепотом, словно важную тайну, произнесла:

— Нам будет с вами, Инночка, очень трудно.

Тогда я ничего не поняла, да и что можно было понять посреди ресторанного гама, заглушавшего наши голоса. Я только вежливо улыбалась и лепетала какие-то банальности, о которых сейчас и неловко вспоминать. Но я почувствовала, что эта знаменитая женщина, сидевшая напротив и что-то еще бессвязно пытавшаяся мне объяснить про свою жизнь, про жизнь вообще, про кино и про мужчин, на которых никогда не надо ставить, — эта женщина хотела мне добра. Она приняла меня. И еще долго меня преследовал запах ее духов, ее бледное напудренное лицо в полутьме ресторанного зала и фраза, так поразившая меня: «Нам с вами будет трудно...» Что было потом? Не помню. Мороженое, танцы, возвращение по спящей Москве. Я не видела, с кем и когда ушла Серова. Она надолго исчезла из моей жизни...»

«...Уже не припомню, в каком году мне достали билет на спектакль «Русский вопрос». Во время антракта ко мне подошел Симонов и сказал поразившую меня фразу: «Валентина Васильевна хочет познакомиться с вами».

Подумалось: «Господи, ну с какой стати моя особа могла заинтересовать В. Серову?»

Все разъяснилось быстро: в гримуборной Серова рассказала мне, что получила письмо от Бетт Девис. «А перевести
его некому», — добавила она». Именно с этой сцены в Ленкоме началось знакомство Людмилы Уваровой с актрисой.

«На другой день в квартире Серовой я переводила письмо из Америки.

Бетт Девис писала В.В., что ей очень понравилась ее
игра, отличающаяся естественностью, органичностью, обаянием: «Кроме неоспоримого таланта, вы обладаете запо-
минающейся внешностью, а это для актрисы имеет нема-
ловажное значение. И мне еще хотелось бы добавить, что
отношение вашего мужа к вам тронуло меня необычайно,
по-видимому, он страстно привязан к вам, говорит о вас с
непритворной нежностью, мне недавно перевели его стихи,
посвященные вам, я была поражена и восхищена экспрес-
сией и силой его любви...»

— Спасибо, — сказала В.В., — мне бы хотелось что-
нибудь для вас сделать...

Я сразу попросила билет на спектакль «Очная ставка» —
это была премьера по пьесе братьев Тур, а В.В. играла главную роль.

Я пришла после спектакля за кулисы с маленьким буке-
тиком первых весенних цветов. Серова сидела у стола, очень
бледная, тяжело дышавшая, безмерно усталая. Симонов сидел возле, уговаривая ее бросить все и ехать отдыхать.

В.В. ответила нетерпеливо:

— Не будем об этом говорить. Ни к чему.

Я принесла Серовой обещанный перевод письма — ответ Б. Девис.

Прозвенел первый звонок. В.В. мгновенно обернулась к
зеркалу, пригладила щеткой чуть растрепавшиеся волосы,
провела обеими ладонями по лицу, что-то такое сделала с
бровями, слегка подвела глаза и чужой и прекрасной скрылась за дверью.

Так уж получилось, что с В.В. мы потом довольно часто
встречались. И всегда была в ней какая-то, порой нескры-

ваемая грусть, словно что-то томило ее душу. А ведь стороннему глазу могло показаться: ну чего еще желать от жизни? (Тогда-то однажды она и призналась Л. Уваровой, что
тоскует по Толе Серову — эти слова приведены в главе «Лапарузка», — что забыть его не может. Симонова называла
удивительным, но никогда не говорила, что любит своего
поэта. — *Н.П.*) Серова была добра по натуре, отличалась
неподдельной широтой, щедростью, никогда ничего не жалела — моя бабушка некогда говаривала: «Тот, кто быстро
помогает, помогает вдвойне...»

Не могу сказать, что мы подружились с В.В., но общ-
лись друг с другом довольно часто.

Как-то я стала невольной свидетельницей финала одного из неприятных сюжетов. Был у К.М. приятель, ленинградский режиссер. Он часто наезжал в Москву, неизменно
останавливаясь у Симонова, живя у него подолгу... Позво-
лял себе вмешиваться в его жизнь, но что было хуже всего —
много и лживо говорил о К.М., его взаимоотношениях с
Серовой.

Все это, как правило, интимным полушепотом. «Надеюсь, это останется между нами, вы не продадите меня? Но
именно вам мне хотелось рассказать вот эту историю...»

Мне думается, многие сплетни, ходившие в ту пору по
Москве, в большей степени были обязаны своим происхо-
ждением именно этому человеку, платившему черной не-
благодарностью своим московским знакомым за их госте-
приимство. Однажды Борис Горбатов, друживший с К.М.,
не выдержал:

— Ты пригреваешь эту гадину, он пасется у тебя месяцами, живет на всем готовом и разносит всяческую грязь о
тебе и о твоей жене...

Симонов не поверил поначалу, но потом страшно рас-
сердился. Когда он вернулся домой, а я была в тот день у
Серовой, его трудно было узнать.

— Когда явится этот? — спросил он резко.

— Не знаю, — ответила В.В. — Он ушел с утра.

— Не пускать его! — приказал Симонов кому-то из домашних. — Закрыть перед ним двери навсегда.

— Костя, — сказала В.В., — не надо так распаляться. Прошу тебя, успокойся!

— Чтоб больше ноги его не было! — повысив голос, твердил Симонов. — Я позвоню на студию, я сделаю все, чтобы его картину закрыли!

— Ты не сделаешь этого. — В.В. положила обе руки на его плечи, синие глаза ее сузились, потемнели. — Ты никогда этого не сделаешь!

— Не сделаю, — тихо повторил Симонов. — Но больше не хочу его видеть...

— Больше ты его не увидишь, — ответила Валентина Васильевна.

— Имей в виду, он говорил о тебе несусветные гадости...

— Пусть, — равнодушно отозвалась Серова...

Помню, как однажды взволновались обитатели нашей «коммуналки», когда они увидели в коридоре Валентину Серову, быстрой походкой прошедшую в мою комнату. Войдя, она плотно прикрыла дверь. Негромко сказала:

— Таню забрали...

Т. Окуневская была актриса Театра имени Ленинского комсомола, жена близкого приятеля Симонова. (Бориса Горбатова. Окуневскую забрали на Лубянку 14 ноября 1948 года. — *Н.П.*)

— За что?!

Валя развела руками. Мы обе молчали.

— Пойдем пройдемся, — предложила Валя.

Я быстро накинула плащ.

На улице Валя рассказала мне: муж Тани позвонил рано утром. Сказал, что взяли Татьяну. Почему — не знает. И Косте ничего узнать не удалось.

Я видела Таню в одном из спектаклей Ленкома. Это была красивая женщина, русоволосая, кареглазая.

— Костя страшно расстроен. Очень жалеет Таниного мужа — тот просто места себе не находит.

— Боится, что его тоже возьмут? — спросила я.

— Ну что вы! Он не о себе, о ней думает, о Тане. Впрочем, кто же может нынче поручиться, что и его не настигнет та же беда...

Обычно мы подобно многим и многим избегали в ту пору разговоров на острые политические темы, но на этот раз я услышала от Серовой:

— Опять стали арестовывать, как в 37-м... Страшно становится.

Мы прошли несколько шагов молча, Валя вновь сказала:

— До того страшно жить...»

ГЛАВА 14

НЕ НУЖНА...

В 1948-м был убит актер Михоэлс. Начинался новый виток сталинской инквизиции. Люди нерусской национальности, а точнее, именно евреи фактически объявлялись врагами народа.

Весной 1949 года в газете «Правда» появилась редакционная статья «Об одной антипатриотической группе театральных критиков». Посыпались оргвыводы. Участились аресты. Почему травля началась с театроведов — людей мирных и связанных с театром? Они, народ хитрый, изощренный, посягали своими, только им доступными средствами на основу основ — культ личности. Как? Очень просто. Критиковали отвратительные, казенные, заказные пьески бездарных драматургов, апологетов тоталитарного режима. Высмеивали пошлую, дрянную практику «борьбы хорошего с лучшим», бесконфликтность, серость. Творения эти расхватывались театрами как «сильнейшее оружие партии для нравственного воспитания масс».

Сему ужасу, потрясшему ряды близких товарищей Валентины, и прежде всего таких, например, как критик И. Юзовский, предшествовала таинственная сцена, происходившая на даче в Переделкине. Симонов знал о готовившейся акции, которой руководил А. Фадеев, по долгу службы и «зову сердца» принимал в ней активное участие и знал, что близкий его сотрудник и заместитель А. Борщаговский тоже будет назван «безродным космополитом».

«Редкий вечер был, чтобы у него не собиралось несколько старых товарищей, и отказать им было никак невозможно да и неудобно — как раз сейчас не должно быть никаких намеков на панику. Вечер протекал точно так, как подобные вечера начинались и протекали у него обычно, о чем, он знал, молва общественная уже успела выразить свое мнение. Правильно в общем-то говорили, что у него, Симонова, дом — полная чаша, что он сам любит выступать на таких вот, чуть ли не ежедневно устраиваемых сборищах друзей и тамадой, и кулинаром, а еще больше любит после двух-трех выпитых чарок читать и слушать стихи, свои и чужие.

И что в отличие от многих завсегдатаев этих его вечеров, длившихся нередко до глухой ночи, а то и раннего утра, поспав всего несколько часов, он мог вовремя встать и усесться за работу — читать рукописи, отвечать на письма, диктовать статьи, стихи или прозу.

На исходе третьего часа ночи, когда дачу покинул последний гость, он сказал Борщаговскому голосом абсолютно трезвого человека: вот теперь можно и поговорить.

Вали в тот вечер на даче не было. Маша, естественно, давным-давно спала. Даже Маруся, убрав со стола недопитые бутылки грузинской «Хванчкары» и армянского коньяка, пожелала спокойной ночи».

Собственно, как пишет Б. Панкин, дело свелось к тому, что Симонов объяснил Борщаговскому суть готовившегося постановления и предложил деньги. Однако за достоверность истории трудно поручиться хотя бы потому, что Маша в ту пору не то что не родилась, она даже не существовала в проекте.

Желание отделить Валентину от застолий тоже странно. Именно благодаря им она и начала всерьез пить. Она не могла встать в три утра из-за стола с совершенно трезвым видом, как Симонов. Ее организм не выносил алкоголя. Но красивая жена — главное украшение стола. Ее песни и очарование для всех был очевидный штамп симоновского дома. Может быть, тот памятный вечер, когда Симонов готовился разносить критиков-«антипатриотов» и втолковывал Борщаговскому, своему помощнику по журналу, что придется и его взять в оборот как еврея и театроведа, и не был украшен ее, актрисы, работающей по вечерам, присутствием. Но в основном симоновские вечера славились ее появлениями, ее блеском и сиянием. «Выпей, Васька!» — чтобы блестели глаза и песня лилась нежно из уст. И чтобы можно было спокойно прийти в ее спальню и не услышать там колючий холод отповеди. Впрочем, это мысли по поводу.

Валентина просто не могла остаться в театре после участия Симонова в кампании. Ее никто не гнал, не преследовал, не травил. Она сама себя травила. Ей было стыдно, страшно и неприятно до панической брезгливости.

А Симонов продолжил дело борьбы против безродных космополитов с утроенной энергией. Сам Сталин заказал ему пьесу, долженствующую художественно отразить дело врачей — «убийц в белых халатах». Буквально по следам разговора с вождем возникла чудовищная пьеса «Чужая тень» — о продажных ученых. Драматург перестарался. Сталин даже поугасил инквизиторский пыл Симонова и велел простить героя — поганца ученого. За обладание сиим шедевром еще и боролись разные театры. Но победил, конечно, МХАТ.

* * *

Между тем в семье решилась давняя и серьезная проблема. Серова и Симонов сдали свои квартиры в «кружевном» доме и получили две другие, на улице Горького, в доме 19 (где находился магазин «Наташа» и к которому ныне примыкает первый московский «Макдоналдс»). Квартиры соединили в одну большую, замечательную, в семь комнат, на два входа, черный и парадный. У Валентины была своя половина, у Симонова — своя. Челядь ходила в дом через черный ход. Настоящие господа.

В Гульрипши тоже выросла каменная дачка, и летом 1949 года супруги наслаждались теплом ласкового моря, пили изумительное грузинское вино и любили друг друга. Подруга Валентины, Лиля, бродила по пляжу с фотоаппаратом и запечатлевала каждый жест влюбленных — фотографии получались слепые, несерьезные. Счастливые лица. В то лето Валентина наконец забеременела.

Осенью Симонов уехал на несколько месяцев в только что провозглашенную Китайскую Народную Республику, встречался с Мао Цзэдуном и не без внутреннего удовлетворения пропустил 70-летие Сталина, пышно праздновавшееся 21 декабря (справедливости ради надо сказать: все же близость к вождю утомляла его безмерно, и кампания против космополитов принесла ему настоящую душевную боль). Первые месяцы беременности Валентина провела без него. Незадолго до рождения дочери ушла из Театра Ленинского комсомола и не работала.

Симонов желал ребенка страстно.

«Когда Герасимов, Симонов и Рапопорт возвращались из Китая в Москву, мы их встречали втроем — Тамара Макарова, Валя Серова и я, — вспоминала Л. Смирнова (оператор Владимир Рапопорт был ее мужем. — *Н.П.*). — Поезд немного опаздывал. Мы волновались — давно не видели своих мужей. В то время Валя была беременна. Позже мне Рапопорт рассказал, как его поразило, что Костя восхищенно говорил:

— Какое счастье, когда тебя встречает беременная жена.
Он развивал эту тему особого мужского ощущения. И
все повторял:

— Я еду, а меня ждет моя жена! Она беременна.

То, что Костя любил Валю, я знала. Не только потому,
что он посвятил ей свою лирику. Он был способен любить».

Маша родилась 11 мая 1950 года. Магия чисел: Анатолий погиб 11 мая 1939 года, за 11 лет до рождения второго
ребенка.

Симонов мечтал о сыне. Он позвонил в роддом. Уже
знал, конечно, что дочь.

— Васька, родила?

— Родила.

— А кого? — спросил лукаво.

— Девочку.

— Беленькую?

Если уж девочка, должна быть беленькая, голубоглазая,
похожая на Валентину. Ту, какой он встретил ее 11 лет назад. Но жена возразила:

— Костя, я родила Маргариту Алигер!

Потому что девочка, по общему мнению, была абсолютной копией Алигер. Дома развернули красивый розовый
конвертик — худенькая, смуглая, лоб и щечки густо покры-
ты черным пухом. Как у обезьянки.

Впервые увидев дочь, Симонов глубокомысленно изрек:

— Чернявенькая, значит, моя.

Его мечта, чтобы сын или дочь были похожи на мать,
не сбылась. Еще до рождения ребенка родители решили,
что сына назовут Иваном, а если будет дочь — то Маша.
Отец шутливо называл новорожденную: «Манька-франт,
белый бант».

В 50-м году неформально, но все же ощутимо для себя
Симонов получил небольшое понижение по службе, став
главным редактором «Литературной газеты». Он хотел работать. Но дома и на службе о покое, необходимом для того,

чтобы, забыв обо всем, углубиться в создание серьезного романа, приходилось только мечтать. Он стремился исчезнуть из Москвы и писать вовсе не из-за участившихся конфликтов с Валентиной.

Просто существование по московскому расписанию, как пишет Б. Панкин, не оставляло никаких надежд на осуществление серьезных творческих планов:

«Странная это была у него и Фадеева, да и у всех их коллег по руководству союзом жизнь, если посмотреть со стороны. Что-то среднее между пиром и каторгой, как горько острили они с Сашей в редкие часы, когда можно было посидеть вдвоем, отложив в сторону, хотя бы на миг, казенные заботы...

...Он как-то подсчитал, что «Литературка» отнимала у него не меньше двух третей рабочего времени, когда он был в Москве. Остальное — маята в союзе. Только-только ты склонишься над газетным листом, звонок. Либо из ЦК, либо — с Воровского...

...Столы письменные, обеденные, праздничные — еще один непременный атрибут этой жизни, как и залы заседаний и кабинеты.

За рабочим — сочиняли статьи, романы, докладные, пьесы, письма, отчеты и справки «наверх». Когда особенно подпирало, бросали все, уходили «в подполье», то есть в творческий отпуск — в Переделкино, в Ялту, в Гульрипши, в Малеевку...

За обеденными столами, аппетитно уставленными бутылками и яствами — «и хрустенье салфеток, и приправ острота, и вино всех расцветок, и всех водок сорта», — произносили и слушали речи и тосты — праздничные, похоронные, юбилейные... В честь гостей своих и гостей зарубежных — коллег по творчеству, по руководящей работе, по борьбе за мир... Засиживались нередко за полночь, но и в глухую предрассветную пору не забывали о телефонном аппарате с гербом на циферблате. Не всегда жены знали, где их искать в такую пору, но всегда знало начальство, вернее, секретари и помощники начальства.

Коловращение это ежедневное, пестрая смесь праздников, похорон, заседаний, деловых и торжественных командировок «по стране» и «за рубеж», чествований, вызовов «на ковер» обладали той магической силой, которая приучала буднично, по-рабочему, по-партийному относиться ко всему, что бы ни случилось. В русле этого беспрестанного и монотонного движения ничто, казалось, не могло удивить, показаться неуместным, чудовищным. Ни разгромная критическая статья, ни публичная порка, ни даже исчезновение — из кабинета или совсем из поля зрения — человека, который еще только вчера заседал рядом с вами... Не жизнь, а бесконечный сон с кошмарами, которые перестаешь воспринимать».

Маша часто болела. Валентина сама кормила дочь, но неожиданно младенец перестал брать грудь, похудел и почти совсем зачах. Симонов отправил жену и дочь в больницу. Машу вылечили, Серова вернулась с ней домой, и тут все повторилось сначала. Домочадцы грешили на Валентину. Впрочем, Константин Михайлович хотел верить, что жена бросила пить. Она походила на кустодиевскую бабу, но была поглощена новыми заботами и не обращала на свою внешность внимания. Тем не менее ребенок никак не выздоравливал. Тайну хвори раскрыл двенадцатилетний Толя. Однажды ночью он зашел на кухню и увидел, как нянька что-то подсыпает в молоко. Он решил проследить, заметил, что странная ворожба повторяется, и сообщил матери. Оказалось, нянька давала Маше мак, чтобы та не мешала ей спать. Старуху выгнали. Если вчитаться в симоновские письма 1950 года, то нельзя не заметить скрытого, иногда явного беспокойства отца. Валентина и дочь часто болеют.

«...Трудно даже сказать тебе, какую радость мне доставили Машенины многочисленные мордашки, складочки и прочие части тела полученные мною вчера.

Видимо я до конца не испытывал еще такого чувства, во всяком случае я уже второй день делаю то над чем всегда смеялся у других вытаскиваю Машкины карточки и неприлично хвастаюсь ими, заглядывая при этом в лица людей — достаточно ли сильно они восхищены видом нашего с тобой несравненного создания. Что до меня — то по мне она душенька особенно когда смотрит грустно вопросительным, чуть-чуть удивленным взглядом, ну и конечно когда смеется, да в общем и во все остальные моменты своей жизни.

Меня очень разволновало то, что оказывается Машутка серьезно болела, ты только говорила невнятно, что она немножко простужена, а оказывается вот оно что. Я тебя благодарю за милое бережение моего отдыха и спокойствия но ты больше так не делай родная моя. Если Маша больна, а я в отлучке» (без даты, 50-й год).

«Скажи мне как есть — и так всякий раз вместе с тобой решим приезжать мне или нет. Ну дал бы бог чтоб эта дилемма была пореже, чтоб долгожданная дочка у нас с тобой не болела и росла красивая как ты и жилистая как я» (без даты).

«Скучаю я вдвойне и по тебе и по маленькой привереде нашей Машке, которая где-то по моему глубокому убеждению в конце концов здорова — и все ее привередства — чистая интеллигентщина дитяти двух сильных, хотя и по-разному нервных родителей» (без даты).

«Милая Машутка!
Спасибо маленькая вам с мамой за твои фотографии. Они пришли как раз вовремя — через несколько часов будет как раз пять месяцев что ты родилась и в первый раз закричала: «не хочу кушать!»
Ты мать моя здорово соблазнительная на фотографиях — даже страшно что ты там без отцовского руководства, а я тут без возможности целовать разные там ямочки и перевя-

зочки. *Когда вынешь из ящика эту открытку немедленно побеги поцелуй маму, а вслед за ней брата и бабушек.*

И пожалуйста завтра в день рождения не закладывай птичка за галстук ничего, кроме молочка!

Папа,
октябрь 1950 г.».

«Во первых посылаю тебе все прошенное — чулочки для Машки, богоматерь и литературу для тебя. А также письмо от Натальи. Дома все в порядке, на даче идет ломка дома и варка варенья.

Вместо подарка на годовщину прими от меня для себя и Машки — веранду где она зимой будет ездить в коляске и лопотать, а потом передвигаться вначале не самостоятельно и говорить идейно выдержанные подлежащие и сказуемые — недаром ведь уже сейчас говорят, что она выдающийся по уму ребенок. Улыбнись моя милая, не грусти ради бога что же делать — надо же это (стерто) знай что без вас в (стерто) пусть и не весело но выручает только обилие работы.

Валюша, посылаю тебе конверты, чтобы ты могла мне посылать ответные записочки в вахтерскую, я или Миша с Вас. Ив., будем их забирать» (без даты).

Письмо отправлено Валентине Васильевне в больницу. И дочка часто болеет. Симонова беспокоит состояние дочери именно тогда, когда он в отлучке.

«Завтра в ночь на послезавтра попробую позвонить тебе по телефону — ты его не выключай теперь. Звонить буду наверно обычно от 5 до 6 утра — тогда говорят кое что слышно. Телефон у меня смешной преогромный — и надо крутить ручку.

День нынче был солнечный на солнце — 23, а вечер прохладный, а ночь сейчас хоть глаз выколи. Не знаю, может попробую завтра окунуться если море будет тихое. Ты наверное сейчас собираешься увлажать нашу коварную и упорную Мань-

ку, и она спит себе не подозревая грядущего подвоха, раскинув ручки крестиком и дыша всем пузом вверх и вниз. Вот какие картины рисуются моим глазам. Сейчас лягу спать — завтра строгий режим — 8 подъем с 9—1 работа в 1 ч. еда и прогулка с 3 до 7 работа в 7 обед — потом думать о том что писать завтра. В 12 — спать» (без даты).

«Как там наши глазоньки??? Как ее худая шейка и ручон-ки. Поцелуй ее крепко родная и скажи пусть сделает мне глазки и напугает на расстоянии, чтоб как следует лечился и к ее первому балу оставался престарелым, но еще молодцеватым папашей.

Поцелуй Толю, скажи ему что я верю в его слова и в его стремление исправиться.

Обними наших стариков Целую твои руки.

19.7.51 г.

К.».

Замечание о Толе в письме вовсе не случайно. У 12-летнего парня со сложной психикой и нарождающимся комплексом «золотой молодежи», парня, который воспитывался Симоновым на правах родного с трех лет, возникли серьезные проблемы — он понемногу начал выпивать, внимательнее, чем надо, смотрел на столы и потихоньку прикладывался к остаткам.

Долго жить на даче и совсем не работать Серова все же не смогла. Константин Михайлович насмерть встал против возвращения в Ленком. Убедил и Валентину: вокруг тебя в театре была отвратительная среда, пили на твои деньги, естественно, и тебя подталкивали к выпивке. А натура ты, Васька, широкая...

Но тоска заела, депрессия не отпускала, хотелось играть, и Валентина поступила в Малый театр.

Есть анекдот:

— Доктор, у меня душевная депрессия...

— Лучшее средство от депрессии — это с головой окунуться в работу.

— Да, доктор, но я ассенизатор...

Вот так примерно могла бы коротко рассказать о недолгой карьере в Малом Серова.

Через семь месяцев после рождения Маши Валентина Васильевна пришла в труппу Малого театра.

Зачем она пошла в Малый, и именно в Малый, где всегда было тесно актрисам и за каждую роль приходилось сражаться с конкурентками? В Ленкоме к ней привыкли, знали все ее недостатки — за столько лет каких только неприятностей с ней не случалось! Первые увлечения, неудачи, гибель мужа, эпопея с Симоновым. Знали всю ее подноготную. Но знали также, какая она актриса. И ее доброту, даже щедрость, и непосредственность, и веселость. Театр Ленинского комсомола был родным. Ее соперница по «Сирано» Окуневская сидела за связь с иностранцем. Софья Гиацинтова больше не претендовала на роли героинь. Но она направилась в Малый: Константин Михайлович предполагал именно туда отдать очередную пьесу и посоветовал жене поступить в Малый академический. Пьеса все же уплыла во МХАТ, и Серова осталась без роли. То есть роль ей дали — Коринкину в выпускавшемся спектакле «Без вины виноватые». Но это была не ее роль, не та роль, с которой она действительно могла по-настоящему прописаться в Малом.

Валентине Васильевне, воспитанной Судаковым, мхатовцами, бойким, актуальным словом конца тридцатых — сороковых, Малый с его классической школой был чужд. И кроме того, здесь блистали свои героини, «первые любовницы», в начале пятидесятых признанной звездой «дома Островского» стала Констанция Роек.

Единственная роль Серовой (51-й год, апрель) оставила зрителей и коллег холодно-равнодушными. Может, слава ее преувеличена? Блатная дамочка, жена видного писателя и драматурга. Знаменитая «Жди меня», «Девушка с характером».

Спектакль «Без вины виноватые» поставил без лишних изощрений и новшеств режиссер В. Цыганков. Серова в одном составе с Гоголевой, величественной красивой дамой (Кручининой), играла гадкую, завистливую, развращенную актриску Коринкину.

Красота Валентины Васильевны несколько померкла: родив Машу, она пополнела, обрела солидность, но по-прежнему осталась ее природная мальчишеская поджарость — тонкие ноги, руки, широкие плечи, узкие бедра, и это сочетание делало фигуру достаточно нелепой. Вообще она вызывала у новых коллег раздражение. Очень богатая, она одевалась естественно, не театрально-вычурно, скорее скромно. Однако роскошную шубу легко и небрежно сбрасывала с плеча в гардеробе, шофер с машиной всегда ждал ее у подъезда. Симонов приходил на репетиции, улыбался всем, суетился. Из-за Коринкиной! Не по рангу...

Кончился альянс с Малым в одночасье, и, как гласит театральная легенда, приведенная в книге М. Волиной, по вине самой Серовой. Рассказ приводится с сокращениями, он слишком резок, язвителен, тем не менее важен для сюжета.

«Тот знаменательный день (театральная история дату умалчивает) начался по-обычному. (Глаза продрала, и сразу мысли: «Анатолий не учится... Зрение у него слабеет. Характер портится. Костя мерзок трусостью! Отец у него давно умер» и т.д.)

...Горничная Маша-беленькая заглянула в дверь. Увидела — хозяйка не спит. Скрылась. И тут же явилась с подносом. На нем обычное: рюмка водки и стакан коньяка. Опрокинула рюмку, запила коньяком — полегчало! И... явление неожиданное! Черномордик, усатик долговязый, — за горничной!

— Пашка? Шпрингфельд! Мой Павка Корчагин?

— Твой Павка, моя Тонечка...

— Ну, что стоишь? Проходи!

— Ослепила...

Ослепнуть было от чего! Золоченая мебель «луя котор-ского», бронзовые бра, люстра и... ложе четырехспальное: вдоль и поперек кувыркайся, не свалишься! А Валька на нем одна. Из белого пеньюара в оборках, как из пены, — заспанная мор-дочка. Под глазами вмятины, но глазищи все те же светятся!

Вскочила, лебедью проплыла к зеркалу, отразилась в раме из фарфора — неплоха! Обернулась:

— Жрать хочешь?

— Закусить...

— Машетта! Икры двух цветов и лимончику!

Хватили коньяку, и совсем отлегло. Вспомнили «Серд-ца четырех». Свадьбу Жарова и Целиковской. На квартире у Серовой, тогда еще не супруги Симонова... «Сердца четы-рех — комедь», «Два-Кости-два» — драма!» Не рассерди-лась. А Пашка соленого огурца затребовал. Горничная при-несла для друзей юности комсомольской огурцы, черный хлеб и бутылку «Московской».

Разговор зажурчал снова о «четырех сердцах». Как весе-ло лента накручивалась! Как они были молоды: Целиков-ская Людка, Валька Серова, Пашка Шпрингфельд, Женька Самойлов — молоды, глазасты, зубасты.

— И ты тогда не пила!

— Я и сейчас... пригубливаю.

Смех! Взаимопонимание.

В веселье не заметила, как оба — к ядрене фене!

Пашка забеспокоился:

— А у тебя сегодня спектакля нет?

— «Без вины»...

— Давай кончать! Не протрезвеешь!

— А пошли эти «Без вины» в задницу!

...Серова позвонила в театр:

— Больна. Высокая температура! Играть не могу.

О!.. Что поднялось в ответ! Увещевания! Умоления! На-ставления! Угрозы!

Валя, зажав трубку ладонью, хохотала, а потом лаконично бросала:

— Сорок градусов температура! Больна!

Спектакль не отменили. Одна из старейших, опытнейших и дисциплинированнейших заслуженных артисток... согласилась срочно заменить эту б...!

Но Малый театр не был бы академическим... не был бы «домом Островского», когда бы простил «этой б...» ее хамство! Даже если за ее спиной такой уважаемый всеми человек, как Константин Михайлович! Страдалец и терпеливец! Парторганизация и местком созвали товарищеский суд. Под председательством Софьи Николаевны Фадеевой. На суд пожаловала вся труппа. В том числе и реликтовые, молодежью обожаемые, уважаемые Александра Александровна Яблочкина и Евдокия Дмитриевна Турчанинова. Пожаловал на суд и Алексей Денисович Дикий — режиссер-гастролер, только что осуществивший в Малом «Мещан» Горького (в новом прочтении, позже заимствованным Товстоноговым) и «Московский характер» А. Софронова, трактовав спектакль «как борьбу лучшего с лучшайшим, яркого с ярчайшим» (эта трактовка по уничтожению «теории бесконфликтности» никем не была заимствована).

Мхатовец, ученик Немировича-Данченко, один из соперников М. Чехова во МХАТе-2, в тридцатых годах... главреж театра ВЦСПС, главреж БДТ, Алексей Дикий незадолго до войны крепко сел (то ли за шпионаж в пользу одной из капстран, то ли за подготовку террористического акта с целью убийства Жданова... то ли за бытовое разложение...). В общем, Дикий получил пять, отсидел меньше. Говорили, что вызволил его из лагеря К.К. Рокоссовский — бывший сокамерник по Бутырке. Освобожденный Дикий попал в Омск, где его и подобрали вахтанговцы и привезли в Москву... У вахтанговцев Алексей Денисович много играл, получал сталинские премии, снимался в кино.

Не помышляя о создании собственного театра, А.Д. Дикий... укоренился в Малом. При его Сталинских премиях его могли выдвинуть и в главрежи Малого, но!.. Послевоенный, увешанный медалями и орденами, осененный званием народного артиста СССР, А.Д. Дикий пил в большом количестве...

На товарищеский суд он явился... раскованный и вальяжный, с кирпичным румянцем на мятых щеках и насмешливым взглядом выцветших и все же пронзительных глаз.

Валентина Серова на «скамье подсудимых» печально бледнела, но в ее глазах зелеными искрами тоже мерцала насмешка. Над судом, над собой, над собратьями по искусству. Из розового ротика, если принюхаться, пахло не перегаром и чесноком, как от Дикого, а чем-то пьяняще-веселящим, но... не нарзаном!

Обвинители были суровы и сдержанны. Серовой указывалось на недопустимость ее поступка. Приводились примеры: Ермолова играла с насморком, Лешковская — с бронхитом, Яблочкина — с радикулитом и т.д. и т.п.

Валя слушала, опустив бахрому крашеных ресниц. Трепетала, замирала и шептала:

— Я больше не буду!

Процесс разворачивался... Молодой артист-педераст говорил о мужественности, артистка-лесбиянка — о женственности, народный артист СССР, общественник, по слухам, посадивший Мейерхольда, требовал честности, и все резонно требовали дисциплины! Серова, новый человек в театре, не только чуть не сорвала спектакль, но и на репетиции опаздывает! Валя не поднимала ресниц и теперь уже ничего не шептала. Но сам вид ее говорил: она поняла, осознала, она раскаивается... Суд шел к концу. Решение «поставить на вид» висело в воздухе. Но тут председатель суда Фадеева торжественно объявила:

— Слово предоставляется Евдокии Дмитриевне Турчаниновой!

Все подняли глаза почти молитвенно, и в наступившей благоговейной тишине Евдокия Дмитриевна вполне здраво произнесла несколько слов о лучшем друге и учителе Малого театра Иосифе Виссарионовиче Сталине, о колоссальном значении... партийности в искусстве и добавила о страшной жизни актерской братии императорских театров до Великого Октября. Евдокия Дмитриевна закруглилась. Слово попросил Дикий. Валя взмахнула ресницами. С Диким у нее отношения были наилучшие. Жили они в одном доме. Вале случалось и подвозить Алешу, и подносить ему в антракте и после спектакля. Но Алексей Денисович был уже слишком румян для серьезного выступления. Валя взмахнула ресницами в его сторону: мол, не надо! Дикий подмаргивания не заметил. Серова ему нравилась, как все молодые женщины, но она ему нравилась и как актриса редкого, почти вымершего (за ненадобностью) амплуа «первой любовницы». Дикий понимал: Коринкина — оскорбление для Серовой, ибо злость на сцене ей противопоказана и губительна! И он твердо решил отстоять Серову.

Алексей Денисович выполз из рядов, зело пьяный, безмерно обаятельный, и, краснея прожилками на щеках, окинул собрание зорким, цепким, презрительным взглядом. Покачнувшись, он сказал:

— Вот передо мной сейчас выступала Евгения Дмитриевна...

Тишина затрепетала! Возмущение, негодование без слов, одним дыханием вышло из всех ртов. Перепутать имя! Кого? Божества?! Весталку Храма назвать Евгения, когда она Евдокия?!

— Евгения Дмитриевна... говорила о дисциплине! И в этом вопросе ей не противоречу. Но ведь Серова отказалась играть спектакль первый раз?

— А что же ждать, когда это повторится? — спросил кто-то.

Но вопрос этот не имел никакого значения. И что дальше плел в защиту Серовой хмельной Дикий, не имело значения. Он перепутал *имя* Турчаниновой, это, и только это, решило участь Серовой и... Дикого.

В.В. Серову освободили от работы в Малом театре 29 января 1952 года, А.Д. Дикого — несколько позже.

Собрание закончилось обмороком Вали (притворным или настоящим, бог весть!).

Константин Михайлович (оказывается, он ждал у дверей конференц-зала) завернул свою обиженную возлюбленную жену в норковую шубу, поднял на руки и, осторожно ступая по красному ковру лестничного марша, спустился с драгоценной ношей в вестибюль, вынес на улицу и погрузил в машину.

О чем думал Симонов, таща Серову, история умалчивает. Валя прижималась к нему и, щекоча его ухо своим дыханием, думала: «Хоть бы не уронил!»

Симонов не уронил! Ни своего достоинства, ни жену! И хотя тащить Валентину по лестнице было тяжеленько, он делал вид, что своя ноша не тянет. Стихотворный гейзер иссяк, но отяжелевшее после рождения дочки тело ему все еще было сладко, и привычка не лишала аппетита».

Правдив ли этот рассказ, вымышлен целиком или слегка приукрашен подробностями? Не знаю. Думаю, сцена поставлена М. Волиной документально верно, но она спорна, если говорить о переживаниях Актрисы и Поэта. Они оба искренне пытались справиться с болезнью, но груз проблем все больше разводил их.

По свидетельству друзей семьи, история с Малым очень разочаровала и насторожила Симонова. Он пытался ее лечить. В квартире на улице Горького, когда собирались гости, а на стол выставлялись две бутылки вина, — «сухой закон». Однако Валентина уже хмелела от одной рюмки. Константин Михайлович не выносил ее в этом виде. И если она пела хмельная, это пела не Валя, а плохая актриса. Все в ней казалось Симонову фальшивым. У него каменело лицо и как будто останавливались зрачки.

Он еще относился к ней нежно. Особенно — когда не видел вблизи... Он посылал ей письма и старые стихи...

* * *

«*Родной мой Васька!*

*Ждал до нынешнего утра твоего звонка, не дождался, ре-
шил обратиться к дедовским средствам связи. Надеюсь, что
просто не звонишь потому что на даче или не дозвонилась,
что с Манькою девкою все в порядке. Она мне со стены улыба-
ется, а со стены показывает палец — и престрого дескать,
пиши, брат!*

*Пишется ничего, хотя начинаю видеть, что в сроки не
укладываюсь. Написал всего главу. (...)*

*Холерная это все-таки работа — этот роман, в особенно-
сти когда речь идет не просто о чувствах, а о разных военных
обстоятельствах. Тысяча соображений и все разные, и со всем
надо считаться.*

*Вдруг сегодня обнаружил — что ряд глав у меня расходит-
ся с официальными тогдашними сообщениями ТАССа. Я-то
знаю, что у меня написано все как было — но и ТАСС есть
ТАСС. Ну ничего, как-нибудь утрясу. (...)*

*Что тебе сказать еще о нашей провинциальной жизни?
Перенесли курятник в район сортира, посадили множество
лимонов, которые по моему глубокому убеждению будут пло-
доносить только при внуках Машки, высадили агавы в ящики,
и плотники грозятся вот-вот принести комфортабельные де-
кадентские скамейки. (...)*

*Целуй нашу дочку. Привет и коли того заслужил — поце-
луй Анатолию. Обними всех близких. Целую твои лапы.*

К. 21.V.1952 г.».

«*Не болей только Валька ладно милая? Очень тебя прошу,
пожалуйста.*

*Поцелуй Маньку дефку рисунки ее обнаруживают все рас-
тущий живописный талант и если бы у нас не было засилия
реализма, то их вполне можно было бы выставлять в качестве шедевров левой живописи*».

* * *

Прошло несколько месяцев после увольнения Серовой из Малого театра, и она поступила в Театр имени Моссовета. Симонов снова посодействовал, обещав, как год назад Малому, свою новую пьесу. Но он приступил к работе над военной трилогией и не смог выполнить обещание. Театр в ту пору славился своими звездами: «хозяйка», властная жена главного режиссера Ю. Завадского В. Марецкая, великая «старуха» Ф. Раневская, только поступившая в труппу Л. Орлова (игравшая Джесси в симоновском «Русском вопросе» — роль, которую раньше в Ленкоме исполняла Серова).

С 1951 по 1953 год Валентина Серова сыграла в нескольких спектаклях: Гюзин в драме Н. Хикмета «Рассказ о Турции», Лиззи Маккей в пьесе Пристли, небольшую роль в софроновской «Варваре Волковой». Занята она была достаточно, но в проходных и незначительных театральных поделках.

5 марта 1953 года умер Сталин. Симонов переживал это событие как личную трагедию. Написал в «Литературке» статью, которая возмутила и разгневала Хрущева. Нападки на Сталина вызывали у Симонова обратную реакцию. Дома в кабинете он снял со стены фотографию Валентины и повесил портрет вождя.

Серова наконец получила в новой постановке И. Анисимовой-Вульф достойную ее работу и в замечательном ансамбле — с Пляттом, Раневской — сыграла лучшую роль в Театре имени Моссовета — горьковскую Лидию Сомову.

И. Юзовский «Сомов и другие»
(«Литературная газета», 1954, 30 ноября):

«...Кто остро почувствовал горьковскую мысль и ее подспудную циркуляцию — это Серова. Ее Лидия, жена Сомова... начинает освобождаться от влияния мужа и его деспотизма. Ситуация, возможная и у другого автора, но у

Горького она сопровождается стремительным процессом осознания, прояснением идейных мотивов расхождения, в эту-то сторону героиня Серовой направляет свой напряженно-восприимчивый взгляд. Она ловит слово, оттенок, что скрыто за словом, лихорадочно работает ее мысль, и когда она злорадно вскрикивает: «ага!», даже не услышав слово, а увидев лишь жест Сомова, изобличающий его, видно, что она недаром думала. Очень хорошо поняла Горького Серова. Следует только сказать, что естественный в положении Лидии налет нервозности и, пожалуй, надрывности обращает на себя слишком пристальное, неоправданное у Горького внимание актрисы».

Критики отмечали ее удачу. Однако печальная для Валентины Васильевны истина — она стала второй. Ту же Лидию в 1953 году играла и Любовь Орлова. Со всеми ровная, спокойная, всегда в прекрасной форме, абсолютно надежная Орлова — и Валентина, в глазах которой замер вопрос, обреченный оставаться без ответа...

Из писем Раневской:

«Милая Валя!
С большим опозданием, но зато с большим и искренним чувством восхищения Вами в роли Лидии Сомовой — дарю полевые цветы... Желаю и впредь такой же большой творческой удачи и подлинного вдохновения, с каким Вы играете Лидию. Была бы рада, если бы эти цветы понравились Вам, так же как они нравятся мне. Обнимаю.

Ваша Ф. Раневская

год 54, октябрь».

«"Неповторимая" Валя!
После Вашего отъезда я все время о Вас думала и так же, как и Вы желаете мне добра, я для Вас хочу только хорошего.

Еще раз благодарю и за добрые ко мне чувства и за желание избавить меня от денежных забот. Само собой разумеется, что этот долг Вам я сделала легко и он меня не тяготит, как обычно, когда мне приходится прибегать к заимодавцам не столь милым, как Вы! А дороже всего для меня то, что будучи в Москве так мало времени, Вы его урвали и для меня. Обнимаю крепко.

Ваша Фуфа,
"неповторимая № 2"!!!»

Серову почему-то любили женщины-коллеги с неудавшейся личной жизнью. Сама она особенно тепло относилась к Раневской, помогала деньгами. Нервозность стала очень заметна в Валентине и вне сцены, и общение с ней доставляло окружающим постоянные хлопоты. Но умница Фаина Георгиевна, человек глубокий, понимающая драму своей младшей коллеги, отвечала ей взаимной симпатией, приезжала летом в Переделкино.

«Раневская тяжело переживала ее медленное самоуничтожение. "Она губит себя, ведь Валя очень талантлива", — много раз повторяла Раневская», — пишет Д. Щеглов и рассказывает об одном из посещений коллегами из Театра имени Моссовета дома в Переделкине:

«Дело было днем. Серова лежала за какой-то ширмой, откуда время от времени доносились звуки отвинчиваемой бутылки или фляги, характерное бульканье. Потом наступала короткая пауза, и Серова появлялась из своего условного убежища для продолжения разговора. Симонов находился в отъезде. Все было в этом большом, казавшемся внешне таким благополучным доме: изящная мебель в гостиной, огромное, выходящее в лес окно, в симоновском кабинете его бескрайний березовый стол — стол обязывающе торжественный, точно какой-нибудь «Русский вопрос» являлся досадным исключением в череде создаваемых им шедевров... Было все — кроме здоровья и радости внуковского жилища». (Автор сопоставляет дачи Серовой и Орловой. — *Н.П.*)

С Симоновым Валентина время от времени разъезжалась. Он уходил из дому, скрывался в домах творчества, предпочитал встречаться с ней все реже. Но затем — налаживалось. Случалось в жизни что-то важное, плохое, хорошее и объединяло их то в радости, то в печали.

К.М. Половиковой присвоили звание народной артистки РСФСР. Она получает записку и корзину цветов:

«Дорогая Роднуша! Поздравляем с заслуженной наградой. Давно пора! Любящий Костя и (рукой Серовой. — *Н.П.*) *его жена Валька!»*

В 1954 году умер Б. Горбатов, любивший Валентину нежно, как сестру.

«Валюша, друг мой

Не знаю, что писать тебе, потому что все переговорено по телефону, а что не переговорено, того и не напишешь, а только скажешь, когда увидишься. Не люблю и не хочу ковырять тебе душу, но на душе плохо, очень жалко, что хорошие люди умирают много раньше людей плохих и очень плохих. Я не плакал и не рыдал, а просто как-то отупел со смертью Бориса. И, как мне кажется, все-таки еще не до конца понял, что его нет. Я не представляю, как не представлял и раньше, что я могу больше полюбить человека, чем любил его. В то же время я сейчас ясно сознаю, что последние месяцы видел его с трудом, боялся его видеть, боялся потому, что при каждом свидании видел, что он умрет, читал во всем, в лице его, в словах, в движениях близость смерти, его готовность и неумение, бессилие возразить ей, побороться с ней... Очень все это нелепо и страшно. А ни о чем другом писать нынче не могу. Стихи пришлю в другой раз, перечел, разонравились, буду поправлять. Хочу тебе только сказать, что ты хороший человек и мой любимый, верный друг. Поцелуй крепко нашу дочку. Твой К.».

Дурную женщину любил,
А сам хорошим парнем был...
...
Был и умен, и добр, и смел,
И верен был отчизне,
И одного лишь не умел
В своей короткой жизни:

Взять отодвинуть взглядом
И рассмотреть как следует
Ту, что живет с ним рядом,
Что спит с ним и обедает;

Ту, что с их первой встречи
Была с ним всех короче,
И жизнь его калеча,
И честь его пороча...

Стихотворение это — «Чужая душа» (1954), обманчиво напоминающее читателям о Валентине, посвящено все-таки Горбатову и его бывшей жене Татьяне Окуневской, которую поэт не любил, она отвечала ему взаимной неприязнью и в своей книге «Татьянин день» утверждает, что именно Симонов приложил руку к ее травле и увольнению из Ленкома, куда она поступила после возвращения из лагеря.

Валентине между тем предлагали вернуться в родной театр, не настойчиво, но вполне определенно.

Письмо Софьи Владимировны Гиацинтовой (середина 50-х годов):
«Дорогая Валентина Васильевна!
Мне сдается, Валя, что и Вам не так легко живется театрально, как и мне это время. Сейчас мне так чудесно пошли навстречу, помогли и поддержали, что настроение у меня совсем другое и поэтому я и пишу Вам. У нас уже нет ни Рыжакина, ни Полякова. У нас есть возможность опять создавать

театр. Я назвала Вам эти фамилии потому, что Вы однажды сказали мне, что пока они в театре, Вы не вернетесь. Подумайте и поразмыслите над моим предложением. Серафима Германовна остается, а я знаю, что Вы привязаны к ней. Трудно творчески пускать новые корни, не легче ли вернуться домой? Вы больны, я знаю. Я Вам только желаю здоровья. Может быть, возможно еще сделать театр местом искусства — на это не жалко сил. Если бы соединились люди, понявшие, что без искусства им смерть, — то и театр двинулся бы вперед. Целую Вас.

С. Гиацинтова».

Напомню: Поляков был первым гражданским мужем Серовой, Серафима Германовна — это Бирман. Возможно, Валентина Васильевна должна была бы вернуться в свой родной театр в тот критический период жизни. Но она почти не могла работать, едва владела собой, плохо себя чувствовала и плохо выглядела.

Нелепым и пародийным выглядел ее выход на сцену в 1955 году в роли Кати: специально для Серовой Театр имени Моссовета включил в репертуар «Историю одной любви», которую когда-то написал начинающий драматург Симонов. Всего-то прошло с первой постановки в Ленкоме 16 лет. Но что такое 16 лет для актрисы? Не для Орловой, которая навсегда осталась юной, 30 лет спустя — не отличишь, а для пьющей Серовой. Теперь все говорили только одно — да, она не стоит своей славы! После «Истории...» ее заняли только в одной маленькой роли (Г. Мдивани «Тревожная ночь», Наташа).

Они еще появлялись вместе за границей во время зарубежных командировок К. Симонова, красивые, холеные, подтянутые, она одета по последней моде, являет собой лицо новой советской женщины. Привилегия ездить за рубеж в то время практически недоступная, но они играли роль свободно передвигающихся по земле советских людей. Принимали у себя почетных гостей — и их дом казался эталоном настоящего советского благополучия в глазах иностранцев. Действительно, красиво, просторно и светло.

Но жили в доме два свидетеля семейной драмы, два невольных заложника, которые никак не могли, подобно веселым гостям, вкусив все прелести вольготной дачной жизни, унестись отсюда на волю. Дети. Маша и Толя.

У М.К. Симоновой нет единого представления о жизни родителей, скорее это мозаика, причем, добавлю, мозаика, составленная по большому счету из воспоминаний других людей, из самых противоречивых публикаций. И сознательно, и подсознательно она отвергает все, что не нравится ей, и принимает вариант, соответствующий ее личным ощущениям, ее восприятию матери и отца.

Чуть не с самого рождения она жила в Переделкине безвыездно. Дом был удобен и благоустроен, как московская квартира, большой, просторный, но вовсе не напоминал особняк или усадьбу.

Здесь жили постоянно несколько человек. Няня Ольга Николаевна, уже пожилая к тому времени, удивительной доброты женщина. Близкая подруга Валентины, Лиля, которая ходила по комнатам с молотком, все чинила, прибивала, развешивала, устраивала. Сторож дядя Боря, охранник и садовник, жил в отдельном маленьком домике. Из Москвы приезжали Маша-беленькая — горничная Валентины, Маша-черненькая — симоновская. Шоферы появлялись на даче вместе с хозяевами.

Серова любила и умела готовить. Гостей бывало всегда очень много. Приезжали и иностранцы. Священнодействовали на кухне, накрывали стол под чутким руководством хозяйки дома. В дни крупных и ответственных застолий Симоновы приглашали в Переделкино метрдотеля из «Националя».

Иногда, очень редко, девочка оставалась в Переделкине с отцом.

«Машка в полном благополучии, вчера с отвычки нагуляв-
шись спала чуть ли не полдня. Я малость погулял с ней — рыли
норы в снегу и я промочил ботинки, за что она меня прорабо-
тала. А потом я еще гулял и перед сном — так что в общем
держу слово» (без даты).

Но в принципе Мария Симонова отца запомнила плохо. Видела его очень редко. Помнит смутно только огромные столы, гостей, веселье, танцы.

Валентина часто устраивала обеды, готовила, как любил
Симонов, телятину в духовке. Целый кусок, нашпигован-
ный чесноком: аромат заполняет все обозримое пространство, соседи знают — у Симоновых снова праздник! К.С. и
сам прекрасно готовил, многим премудростям его научила
жена, а пристрастие к блюдам японской и китайской кухни
он приобрел в долгих путешествиях по Востоку. Привозил
из поездок вкусные экзотические специи.

Валентина Васильевна любила вспоминать смешную историю с аджикой. Симонов очень дружил с А. Кривицким,
главным редактором «Литературной газеты». Кривицкий
носил очки с толстыми стеклами. Однажды Константин
Михайлович привез из Грузии огненную приправу, соорудили грузинский стол во всех подробностях. Аджика такая
хитрая штука — чуть-чуть больше, и все! Кривицкий же
очень любил поесть. Увидев аджику, спросил:

— Костя, а это что?

— Это аджика, ты с ней поосторожней.

Но — поздно. Гость не слушает предупреждений. Он
поедает толсто намазанный бутерброд. Очки мгновенно
запотевают, по щекам текут горячие слезы. Крик ужаса,
дыхание прерывается, и только общими усилиями час
спустя неосторожный Кривицкий постепенно возвращается в норму.

«Почему-то отчетливее всего я запомнила: мама не боялась грозы. Она, мне кажется, вообще ничего не боялась — пойти ли вечером со мной на Переделкинское

кладбище или гнать машину по мокрому асфальту. Как-
то вырыла в сугробе грот и, затащив туда всех чад и домочадцев, запела: «Наша милая картошка-тошка-тошка,
пионеров идеал-ал-ал!..» Почему в сугробе — «Картош-
ку»? А вот просто так, захотелось. А мы барахтались в
снегу и помирали со смеху.

Был дом, где любили собираться люди. И собирались —
вокруг нее».

Сохранились у М. Симоновой и печальные воспоминания о московской квартире:

«Я помню комнату...

Запах пыльных книг, пролитого вина, папиросного дыма
и высыхающего актерского грима — это запах моего детства. Это ее комната. Она почти всегда в беспорядке. Мебель разных стилей — подделка, старина, модерн. На туск-
ло-желтых обоях Фальк, Петров-Водкин, грузинские
пейзажи и странный портрет маленькой девочки в нацио-
нальном китайском костюмчике на фоне русской печки с
экзотической куклой в руках. Куклу отец привез из Америки. Я до мельчайших деталей помню этого индейца в ры-
жей суконной одежде, с черными шерстяными волосами и
коричневым замшевым лицом, на котором масляной крас-
кой нарисованы синие глаза и красные губы. Девочка эта я,
и мне пять лет. Большой друг моих родителей армянский
художник Вартанян после безуспешных попыток сделать
портрет моей матери («Валэчка, у тэбя двадцат четыре раза
в сутки мэняется лицо!..») в качестве реванша изобразил
меня — смуглые щеки и недетские печальные глаза, в которых, как шутил отец, вся скорбь армянского народа... То
был 1955 год. Переделкино, и мы все еще были вместе, и
откуда бы взяться печали...

А эта комната, что я вспоминаю с навязчивым постоян-
ством, как декорация к трагическому спектаклю, в котором
немало действующих лиц, а мой выход на сцену в 1960-м...»

(Цитируется по публикации в журнале «Огонек», № 6,
1993 г.)

* * *

«Здравствуй, Машка,
здравствуй, дочка!
Получил твои листочки
получил тире и точки
и косые буковки,
похожие на луковки,
и твои линеечки,
прямые, как скамеечки,
и твои цветочки,
красивые как дочки!
Ах ты мой с пеленок
грамотный ребенок!

Целую твой носик и каждый волосик. Посчитай сколько
их у тебя всего и напиши мне. Поцелуй мамочку.

Папа.
Кисловодск.
1955 г.».

Здравствуй, Машка-
таракашка!
Как ты кушаешь там кашку,
Как влезают ручки, ножки —
Быстро ль в разные одежки
И в ботинки и калошки?
...
И уже ты во дворе,
А двор в снегу, как в серебре.
Так ли это, — расскажи,
Все подробно опиши,
Чтоб мне было веселей
От таких вот дочерей!

В 1955 году Маша — печальный ребенок, любимая отцом дочь, интуитивно предчувствовавшая надвигающуюся
трагедию в семье.

Толя — с ним дело обстояло значительно серьезнее.
Он унаследовал отцовский темперамент, упрямство, но

только не волевой характер и невероятную целеустрем-
ленность легендарного летчика. Голубоглазый, как мать,
белокурый, лицо доброе, по-детски нежное, пел красиво,
танцевал мастерски. По-прежнему заикался и носил очки.
Но в свои четырнадцать лет пил водку наравне со взрослыми, любил подраться, славился удалью, за что и получил прозвище Пьер Безухов. Он любил пофилософство-
вать, называл отчима классиком и за глаза сталинским
лауреатом. И еще — у него всегда было много денег, слишком много для подростка. Родители, и особенно непрак-
тичная мать, — люди занятые, не всегда согласовывали
сей сложный вопрос.

Как и в детстве, Толя ревновал мать к мужчинам. Ревность приводила к нервным срывам. Он достаточно вырос
и злился на Симонова. Ведь это предательство, грязь — выставлять мать, подвыпившую, напоказ таким же пьяным му-
жикам?

«Толя был очень способный. В кого не быть способным? Брат мой — талантливый человек, Валентина — талантливая актриса. В кого ему родиться бездарным? Но только его погубили с другой стороны, другим способом, —
считает А. Серова. — Я знаю, что родители просто на него
внимания не обращали, занимались только собой, своими
делами и душевными переживаниями. А он попал в дурную
компанию.

Один раз Симонов приезжает к нам — мы жили на Смоленском бульваре, прямо ночью, на улице темно (это год
1954—1955-й), и заявляет:

— Толя у меня часы украл. У вас их нет?

Володя, мой муж, удивился:

— Какие часы? Сколько времени! Толя ведь у нас вообще не бывает!

А Симонов — мол, я Толю подозреваю, он ведет себя
плохо, врет, ворует, неуравновешенный, сбегает из дома.

Как это характеризует самого Симонова? Он считал
мальчика посторонним. Странно, он так любил эту жен-

щину и так относился к ее сыну! Он же «инженер человеческих душ», писатель, поэт. Он же в людях разбирается. Как он своего приемного сына воспитал? И Валентина, и Симонов мальчиком не интересовались. Ведь у них были такие огромные возможности. Так кто же виноват, что у Толи так сложилось? И он сам, и родители, родители — в первую очередь.

Все продолжаются торжества, банкеты бесконечные, выпивки. Вот кончится банкет, на столе все оставят и уезжают со своими гостями. Остаются Маша-белая и Маша-черная — прислуга. А они готовили этот банкет, там же столько гостей, ай-ай-ай! Приготовят, устанут, и как только хозяева уедут, они завалились спать. А молодежь, лет четырнадцати — пятнадцати, со всех концов дачного поселка — за этот стол. И выпивали, вот где начались у Толика выпивки. И однажды подростки обобрали и подожгли какую-то дачу. По пьяному делу. Так Симонов и Валентина вместо того, чтобы спасти Толю, отправили его в Нижний Тагил, в трудовую исправительную школу. Он попал туда в 16 лет, после суда. Отослали куда подальше, с глаз долой. Ни о чем не хлопотали.

Когда все это случилось, в 1956 году, они еще были вместе, во всяком случае, не развелись. И несмотря на то что Симонов завел другую женщину, он все равно должен был помочь мальчику».

Перед XX судьбоносным съездом Симонов вернулся в «Новый мир».

Жизнь с женой становилась невыносимой. Все уже знали, как много она пьет, как болеет, как уходит из одного театра и тут же у нее начинаются неприятности в другом. Если бы она ну пусть пила, но была бы просто женой, больной, неизвестной, никому не интересной, то полбеды. Но он сам прославил ее — и что же? О чем бы ни писал, чем бы ни занимался, но на встречах с читателями, в любой, и серьезной аудитории, и попроще, разговор неизменно возвращался к ненавистной уже любовной лирике. Он отстаивал свое право художника, его упрекали за откровенность, он полемически возражал, а кончалось одним — «Прочтите, прочтите!». О Серовой. О любви. Он уже ненавидел свое чувство.

История с Толей поссорила его с женой, но теперь это была яростная, полная злых, обидных обвинений ссора. Бесполезно было предпринимать какие-то шаги. Все — бесполезно. Симонов устал, ему хотелось нормальной, спокойной жизни.

ГЛАВА 15

РАЗВОД

«Симонов ее очень любил. Я даже удивляюсь, бросить женщину в беде! Нельзя было ее оставлять. Мало ли, спилась... Ну родной человек, разве можно так?

Я как-то пришла к ней, Валя ведет меня в спальню и показывает кровать:

— Знаешь, Несса, всегда у моей кровати стояли цветы, каждое утро приносил. Теперь цветов нет».

Цветы перестал дарить. Кому-то пустяк. А для нее — конец всех надежд. Симонов бросил ее — именно так, как А. Серовой, с детской обидой объясняла Валентина окружающим свое семейное фиаско.

Симонов порой сам себе противоречил, если речь заходила о жене. Дитя? Пора осознавать свои поступки...

Когда ему говорили: «Костя! Ты видишь, что творится с Валей? Она пропадает! Каждый день пьянка... Ну хотя бы на время воздержись», — он злился: «Она — взрослая женщина, должна сама соображать!»

И в то же время, в 1955-м еще, посвятил ей замечательные строчки:

* * *

> Поздравляю тебя с днем рожденья,
> Говорю как с ребенком,
> Пусть дыханье и пенье твое
> Будет чистым и звонким...

Он бесконечно устал от ее нервных срывов — еще писал светлые строки, но верил ли сам себе?

Предощущение разрыва вторгалось в поэзию Симонова задолго до печальных событий середины 50-х годов. Три стихотворения разных лет:

> Как говорят, тебя я разлюбил,
> И с этим спорить скучно и не надо.
> Я у тебя пощады не просил,
> Не буду и у них просить пощады...

1947

> Я схоронил любовь и сам себя обрек
> Быть памятником ей. Над свежею могилой
> Сам на себе я вывел восемь строк,
> Посмертно написав их через силу.
> ...
> Но отлетела от любви душа,
> А тело жить одно не захотело.
>
> Как камень, я стою среди камней,
> Прося лишь об одном: — Не трогайте руками
> И посторонних надписей на мне
> Не делайте... Я все-таки не камень.

1948

За два года до рождения Маши предчувствие близкой и окончательной разлуки в стихах Симонова уже высказано со всей откровенностью, точки расставлены. Любовь уходит. Что еще?

Последнее, заключительное слово из цикла «С тобой и без тебя». Наконец снова талантливо. Больно. Жестоко:

*　*　*

Я не могу писать тебе стихов
Ни той, что ты была, ни той, что стала.
И, очевидно, этих горьких слов
Обоим нам давно уж не хватало.

За все добро — спасибо! Не считал
По мелочам, покуда были вместе,
Ни сколько взял его, ни сколько дал,
Хоть вряд ли задолжал тебе по чести.

А все то зло, что на тебя, как груз,
Навалено твоей рукою было,
Оно мое! Я сам с ним разберусь,
Мне жизнь недаром шкуру им дубила.

Упреки поздно на ветер бросать,
Не бойся разговоров до рассвета.
Я просто разлюбил тебя. И это
Мне не дает стихов тебе писать.

Это 1954-й. Все кончено? Он уходил и жил у друзей. Но главное — он уходил внутренне. Она была больше не нужна.

Знала ли она это поэтическое признание в нелюбви? Думаю, да. Хотя изданный в 1955 году цикл «С тобой и без тебя» заканчивался «Днем рождения». Но были его откровенные письма (сожженные, недоступные нам), и без стихов она интуитивно чувствовала — он уже не любит, уже чужой.

Однажды, задолго до развода, Валя пришла к Серафиме Карагановой. Белая блузочка со смятым воротничком, черная юбка... Худая.

— Костя мне изменяет!

— Ты что, с ума сошла? Ему дохнуть некогда, он — секретарь Союза, он пишет, где у него силы мужские и душевные, чтоб тебе изменять?

Тем не менее С. Караганова позвонила Симонову и назначила встречу.

— У тебя что-нибудь серьезное?

— Серьезное.

— Тогда сейчас сядем в машину и поедем где-нибудь посидим, пообедаем, ты мне все расскажешь.

Они не нашли лучшего места, чем кафе «Красный мак» в Столешниковом — самый центр. И всегда — полно знакомых.

— Костя, что случилось, почему Вале так плохо?

— Ничего не случилось. Просто я слишком любил ее раньше.

У него — естественное угасание чувства. Валя пьет.

— Ну что, — прибежала к подруге Валентина на следующий день, — ты говоришь, он не изменяет. А он вчера на нашей машине был с женщиной в синем костюме и большой синей шляпе...

Обе шили свои наряды у одной портнихи, Ефимовой.

— Валя, это же была я! Это мой костюм, ты должна помнить!

— Ну вот, чтобы его прикрыть, ты готова соврать, что сама с ним спишь.

Тогда Серафима надела этот костюм и синюю шляпу, в которых была на встрече с Костей:

— Ты узнаешь эту женщину?

Вокруг них шел чудовищный разворот сплетен. Ему — про нее, ей — про него...

В 1955 году Захар Аграненко стал снимать Серову в «Бессмертном гарнизоне» по сценарию Симонова. Константин Михайлович просил режиссера звонить и сообщать, пьет она или нет. Решил: «Если она бросит пить, я к ней вернусь».

Захар звонил, говорил, что работает Валя серьезно, но пьет. Серова действительно хорошо сыграла эту нефактурную роль. Постаревшая, одутловатая, она лишь отдаленно напоминала звезду экрана сороковых. Нежные глаза — в глазах бездонная беда. И доброта, и непонятная мольба. Одиночество...

— Если бы она не пила, она была бы прекрасной актрисой, — говорил Симонов.

Ссоры становились постоянными. Валентина ссорилась не только с мужем: конфликты на работе, и в театрах с коллегами, и на киносъемках, и с близкими. Симонов пытался ее спасти, привез в больницу. В первый раз — никаких радикальных методик. Лечили «от нервов». А к ней приходили подружки из театра, жалели, приносили под видом вишневого компота коньяк.

Больной стала и атмосфера жизни в Переделкине. Половиковы со своими чадами и домочадцами мешали работать Симонову. Он раздражался, но еще держал себя в руках. Возил тещу по дорогим магазинам, делал все, что она просила, давал деньги. Казалось, они не понимали, что дело идет к развязке.

Как-то, в 1956 году, С. Караганова встретила Валентину с Симоновым в магазине «Меха» в Столешниковом. Он покупал ей шубу... Шепнул Серафиме:

— Ведь она совсем раздета, родственники обобрали ее догола...

То, что происходило с Валентиной Васильевной, становилось огромной бедой для Симонова. Но взять и вырвать ее из этой ситуации, удалить от семьи Роднуши, где подспудно, постепенно, но неотвратимо укоренялось холодное презрение к «пьянице», увезти из Москвы задолго до разрушения, году в 1947-м, в тот же Ташкент, как позже он увез новую семью, когда его отношения как писателя не складывались с властью, с Хрущевым? Тогда это было невозможно. Другая эпоха. Сталин. Но Симонов мог уехать с Серовой, например, в 1954-м, когда не было ни Сталина, ни Хрущева. Такая мысль до сих пор особенно терзает их дочь Машу...

После XX съезда партии Симонов впервые ощутил сильнейший укол самолюбия: читатели открыто заговорили о лживости его заказного творчества. Понимал ли он, чувствовал, признавался ли сам себе в том, чего стоят его многословные вирши, написанные после войны, это истовое служение власти? Появлялась другая литература, без лжи, без фальши. Надо было попытаться сделать что-то стоящее, освободиться от всего старого. Он продолжал отстаивать на бесконечных диспутах и собраниях свое видение литературы. Но тоже хотел писать правду в той мере, как понимал ее. Не получалось.

Зато от единственной правды в своей судьбе Симонов мог освободиться незамедлительно. От Валентины.

Связь с Серовой становилась для него не только тягостной — неуместной. Человеку его ранга невозможно оставаться с такой женщиной. Невостребованная, никому, по сути, не нужная, уже стареющая актриса. Это было непрестижно в тех кругах, в которых он вращался. Тем более что от прежней красоты оставалось все меньше, красота таяла и таяла на глазах, вернее, так: она не просто таяла — время от времени красивая женщина уступала место тетке, вульгарной, малосимпатичной. И это было безобразнее обыкновенного и естественного старения двух людей рядом. Шло уже самоуничтожение, и оно звалось алкоголизмом.

Между тем Валентина и сама пыталась обуздать свою болезнь, взять себя в руки. В Театре имени Моссовета специально для нее был поставлен спектакль «История одной любви». Получилось нечто невообразимое — пародия: себя довоенную, юную играла преждевременно постаревшая женщина. Если в жизни, вне сцены она еще держала форму и лицо ее оставалось милым — опухшим, одутловатым, но обаятельным и живым, то в свете рампы, густо закрашенное гримом (в те годы он накладывался безжалостно), с приклеенными ресницами, походило на жалкую карикатуру. Серову всегда сравнивали с Орловой, и обе теперь выходили на подмостки Театра имени Моссовета. Одна в глазах пристрастных зрителей олицетворяла успех «великой эпохи», другая — ее неудачу. Любовь Петровна уже перешагнула полувековой рубеж, ее защищала, помогая остановить время, непроницаемая маска молодости. Серовой не исполнилось и сорока лет, но каждая черта подчеркивала — время стремительно забегало вперед. Она брала у него безжалостно, взаймы. Теперь оно возвращало себе долги.

> ...твое лицо
> Опять, опять, опять...
> Как обручальное кольцо,
> Что уж с руки не снять...

Теперь любимое лицо исчезало...

Лариса Алексеевна Гудзенко овдовела в 53-м году. Ее муж, фронтовой товарищ Симонова Семен Гудзенко, умер в 31 год от полученных на войне ранений. Осталась дочь Катя. Отец Ларисы — Алексей Семенович Жадов, боевой генерал, герой гражданской войны, кавалер трех орденов Ленина, пяти Красного Знамени, Герой Советского Союза, Симонова сначала не жаловал, как не жаловал и первого мужа-поэта. Но Лариса Алексеевна была женщиной умной, интеллигентной, занималась русской и зарубежной живописью XX века. И самостоятельно принимала решения.

История измены и ухода Симонова от Серовой имеет многочисленные версии.

Одна из них принадлежит самой Валентине Васильевне. Был период, года с 56-го, когда Константин Михайлович уходил от Серовой, возвращался, снова уходил, и в какой-то из своих уходов он уехал лечиться в Кисловодск. Очень похудел, помолодел. И там, в Кисловодске, сошелся с Ларисой Алексеевной. Вернувшись в Москву, она ему сразу сказала, что забеременела и хочет рожать. Он был редактором «Нового мира» и просто не мог допустить скандала.

Сама Серова никогда не знакомилась до развода с Ларисой Алексеевной. Впервые она увидела ее случайно вместе с Симоновым у комбината «Известия» на улице Горького. Была потрясена: ее муж целовал молодую женщину. Лица

Валентина не разглядела, запомнила только девичий хвостик, просто перехваченный заколкой, стройную фигурку. Почувствовала, как магнитную бурю, взаимное влечение двух людей. И побежала прочь.

Впрочем, Агния Константиновна Серова утверждает, что спустя некоторое время после смерти Гудзенко Лариса, его вдова, стала часто ездить на дачу в Переделкино. Именно там, на глазах жены, Симонов и закрутил свой последний роман.

А. Серова книги М. Волиной не читала, тем не менее буквально вторит ее автору. Правда, дача у Волиной упоминается другая, не переделкинская, а черноморская. Но сюжет тот же: помогла сблизиться с Жадовой мужу Валентина, сама предложила поехать на юг:

«С Ларисой она мила, сердечна. И почему бы Ларисе Алексеевне не отдохнуть на взморье, если пригласила ее в Гульрипши жена Симонова? Дом пустует, во всех комнатах одна домоправительница. Костя занят, у Серовой — гастроли. «Поезжайте и живите вместе с дочкой!» — сказала Серова. Жадова приглашение приняла.

Сначала она была там одна. Потом прилетел Константин Михайлович. Их бурный роман и любовную связь (в море) своими якобы глазами видела вездесущая домоправительница, которая незамедлительно отправила В.В. письмо, подробно обрисовав виденную картину. Валька позвонила в Гульрипши, сказала: «Кто вас просил за Костей подсматривать? Он у себя в доме, что хочет, то и делает!» Симонову Валентина не сказала ничего. И тогда он сам рассказал... Все!

Вальке стало жутко. Не от измены. Ей ли упрекать его в изменах и страшиться их? Ей стало страшно не от самого факта, а от того, как Симонов рассказал ей об этом. Он говорил о Жадовой с расчетом на скандал!..

Валька — рухнула!»

Б. Панкин, книга «Четыре Я...». Заключительная сцена романа Серовой — Симонова. Место действия — Черное море, поселок Гульрипши, местечко в Абхазии, между Сухуми и Сухумским аэропортом, где Симонов построил себе южную дачу. Действующие лица: Симонов, Нина Павловна (его секретарь), Валентина, Анатолий (сын), Лариса Жадова (появляется позже).

«К.С. ...всегда преображался, когда покидал столицу, но на этот раз в его перемене было что-то разительное. Вначале Нина Павловна готова была приписать все «окружающей среде». Дорога в Гульрипши, сама эта словно из-под земли выросшая каменная дачка: три комнатки внизу, одна — наверху, — ощущение такое, словно попадаешь в рай.

Лучшая комната отведена под кабинет. В кабинете... пылал камин. Никакой реальной нужды в этом, правда, не было — но такой уж шеф. Окна выходили на море. Оно плескалось не более чем в пятидесяти шагах. Если закрыть глаза, то кажется, волна подбегает тебе прямо под ноги. Запах магнолий и свежих водорослей. Вдруг захотелось, чтобы этот миг, когда она (Нина Павловна), сопровождаемая К.М., обходила дом и затем направилась к отведенному ей пристанищу — маленькой двухкомнатной пристройке во дворе, длился вечно. По дороге шеф успел шепнуть ей с виноватым видом, что завтра прилетает Валентина и будет ее соседкой...

...К.М. добавил, что телеграмму о прилете Валентины и ее сына Толи... он получил только вчера. И сразу же взял им обратные билеты на Москву. Валя останется здесь всего на одну ночь, и Толя разместится по соседству.

На следующий день К.М. снова ездил в аэропорт. Весь день провели с гостями в городе. На даче появились лишь к вечеру. Сразу сели за стол. Ужин приготовила все та же Мария Акимовна — Маруся. На мгновение могло показаться, что вернулось прошлое. Может, и Вале так казалось? К.М. был разговорчив, шутил, подливал в бокалы ароматной «Изабеллы». После ужина сразу ушел к себе в кабинет. Валя, словно бы упустив этот момент, потерянно, с ее неповторимой слабой улыбкой, оглядывалась вокруг. Потом, обратившись к Нине Павловне и назвав ее по старой памяти Нинкой, сказала, что пойдет к себе, то есть в их маленькую пристройку. Через десять минут, сменив платье на сарафан, благо вечер был теплый и благоухал магнолиями и туей, Валя вышла на берег и прислонилась — ну просто как в кино — к росшей у самой воды березке. В эту минуту она показалась Нине Павловне такой же тонкой и одинокой, как эта березка. Она зачарованно смотрела на Валю из окна столовой. Ветер трепал концы наброшенной на голые плечи косынки. В это время в комнату вошел и остановился рядом шеф и, похоже, тоже загляделся на эту косынку.

— Нина Павловна, — вымолвил он тихо, — у меня к вам большая просьба. Пойдите скажите Валентине Васильевне, чтобы шла отдыхать. Объяснения не будет.

Что было делать? Нина Павловна пошла, чувствуя себя палачом. Сказала. Та усмехнулась, знакомо повела головой и ушла к себе».

Итак, после этой сцены, видимо, написанной со слов Нины Павловны, кино кончается... Платок улетает в Черное море, в Версале — дождь, пленка тускнеет, белые цифры и буквы кувырком, ни в «Метрополе», ни в модной парикмахерской, ни в ресторанах, ни на ответственных приемах иностранных гостей не нужно уже искать актрису. Конец фильма. Конец мифа.

Но — начинается жизнь. Такая, как у обычных людей. Или нет, хуже, много хуже. Кончается фильм 40-х годов, 50-х годов, и начинается трагедия.

Многое в импрессионистическом полотне Панкина кажется странным. Толя был в Нижнем Тагиле, если это 1956 год... Отношения с Симоновым у него к тому времени были ужасные, и если Валентина хотела разговора, то вряд ли стала бы его раздражать свиданием с Толей, малолетним правонарушителем. Хотя, впрочем, она была бесхитростным человеком. Даже чересчур.

Тем не менее заключительная картина очень красива.

Итак, какая жизнь началась?

У него...

«Наутро К.М. отвез Валентину на аэродром, а вечером сообщил Нине Павловне, что хочет познакомить ее со своей будущей женой. Так вот оно что! Тут она сообразила, откуда это преображение, так поразившее ее в первые минуты их встречи в аэропорту Сухуми. Не догадываясь, о ком идет речь, и удивляясь сообщению, она в сердцах воскликнула:

— Константин Михайлович, куда вы торопитесь?

Он изумленно посмотрел на нее... Тут же, как и следовало от него ожидать, свел все на шутку:

— А что делать, Нина Павловна? Если не женюсь, буду бегать по бабам и пить.

Через день он познакомил ее с Ларисой. Вдова недавно умершего известного поэта-фронтовика Семена Гудзенко, дочка не менее знаменитого генерала Жадова.

Оказалось, отношения их уже имели определенную историю, хотя, конечно же, все началось после того, как К.М. ушел от Валентины. С улыбкой то ли смущения, то ли недоумения он поведал Нине Павловне, что отец Ларисы, узнав о планах дочери, запретил ей иметь какие-либо отношения с этим «писателем» — не хватит нам одного поэта, что ли? Когда она осмелилась ослушаться, тогда проклял и выгнал ее из дома с трехлетней дочерью Катей...

Лариса между тем легко и естественно вошла в их размеренную рабочую жизнь. Немногословная, властная, порывистая, если не сказать резкая, в жестах и разговоре, она без излишних комплексов освоила роль хозяйки дома, причем такой, которая не вмешивается в бытовые мелочи, в дневное расписание мужа, но в то же время все видит, подмечает и старается держать под своим контролем».

Даты в книге не названы. Но по отдельным деталям рассказа можно точно определить, когда (по версии Панкина) эта сцена происходила.

Конец гульрипшской идиллии Симонова наступил внезапно. 15 мая 1956 года в «Литературной газете» ЦК КПСС извещал о безвременной трагической кончине Александра Александровича Фадеева. Написано было вполне откровенно: «А.А. Фадеев в течение многих лет страдал тяжелым прогрессирующим недугом — алкоголизмом... 13 мая в состоянии депрессии, вызванном очередным приступом недуга, А.А. Фадеев покончил жизнь самоубийством...»

(Кстати, о фантазиях на тему Серова — Симонов. Если принять версию Волиной, она писала о совместных морских купаниях Константина Михайловича и Ларисы Алексеевны. Долгих купаниях, морской любовной сцене. Тоже не короткой. Но май! Море еще холодное...)

А что Валентина? Подруга, Елизавета Васильевна Конищева, буквально держала ее за руки, когда та собиралась выброситься из окна. То безмолвное самообладание, которое так запомнилось, даже поразило Нину Павловну в Гульрипши, изменило ей в Москве. Все ее Лизы, Вари, Кати, Вали — все симоновские девушки, полные доброго магического обаяния, все они вмиг остались соломенными вдовами. Они тоже таяли в дымке... то ли того гульрипшского вечера, где у всех у них на глазах Он уходил, навсегда уходил к другой. То ли уже здесь — на сцене — превращались в тени любимых, превращались в брошенных. У всех у них был один-единственный конец... После долгих лет ожиданий и призрачной попытки найти счастье они оставались ни с чем. И Лиза, что, с ногами уютно устроившись в кресле, ждала своего Ермолова, тоже узнала наконец, чем в действительности кончается ее история. «Жди меня».

Лиза Ермолова, Катя из «Истории одной любви», Валя из «Русских людей», Ольга, не ожидавшая, что «Так и будет», Божена «Под каштанами Праги», даже американка Джесси со своим «Русским вопросом» и последняя — Мария Николаевна Батурина из только что снятого фильма «Бессмертный гарнизон» — все семеро... жены, женщины Симонова.

Ее не спасла работа. И дети, и былая любовь мужа. Теперь он ее, алкоголичку, ненавидел. Бросил жестоко, беспощадно, бесповоротно и навсегда. Ее душило отчаяние.

«Не давай ему развода! — шептали подруги. — Не давай! Пусть шляется, а развода не давай! Тебе на днях сорок! Кому ты будешь нужна без Симонова?»

Она скоро никому не будет нужна? Страшно... Но главный страх, ночные кошмары — не от потери красоты...

...Симонову хотелось назвать ее женой, потому что «кремлевский свет» узнал об их близости. Потому что она носила «громкое имя»? Она прожила почти пятнадцать лет с карьеристом, никогда не любившим ее за ее самое! Холод к Анатолию... Холодок к собственному сыну? Безразличие к Машке? Он никого, кроме себя, никогда не любил! Жадность его ласк, нетерпение теперь ей казались расчетливой игрой в страсть!

Она ошибалась. Яростная страсть была. Но когда страсть остыла (что присуще всем страстям), он, не считая целесообразным разводиться до 1953-го, разогревал ее. Валька думала: с самых первых дней и ночей Симонов играл в страсть, прикидывался! Она думала: вся жизнь ее прошла с подобием человека? Во лжи и фальши прошла вся жизнь. И это было невыносимо страшно!

«Назло ему не давай развода!»

Послушалась советов. Назло рвала повестки в суд. Назло кричала: «Блядуй сколько влезет, а развода не дам!»

Запила. Протрезвела. Согласилась. Развели. Опять запой. И в первый раз на продолжительный срок — больница.

Так рассуждала в полубессознательном состоянии и отчаянии, пока не сдалась, В. Серова, по мысли М. Волиной. Симонов, по ее же мнению, ничего, кроме желчной ненависти, не испытывал: «Довольно! Пальцев не хватит пересчитать, кто с Валькой спал!.. К Валентине Васильевне он не вернется! Видеть ни ее, ни ее чадо, серовское отродье, не желает! Это его право. Он не уверен, что Маша — его дочь, но сейчас отрекаться от отцовства поздно. И к тому же...

сходство... с ним, с Александрой Леонидовной. На Машку будет давать, сколько эти прорвы Валька — Роднуша не потребуют!»

Думаю, М. Волина грешит против истины. Никогда Симонов не сомневался, что Маша — его дочь. И вряд ли та деликатная, замкнувшаяся в своем великом горе женщина, о которой вспоминает Н. Гордон, очень хорошо ее знавшая и любившая, могла обрушиваться на мужа с площадной бранью. Огромное место, которое в сердце Симонова занимала Валентина, осталось недоступным для других до конца его дней. Оно и тайно, и явно принадлежало Серовой.

«...Люди прожили вместе четырнадцать лет. Половину этого времени мы жили часто трудно, но приемлемо для человеческой жизни. Потом ты стала пить... Я постарел за эти годы на много лет и устал, кажется, на всю жизнь вперед...»
Симонов еще долго писал ей, объяснял, почему разлюбил, советовал выйти замуж, желал ей счастья и тут же с болью упрекал, *«чтобы ты не разрушила еще одну жизнь так, как уже разрушила один раз».* Он просил их общих друзей не оставлять Валентину. Но когда ей звонили, она часто была груба, пьяна, несдержанна. Задавала один и тот же вопрос:
— Ну как там ему живется с этой ученой дамой?
Когда вопрос с разводом решился, Серова прибежала к матери:
— Мама, он ушел!
А Клавдия Михайловна в ответ:
— Ну и зятька потеряла!
И — как отрезала:
— Симонов прав, ты испортила ему жизнь.
Развелись супруги спокойно. Серова не возражала. 28 января 1957 года брак был расторгнут.

ЧАСТЬ IV

ГЛАВА 16

РОДНЫЕ ЛЮДИ

В 1957 году у Константина Михайловича родилась Александра, дочь, о которой он мечтал: прелестная, беленькая, светлая. Евгения Самойловна вместе с Алешей тоже исчезла из жизни Серовой.

Из квартиры на улице Горького Симонов сразу уехал, сначала жил у отца Ларисы Жадовой на даче и начал обмен огромной квартиры.

«Вскоре после развода Валентина оказалась в общей квартире, — рассказывает А. Серова. — Почему? Писатель Юнг жил с генералом Жадовым в одной общей квартире, и теперь Юнг занял симоновскую половину жилплощади на улице Горького. Валентине осталась одна большая комната, которую она перегородила пополам, а кроме того, маленькая бывшая секретарская. И кухня. А туалет — на двоих с соседом. Коммуналка».

Симонов продал дачу в Переделкине. Валентина сгоряча сразу купила себе другую. Клавдия Михайловна наведалась как-то в новый домик дочери и, вернувшись оттуда, объявила всем родственникам, что новая дачка — рассадник пьянства и разврата. Эту дачку Валентина тоже продала по настоянию матери.

1 сентября 1957 года родители вместе отвели маленькую Машу в школу. Они хотели как-то смягчить возможный шок:

девочка росла диковатой, одинокой, почти не встречалась с ровесниками. Ее, единственную из всех детей Симонова, отстранили от отца. Маша родилась ровно в середине века. Как в сказке: ее ждали, о ней — долгожданной — мечтали, но словно одна ведьма стояла в углу и нашептала беду...

Школа напугала ребенка, других детей девочка боялась и старалась всеми возможными способами избежать пытки общения. Родственники всерьез насторожились, вдруг повторится история старшего серовского ребенка, Толи, и Маша тоже не станет учиться. На семейном совете решили, что девочке нужна опека.

Клавдия Михайловна, которая была в ссоре с Валентиной из-за злополучной дачи, позвонила, предложила примирение, обещала все устроить и предложила Валентине женщину в помощь — для воспитания ребенка. Валентина, с готовностью воспринимающая любые добрые проявления матери, согласилась с радостью. Ее опекуншей-наперсницей стала одна из соседок Клавдии Михайловны, Ольга Анатольевна, которая приходила к Серовой на улицу Горького, водила Машу в школу.

Жизнь не налаживалась. На улице Горького появился новый жилец. Серова затеяла ремонт. И наконец сюда же, в маленькую серовскую квартирку, вернулся Анатолий.

Несколько лет сын провел в нижнетагильском интернате, практически — в колонии для несовершеннолетних. Он не стал дальше учиться, и Валентина купила ему аттестат. Колония, как водится, не оставила надежд: Толя приехал еще более нервным, несдержанным, неуправляемым. Двор смеялся над ним, он называл себя Пьером Безуховым, бунтарем. Друзья, поступившие к тому времени в институты, относились к нему как к заурядному недорослю. Смеялись и над Валентиной. Толя дрался, утверждал свои права. В садике, где стоял припаркованный серовский «виллис», когда-то подаренный его матери Симоновым, шли особенно ожесточенные споры. Как-то младший Серов стал хвастаться: «Это моя машина! Могу сделать с ней что захочу!»

Его подзадоривали: «Врешь!» Он начал крушить автомобиль. Стекла, фары. Валентине пришлось продать машину... Толя пил, хулиганил, а сама Валентина не могла справиться ни с сыном, ни с собой. Она чувствовала себя несчастной, неспособной спокойно воспитывать Машу, договорилась с матерью и временно отдала дочь Клавдии Михайловне, на Никитскую. Очень скоро Валентина Васильевна оказалась в больнице.

В конце 1958 года она вернулась домой. Здесь с удивлением обнаружила, что куда-то исчез холодильник, ковры и прочие замечательные и полезные вещи. Зато ее встретила Ольга Анатольевна, подозрительно добрая и мягкая. Раньше во дворах московских домов знали все о каждом. Валентине поведали, что ее наперсница — тетка на руку нечистая, промышляет сводничеством, а муж ее — редкий пьяница. Серову предупреждали, что эти люди снова втравят ее в историю и только что излеченная и оплаченная уже неимоверными душевными и физическими страданиями болезнь вернется. Но Серова была доверчива. Супруги не оставляли ее своим вниманием, жаловались на бедность. Полезные вещи они на улицу Горького не возвращали, деликатно сообщая Серовой, что она задолжала им немалую сумму.

Другими словами, ситуация складывалась странная. Валентина не решалась сознаться самой себе в том, что именно Клавдия Михайловна, ее мать, почему-то навязывает ей в компанию этих людей. Она снова сорвалась...

Родственники добились наложения запрета на все деньги, полученные от продажи дачи. Серова могла брать в сберкассе только ограниченную сумму в месяц. Это было, возможно, первое публичное поругание Валентины — холодное, официальное и особенно унизительное. Она предстала перед любопытствующими на сцене районного суда. Вся ее жизнь — жизнь женщины, не способной сохранить малую толику для детей, для содержания себя самой в порядке и приличии, — об этом заявлял в представленном заявлении именно бывший муж, которого молва наделяла неземной любовью к этой самой женщине. Унижение, боль, обида? Просто позор. Стыд... И снова — больница. Никто из близких ее не навещал. Валентина писала дочери письма. Наивно объясняла девятилетней девочке, как ее лечат, мягко упрекала за невнимание, нежелание ответить. Жаловалась, откровенно сообщала о том, как ей грустно, как она мечтает о встрече.

Тщетно... Так начинался новый сюжет в жизни Серовой. Тяжба вокруг Маши. Серову лишили родительских прав, но не по закону, а явочным порядком. Формально юридические права оставались на стороне Валентины Васильевны.

Клавдия Михайловна прервала всяческие связи с больной Валентиной. В новый, 1959 год Валентина не выдержала и попросила практикантку клиники навестить Машу, передать подарок. Девушка была хорошо подготовлена Валентиной. Она не пошла в дом, поджидала Машу во дворе с запиской из больницы. Клавдия Михайловна, необычайно проницательная во всем, что касалось Маши и Валентины, их возможной связи, тут же приметила посланницу и устроила громкий скандал на улице. Сбежались соседи, весь дом. Здесь жили люди, знавшие Валентину девчонкой, пережившие ее взлет, помнившие, как милая женщина, молодая актриса вдруг в одночасье в 1942 году стала символом верности и надежды. И вот теперь — такая страшная метаморфоза. И маленькая дочь Серовой, конечно, видела и слышала этот скандал.

Девушка-практикантка убежала в слезах. Вся больница гудела. Серову успокаивали: выход простой, вы вылечитесь и возьмете дочь. Но Валентина понимала — она осталась одна. Ушел муж, стал неуправляемым сын, теперь ее бросила мать и увела маленькую дочь. В отчаянии Валентина обратилась к Константину Михайловичу за помощью, просила его возвратить ей Машу.

Симонов не особенно разбирался. Клавдия Михайловна порвала с больной Валентиной? Противоестественное

отношение? Экзальтация? Безумная усталость, неверие в
излечение или нежелание терять благорасположение хоть
бывшего, но все же зятя? Неприязнь к этим пафосным
скандалам, неприязнь ко всем женщинам этой семьи, чьи
отношения зашли в тупик, желание просто избавиться от
проблемы разом... Симонов платил деньги Половиковой,
она следила за его дочерью, он был избавлен от всех них,
и такое положение дел его вполне устраивало. Клавдия
Михайловна действительно весьма ценила незаурядные
финансовые возможности своего зятя. Конечно, она долгие годы наблюдала за постепенным разрушением семьи,
но предпринять ничего не сумела. Никто — ни мать, ни
муж, ни коллеги из Театра Моссовета, приезжавшие к
супругам в Переделкино (Анисимова-Вульф, Раневская), —
не мог повлиять на Серову. В такой ситуации и Клавдия
Михайловна предпочитала молчать, чтобы хотя бы поддержать видимость семейного покоя. Возможно, наедине
с дочерью она и скандалила, и умоляла, и брала обеща-
ния. Теперь же, после развода дочери, она сразу заняла
сторону Симонова. Тот был ей признателен, ведь унижения, многократно испытанные на себе сочувственные,
насмешливые взгляды в театрах, куда он приводил жену,
на киностудиях, среди коллег мучили его невероятно. Так
же как и Клавдию Михайловну. Возможно, ее проклятия
в адрес дочери, ее откровенные, порой даже грубые вы-
сказывания и произносились как предвосхищение, пре-
дупреждение чужих участливых вздохов и сожалений.
Константин Михайлович и Клавдия Михайловна вместе
пережили этот общественный позор за Валентину. И потому ничего удивительного не было в том, что оба и в
новой ситуации поддерживали друг друга. То, что несказ-
занно удивляло посторонних, было естественным для
близких, которые на себе испытали весь кошмар ее болезни.

Клавдия Михайловна была искренне убеждена, что ее
дочь уже пропала. А внучку еще можно спасти. Они обе

были актрисами. Дочь хорошей актрисой, знаменитой. Возможно, известностью своей Валентина и задевала Клавдию Михайловну. Возможно, раздражала своей чрезмерной добротой. Валентина действительно многим запомнилась предельно добрым, способным на прощение, на понимание человеком, Клавдия Михайловна — женщиной крайне вздорной, расчетливой и малокультурной. Она бывала вульгарна, криклива.

«Дочь у Валентины взяла Клавдия Михайловна, — вспоминает А. Серова. — Они все время судились. Сначала — из-за Толи. Клавдия говорила:

— Ты пьяница, ты не воспитаешь.

Она хотела, чтобы внук жил у нее. Но, как мать, Валентина имела прав больше. В общем, они там судились, ругались, в конце концов он так и остался у Валентины. Потом — Маша. Но они так ожесточенно не из-за детей дрались. Только получал пенсию за отца. За воспитание Маши платил Симонов. Из-за денег Клавдия и сражалась. По той же причине Клавдия все время пыталась доказать, что Валентина — пьяница, что не может воспитывать детей.

Половикова была очень хорошей актрисой. Я смотрела «Лисички» в Театре Маяковского. «Дети Ванюшина». Она была хорошей актрисой, но женщиной жадной и грубой...»

Возможно, сравнивая мать и дочь, люди, участвовавшие так или иначе в драматической истории с дочерью Серовой, имели возможность сравнить и оценить искренность и честность Валентины. Но... будь она хоть чуточку похитрее, подипломатичнее!.. Ей не хватало твердости. Клавдию Михайловну терзало чувство зависти? Наверное, к тому времени уже нет. Она по-прежнему играла в театре, снималась в кино. Зато судьба Валентины не давала ей покоя. История с Анатолием подтверждала страшные опасения: Валентине не поднять ребенка. Роднуша была несдержанна, груба, хитра и шла на любые ухищрения, чтобы сохранить свое право воспитывать внучку.

В театре, на съемочной площадке, стоило кому бы то ни было заговорить о Серовой, Клавдия Михайловна становилась категорична. Как отрезала: «Да кто это такая? Алкоголичка опустившаяся! Что, вы хотите ее взять в театр? Да вы с ума сошли! Она же напьется, сорвет вам спектакль».

Подобные эпизоды, к сожалению, случались. И дело совсем не в том, что говорили близкие, что рассказывала коллегам о дочери Роднуша. В.В. Серова губила себя самостоятельно. После Театра имени Моссовета, откуда Валентина ушла, ее пригласили вместе со спектаклем «История одной любви» в Ногинский драматический. Она снова играла Катю. На нее ходили смотреть как на артефакт — сам Симонов бросил, в театре подобрали. И актриса в полной мере удовлетворяла любопытство публики. Выходила на сцену пьяная, зрители смеялись над ней, она слышала издевки. Горький, позорный опыт закончился запоем.

Клавдия Михайловна убедила всех близких, мужа, сестер, родственников — никто из семьи после скандала на Никитской с Валентиной не встречался, ее делами не интересовался. Больна, здорова, умерла... Все равно. Казалось, никто не сможет ей помочь...

После войны отец Серовой Василий Васильевич вышел из лагеря. Где сидел, сколько, он предпочитал никому не рассказывать. Он приехал в Москву и поселился с последней своей женой, Софьей Павловной, на Смоленском бульваре. Работал инженером. Когда жизнь Валентины стала совершенно невыносимой и бессмысленной: мать не звонила ей месяцами, и она ничего не знала о Маше, — Елизавета Васильевна Конищева, бутафор Театра имени Ленинского комсомола, чуть ли не единственная задушевная подруга актрисы в те годы, решила найти Серовой отца. Возможно, это был последний шанс. Она не знала, каков, собственно, Половиков, захочет ли он взглянуть на дочь, которую не видел четыре десятка лет. Но в долгие дни разговоров двух женщин Валентина вспоминала, размышляла и наконец решилась: пусть Елизавета попробует. Как ни странно, та разыскала Василия Васильевича без особых сложностей, узнала его адрес в справочном бюро по фамилии, имени, возрасту. В 1959 году она познакомила отца и дочь.

Валентина встретила Василия Васильевича с нормальным, чуть ли не детским интересом — еще бы, впервые узнать отца, когда твоему сыну двадцать лет! Он оказался красавцем, несмотря на весьма преклонный возраст, высоким, подтянутым, энергичным человеком. Волевым... Валентина сразу почувствовала его уверенность, надежность, даже жесткость и часто, слушая его, размышляла, что если бы не мать, а он воспитывал ее, она не страдала бы так от собственного безволия. Его возвращение стало, пожалуй, последним счастливым обретением в жизни Валентины. Она спрашивала отца:

— Папа! Где же ты был раньше, почему сам меня не нашел?

Он отвечал:

— Знаешь, детка, ты была знаменитой, вокруг тебя столько людей! Я думал, что у тебя все хорошо сложилось. Ты, конечно, мой ребенок, но тут такая история, которую нужно судить-оценивать и с моей точки зрения. Мой ребенок! Но... какое-то чувство неловкости меня останавливало. Я тебя не воспитывал, я не имею права вмешиваться в твою жизнь сейчас. Ну что я приду? «Здравствуй, это я, папа!» «А где ты, папа, был, и вообще, тебя нету, ты проходимец, мама еще говорила когда, сколько лет прошло! Что ты за человек такой?»

Наверное, так объяснял отец дочери свое отсутствие в ее жизни долгие годы. Неловко прийти к знаменитой актрисе, да и гордость не позволяла. И вдруг узнал: его Валька в крайне тяжелом состоянии, всеми брошена. Надо выручать, больше некому. И он действительно сделал для своей дочери все возможное.

Как бы долго Василий Васильевич ни отсутствовал, он, конечно, не забывал крутого нрава своей первой жены. Половиков взялся за дело серьезно. Он нашел лучших врачей, требовал особого внимания к Валентине. Впрочем, в самом лечении еще не заключалась панацея от ее болезни. И отец делал все, чтобы вернуть Серову зрителям, дать ей почувствовать в себе какие-то силы. С февраля 1959 года он вел переговоры с Симоновым об условиях передачи Маши Симоновой Валентине Серовой. Бывший муж не находил общего языка с новоявленным бывшим тестем, Половиков невероятно раздражал Симонова: такая внезапная горячность казалась Константину Михайловичу сомнительной, всю свою жизнь глубоко и нежно привязанный к матери и отчиму, он искренне не мог понять, как человек, отсутствовавший почти полвека, вдруг бурно взялся устраивать судьбы дочери и внучки, едва с ними познакомившись. Симонов твердо стоял на том, что его дочь должна жить с бабушкой. Половиков считал, что Машу можно передать матери, если лечащие врачи подтвердят абсолютное излечение Серовой. К. Симонов обещал помочь и устроить так, чтобы Валентина могла общаться с дочерью в нормальной семейной обстановке. Мужчины очень мудро решили, что никакие споры между Роднушей и Валентиной не должны вестись в присутствии Маши. Однако эти условия не выполнялись. Василий Васильевич упрекал Симонова за то, что тот слишком доверчив, не знает, как истинно обстоят дела, как третируют Валентину, не допускают к дочери, грубо обрывая всяческие попытки сближения. В свою очередь, Клавдия Михайловна объясняла подобные меры нетрезвыми появлениями Валентины, рассказывала, как та подстерегает дочь во дворе во время прогулок... Симонов верил Клавдии Михайловне. Вся его предшествующая жизнь была подтверждением правоты Роднуши.

Валентина лечилась в психиатрической клинике Института высшей нервной деятельности Академии наук СССР, руководил институтом известный профессор-нарколог И.В. Стрельчук. Лечащим врачом Серовой была врач Зинаида Лукинична Синкевич. Сначала лечение велось амбулаторно, затем к ней решили применить новый метод. Она снова легла в клинику.

Врачи дали заключение, что В.В. Серова вполне психически нормальный человек и ее пристрастие к алкоголю объясняется систематическим и перманентным нервным расстройством, связанным с тяжелыми личными обстоятельствами. Бесспорно, такое заключение было сделано врачом после долгих доверительных бесед врача и пациентки. Здесь Валентина была откровенна, день за днем она рассказывала Зинаиде Лукиничне истинную историю своей жизни, и история эта была более чем печальна. Разлуки-расставания, следовавшие чередой, компенсировались необычайными излишествами, непрерывными праздниками и застольями при встречах. Так было заведено с первых дней семейной жизни. Ссоры тоже никогда не прекращались, вернее, вся совместная жизнь складывалась как одна большая ссора с бесконечными разговорами о необходимом разрыве и многочисленными примирениями.

Точно так же складывались у Валентины отношения в театрах, где она работала. Бесхитростная и вспыльчивая, Валентина не умела гасить конфликты. Она так и осталась инфантильной, по-детски упрямой, бескомпромиссной.

Актриса долгие годы существовала в причудливом окружении элитарной творческой партократии, среди столпов идеологической политики. Малообразованная, но очень чуткая, она не справлялась с собой, не умела приспособиться, цинизм времени задевал ее лично и очень глубоко. Чувство вины за знание тайных механизмов интриг словно разрывало ее. Почему? В театре те лозунги, те высокие цели, кухню которых она знала досконально, в домашнем приготовлении, преподносились ей как могучая, единая, высокая цель социалистического искусства. Здесь необходим был недюжинный ум, здоровая ирония и, конечно же, немалая толика цинизма — тогда у нее была бы внутренняя защита, броня. Но Валентине, окончившей семь классов и год проучившейся в театральном техникуме, не хватало знаний,

элементарного образования. Детский чуткий ум ее точно
определял чудовищные несоответствия и отвергал их, от-
торгал.

Тогда как пользоваться плодами интеллекта своего мужа?
Вот что мучило и терзало актрису. Будь то столь же богатый
и преуспевающий мужчина, преуспеяние которого глубоко
пряталось бы от ее глаз, она принимала бы его как должное. Но идеологическая кухня влияла на нее необратимо.
Она, чуть ли не девочкой приведенная А. Серовым в Кремль
к Сталину, слепо верящая в гениальность вождя, постепенно, но изнутри постигала весь механизм власти. Валентина
прошла весь путь, никогда не пострадав реально. Она всегда жила в свое удовольствие, ее никто не трогал в этот
страшный век, она никогда не подвергалась страшным уни-
жениям, мучениям, репрессиям. Ее жизнь под крылом Серова, затем Симонова была устроена культурно, красиво,
богато, даже шикарно. Но ее психика подверглась тяжелой
деформации постепенно. Не от внешних столкновений, ос-
тавляющих физические следы разрушения, — жены, дочери репрессированных, сами попадающие в лагеря, часто возвращались несломленными, готовыми к новой жизни и
обновлению. Валентина же разрушала себя сама, не в силах
справиться с обрушившейся на нее информацией, не в силах справиться с собственным знанием. Словно слой за сло-
ем происходил распад, пока внутри не осталось никакой
защиты. Внешние проявления ее жизни стали соответство-
вать внутреннему мраку...

Плоды благодеяний подспудно сломали и психику ее
сына. Она еще знала совершенно слепую веру в Сталина, а
Толя рос в окружении циничных перевоплощений. Валентина понимала, что ему необходимо было совершенно иное
воспитание, и не находила в себе сил воспитывать его. Она
не умела с ним разговаривать. Ее женское начало было настолько же сильным, насколько потерянным, немым был
ее ум. Ее всепокоряющего обаяния было весьма недоста-
точно, чтобы переломить ситуацию с сыном. И она внут-

ренне смирилась с тем, что Толю воспитать не смогла, жила
с этим страшным ощущением. И вот теперь в открытую, на
виду у всех ей прямо говорили о том, что и дочь она не
сможет воспитать. Ей говорили, что лучше для Маши злая,
несдержанная, грубая, корыстная, возможно, но все же бабушка. Чем она, нежная, обворожительная мать, находя-
щая немедленно общий язык с посторонними людьми, но
не умеющая дать своим детям никаких жизненных ориен-
тиров.

Все же Валентина попыталась еще раз изменить жизнь
Толи и в 1959 году, как ей казалось, хорошо устроила его
будущее. Он попал в армию как «штрафник», в часть с особым режимом, применяемым для бывших малолетних заключенных. Анатолию было 20 лет. Дед настоял и на том,
что после возвращения из армии при условии, если Толя
начнет успешно и без «хвостов» учиться в институте или же
техникуме, короче — получать какую-либо специальность,
ему будет выплачиваться особая, поощрительная, семейная
стипендия. Половиков предложил дочери взять вклад и построить небольшую, несравнимую с переделкинской, но все
же дачу. Оба они, и отец и дочь, считали, что поездки маленькой Маши на юг, которые организовал Симонов, могут
повредить слабому здоровью ребенка. Василий Васильевич
сам нашел дом под Москвой, в районе Тарасовки — Под-
липок. Рядом никого из бывших друзей, ничто не напом-
нит ей о прошлом, а дивное Клязьминское водохранилище
с его просторами тоже должно лечить душу, отвлекать от
печальных мыслей. Новый домик, природа, вода, прекрасный яблоневый сад — жизнь далеко еще не кончена, утверждал отец. Новое так новое, соглашалась дочь. Она сама
хотела верить, что все можно изменить. Что такое сорок с
небольшим для женщины, чье обаяние и доброта еще могли сотворить чудо?

Свою небольшую полукоммунальную квартирку, остав-
шуюся от огромных апартаментов на улице Горького, Валентина наконец любовно благоустроила, отгородив для до-

чери небольшую комнату. Пригласила приходящую домработницу, так как намеревалась много работать и Бог знает, возможно, и сниматься.

Обо всем этом — тщательной подготовке к дальнейшей жизни и условиях, созданных для Валентины и Маши, — Половиков сообщал Симонову в начале 1960 года. Тот оставался непреклонен: его дочь должна жить у Роднуши.

Когда Клавдия Михайловна узнала о неожиданном появлении в жизни Валентины отца, она была вне себя от ярости, запретила дочери встречаться с «мерзавцем», пыталась любым способом помешать сближению Василия Васильевича с Серовой. Но здесь сама Валентина проявила твердость. Ей понравился отец, его новая жена, дом на Смоленском бульваре, где ее приняли, как и надлежит принимать дочь: без упреков, без излишней экзальтации.

Роднуша все же встретилась с бывшим и давно забытым мужем. Разговор получился тяжелый и оскорбительный. Их отношения прервались сорок лет назад, в начале 20-х годов. Он не считал себя посторонним из-за долгого отсутствия. И ситуацию оценил просто: Клавдия пытается погубить дочь. Он не сомневался, что на протяжении всей жизни дочь его знала о нем только плохое. Но впервые услышал от бывшей жены, что Валентина росла порочной девочкой, с раннего детства употребляла спиртное, несмотря на всевозможные меры, принятые по отношению к ней. Правда ли сей факт или вымысел, проверить этого отец не мог. Клавдия Михайловна утверждала, что выздоровление Вали временное. Конечно, она понимала, что́ говорила, но отец не хотел ей верить, впрочем, даже если бы и поверил, не мог согласиться бросить все попытки спасти Валентину. Логика Роднуши была неоспоримой: старший ее внук уже погублен, и если младшая внучка попадет к матери, с ней может произойти та же беда. Потому лучше сразу изолировать ребенка раз и навсегда, пока не поздно. Половиков предложил самой Клавдии Михайловне пройти курс лечения в психиатрической клинике, настолько несдержанна и груба публично она бывала, стоило только ей увидеть рядом с внучкой свою «беспутную дочь».

Для Половикова, человека со свежим взглядом, в ситуации дочери не оказалось ни малейших тайн. Он сразу отринул обвинение в детских пороках дочери. Она росла здоровой, счастливой, увлеченной театром, полной мечтаний, которые сбывались как по волшебству. Свежим взглядом отец особенно пристально изучал семейную жизнь дочери. История в его понимании выглядела так: Константин Михайлович, гурман, любитель широких застолий и дружеских встреч, привил жене вкус к спиртному. Многочисленные находившиеся в здравой памяти родственники, друзья первого мужа Валентины в один голос утверждали, что в первом браке она вовсе не пила и никакого порочного пристрастия к вину не испытывала. Болезненная зависимость началась значительно позже, в конце 40-х годов, когда семейные отношения с Симоновым зашли в тупик.

Половиков очень подробно расспрашивал окружающих его дочь людей, словно вел самостоятельное следствие. Возможно, он первый предпринял попытку отделить клевету от истины. Узнал о взаимных изменах супругов на протяжении пятнадцати лет их брака (в общем, не такое редкое дело в любой семье, само по себе не обязательно влекущее за собой неизлечимый алкоголизм). Он вполне признавал вину своей дочери, он даже не упрекал Симонова за чрезмерные излишества в образе жизни бывшей семьи его дочери.

Половиков наконец убедил Симонова разрешить Валентине встречаться с дочерью. Но особой заинтересованности тот не выразил, мягко сказал об этом требовании Клавдии Михайловне. Он не считал отнюдь, что отчуждение Маши толкает Валентину к употреблению спиртного и портит нервы ребенку. Впрочем, он не особенно вмешивался.

Пока Валентина лечилась, с начала 1959-го по весну 1960 года, никто из близких, из семьи Половиковых по-прежнему не интересовался, как она чувствует себя, нужна ли ей помощь. Возможно, тетушки Мария и Наталья не были бы столь жестокосердными, но Клавдия Михайловна убедила их, что каждый самый необязательный звонок может стать сигналом к примирению для Валентины и она начнет приходить на Никитскую. Таким образом, для Серовой короткий маршрут в две троллейбусные остановки между улицей Горького и Никитскими воротами превратился в непреодолимое расстояние длиной в тринадцать месяцев. Она бродила по бульвару, садилась в тени сирени ранним летом, месила грязь поздней осенью, топтала первый снег. Но материнский дом словно заколдованный оставался неприступен. Еще ближе, в двух шагах, лишь перейти Пушкинскую площадь, стоял как крепость ее родной театр, ее ТРАМ, ее Ленком. И тоже как заколдованный, войти можно, обняться с подружками, покурить в гримерке, поболтать с билетершами (кстати, некоторые из них до сих пор работают в Ленкоме и до сих пор восторженно вспоминают о Серовой). Но попасть на сцену — нельзя. В за́мке на Никитской заключена ее дочь, отчужденная, как казалось, уже не любящая, забывшая ее, знавшая все материнские грехи в пересказе Роднуши. Дочь, не принимающая подарков, не отвечающая на письма. Она вспоминала Машу — темную, с огромными кругами под глазами, худенькую, взгляд боязливый, настороженный, безучастный. Слова торопливые, робкие. Во всем облике — страх: вдруг бабушка узнает о случайной встрече на улице? Раньше Маша училась в школе, куда привели ее родители, там Валентину знали и любили. Теперь Клавдия Михайловна перевела ее в новую школу, где учителя относятся к ней с предубеждением. И Маша стесняется... На Никитской — мать. И тут же вспоминалось, как скандально-весело они жили и, в общем, ладили в тех же 30-х годах. Ссорились, мирились, вместе решали житейские дела, смотрели друг друга в театрах, советовались. Вспоминала, как почти не задумываясь переехала в тот дом сама, как привезла туда крохотного Анатолия...

А на улице Чехова осталась молодость, ее талант, там живет ее душа, воплощенная в ролях... Но театральные роли нельзя задержать, сохранить, сберечь. Нужно играть снова и снова. Неужели ничего нельзя вернуть? Можно, говорил ей отец. Должна, говорили врачи. Смогу, решила Серова. Она больше не вернется к прошлому, больше не заболеет. Она решилась на наступление. Оба замка, две заколдованных крепости должны сдаться.

Наконец настал знаменательный день, врачи предписали Серовой раз в месяц являться на обследование, и Валентина, выздоровевшая, полная сил и энергии, пошла в Театр имени Ленинского комсомола, где числилась формально и где были ее документы. Узнала, что уволена, а ее дело передано в Министерство культуры.

Врачи посоветовали ей прежде всего решить вопрос с работой. Она немедленно написала письмо в Управление культуры ЦК КПСС. Но ответа не последовало. Она звонила, приезжала, ждала в приемной, перезнакомилась со всеми кураторами, секретаршами и даже курьерами. Каждый раз она — неожиданное для отверженного человека качество — находила в себе силы шутить, говорить о пустяках, смеяться. Она не жаловалась, не причитала, не плакала и потому особого сочувствия не вызывала. Валентина ненавидела, когда ее жалеют. Но страх, что так будет всегда и что никогда не прервется это изматывающее ожидание, не покидал ее ни на минуту. Раньше важных чиновников она принимала за своим гостеприимным столом в Переделкине. Теперь ждала их в душных приемных, прокуренных пролетах министерских лестниц.

Примерно в то же время Валентина, полная надежд, пришла наконец и в дом к матери, но была встречена... даже не холодно, ледяной злобой, которая обжигала как огонь. Серовой казалось, что она способна просто выкрасть дочь и бежать с ней отсюда навсегда. Но она покорно ушла, подчинилась, бросилась к отцу.

Большой совет состоялся в присутствии множества родственников. Симонов свое резюме прислал письменно. Каждый из участников истории остался на своих позициях. Валентина начала изматывающую тяжбу по делу о возвращении дочери. Требования Роднуши и Константина Михайловича были вполне законными: если Серова не будет пить в течение продолжительного времени, то дочь вернется к ней.

От Клавдии Михайловны требовалось пускать Валентину Васильевну в дом без препятствий, не влиять на внучку в свободном выборе, не запрещать ей встречаться с матерью, избегать конфликтов. Константин Михайлович занял позицию наблюдателя и просил свою интеллигентную мать помочь в сложных отношениях, по возможности присутствовать и смягчать нравы на Никитской.

Все сошлись и на том, что подавать документы в суд не стоит. Решение это семья приняла в середине февраля 1960 года.

Воодушевленная, почти уже счастливая, Валентина как на крыльях полетела на Никитскую. Ее ждал сюрприз. Муж Клавдии Михайловны и не подумал впустить дальше порога растерявшуюся женщину. Ее не ждут, услышала она. Никто не хочет с ней встречаться.

Валентина буквально потеряла голову. Она тут же побежала к своему лечащему врачу З.Л. Синкевич: что делать? Зинаида Лукинична прекрасно поняла, что в сложившейся ситуации влияние имеет только Симонов, и стала ему писать. Подробно, спокойно, объясняя каждый шаг методики, по которой лечат Валентину Васильевну, обстоятельно информировала его о необычайных сдвигах, отличном поведении своей пациентки в больнице имени Соловьева, знаменитой «Соловьевке», ее горячем желании вылечиться и навсегда избавиться от пристрастия к алкоголю. Наконец о полном выздоровлении и выписке ее 12 января 1960 года, о готовности работать в театре и воспитывать ребенка. Она объясняла Симонову, что для закрепления успехов лечения по новой методике ее пациентке как воздух необходима доброжелательная атмосфера, вера в свои силы и талант. Она искренне хотела вернуть актрису зрителям, призывала поэта в соратники и заклинала погасить причины, ведущие к внутреннему конфликту Серовой, скандалам в семье. Она считала, что, как врач, обязана знать факты, способствующие рецидивам, и по возможности пытаться устранять их. Практически врач Синкевич пыталась взять на себя функции психоаналитика и таковой была для Валентины Васильевны, все лечение которой после ее выписки и сводилось к откровенным беседам...

Правда, психоаналитик работает непосредственно с пациентом. Зинаида Лукинична взяла на себя переговоры с Симоновым, она искренне возмущалась пренебрежением к своей подопечной, не могла смириться с позицией родственников. Она звонила и писала Клавдии Михайловне, просила о встрече, но ответа не добилась. Та не навещала дочь в больнице, не хотела ничего слышать о лечении и позже. Врача особенно тревожило равнодушие десятилетней дочери Серовой. Ребенок подражал взрослым.

В день своего рождения, 23 февраля 1960 года, Валентина сама обратилась к Симонову с очень трезвым, весьма ироничным письмом. Она писала, что с ужасом осознала: ее маленькая дочь за то время, пока они находились в разлуке, превратилась в «маленькую старуху» и с труднопереносимой, неестественной в ребенке черствостью относится к людям. Вот главная потеря стыдной тяжбы родственников, и потеря, возможно, непоправимая.

Она не требовала вернуть Машу немедленно, хотя и понимала, что каждый лишний день наносит им новые взаимные травмы, хотя писала, как издеваются над ней в доме на Никитской — все, даже домработница.

Валентина объясняла Симонову и о том, что прозрела и поняла, почему так мучительно жилось им все 19 лет, и особенно 15 лет в браке, что стала наконец такой, какой знала себя много лет назад, до встречи с ним, и это — главное обретение: она возвращалась к себе самой. Что ошибка ее жизни, главная ошибка понята ею. Им не надо было быть вместе ни дня. Тогда она сохранила бы сына... Теперь она хотела воскресить душу своей хрупкой, необычайно нервной дочери. Больше ничего. Она официально отказывалась от алиментов, любых материальных благ, предоставляемых Симоновым Клавдии Михайловне. Деньги у нее есть, она будет работать, будет жить с Машей летом в деревенском домике на берегу реки... Она напоминала Симонову, что, встретив его и долго-долго потом, была вполне состоятельной женщиной, спокойно воспитывала сына и ни в чем не нуждалась. Писала и о том, что именно он не имеет права судить о родительских чувствах, потому что сам спокойно оставил троих детей (Толю она включала в их число, ведь он с раннего детства воспитывался Симоновым). Симонов обещал Валентине, что, даже разойдясь, они останутся друзьями. Теперь она не могла простить ему разлуки с дочерью...

Абсолютной правды нет... Точка зрения Симонова была необычайно логична. Он видел, что Валентина пытается обвинить его в своем разрушении, и это означало, что она не оценивает своих прошлых ошибок, ищет вину в других, а стало быть, не сможет справиться с собой в будущем. Он напоминал, как два раза привозил свою бывшую жену в тот же институт, как устраивал и в другие психиатрические клиники, как каждый раз его уверяли, что с прошлым пороком покончено, и тем не менее любое лечение никаких результатов не приносило. Теперь в пятый раз его уверяют в исцелении Серовой. Так почему же он не верит? Почему не торопится вернуть Машу матери? Он считал и заявлял об этом лечащему врачу Валентины, ее отцу и ей самой, что его старшая дочь не может бездумно быть отдана матери, чтобы стать средством исцеления, с ее интересами необходимо считаться в первую очередь. Ребенок не может бесконечно переезжать от бабушки к матери. Он был спокоен за дочь, пока она жила у бабушки. Девочка училась, занималась музыкой, была, на его взгляд, вполне здорова. Да, Валентина пила во время беременности и пила, когда кормила... У его дочери тяжелая судьба, тяжелая наследственность. И все это благодаря матери. Симонов ни минуты не сомневался, что, получив Машу, вернувшись в театр, его бывшая жена снова начнет пить.

Он настаивал, чтобы врачи не потакали, не жалели Валентину, дали ей силы реабилитироваться окончательно. В поспешности Серовой, в ее горячности, в ее угрозах обратиться в суд он предчувствовал рецидив. Он был слишком опытен, и 19 лет тоже не прошли даром. Горький опыт... А Клавдия Михайловна в его глазах отнюдь не представала жестоким чудовищем. Напротив, стареющая, уставшая от выходок Валентины женщина, ни минуты покоя не знавшая, постоянно подверженная стрессу, вынуждена была не наслаждаться ролью бабушки, а стать второй матерью для внучки. Симонов уважал Клавдию Михайловну. А деньги, ну что ж, ей нужны деньги, он может помогать, у него нет никаких материальных проблем, напротив.

Кстати сказать, от отца Маша, даже в самые худшие времена, несмотря на его глубокое возмущение очень многим, ни разу не услышала о своей матери ни одного худого слова. Мама больна — вот и все... Симонов не отчуждал ребенка от Серовой, он просто просил объективности врачей...

Врач З.Л. Синкевич несколько раз обращалась к нему, писала об «истязании чувства человеческого достоинства», о том, как в маленькой Маше вытравляется любовь к матери. Дочь Серовой не радовалась, что ее мама вылечилась. Не верили старшие, не верила и она. В жизни девочки были прекрасно организованы быт, учеба, отдых. Но невольно она стала участницей травли собственной матери, для ребенка противоестественно высокомерной и презрительной, словно мать — посторонний человек, которого стыдно. Для Синкевич ситуация казалась разрешимой — если девочке расскажут, как талантлива ее мать, какую радость она доставляет людям, как интересна ее профессия, все еще может измениться. Но если она будет расти в атмосфере ненависти и презрения, то ее жизнь тоже будет несчастливой...

Маше необходимо было восстановление гармонии в отношениях близких ей людей, Валентине — «зона психического комфорта».

Теперь Серова уверяла Зинаиду Лукиничну, что главная причина — любовь к мужу и утрата семьи — ее больше не мучает, она верила, что скоро начнет работать, у нее появился настоящий близкий человек — отец. Внутренний конфликт исчерпан. Почти... Осталось одно — разрыв с дочкой и то, что девочку отстраняют от нее и настраивают против нее; всякое свидание с дочкой для Валентины Васильевны превращается в унизительное испытание.

Синкевич была убеждена — рецидивов и срывов больше не случится, ее знаменитая пациентка выздоравливает. Правда, она понимала, что, помимо внешних причин, существуют и причины внутренние. Но надеялась и убеждала всех окружающих, что Серова — сильный человек. Она ошибалась... Она видела перед собой только любящую мать. Она не думала о странной неспособности Валентины воспитать сына при всех самых блестящих условиях. И самой Валентине было сказано в клинике, что она абсолютно здорова, должна работать и восстановить к себе доверие и уважение. Что найдутся люди, которые посочувствуют, помогут, поверят и полюбят ее.

Итак, 23 марта 1960 года Серова подала в народный суд Советского района Москвы иск «О возврате ребенка».

Основное обвинение, выдвинутое Валентиной в адрес матери: Половикова не давала и не дает ей возможности нормальных свиданий с дочерью, а в те немногие дни, когда удавалось встретиться с дочерью в присутствии Половиковой, она убедилась, как под влиянием Половиковой и в угоду ей Маша Симонова постепенно стала грубой и неуважительной.

Такое отношение к ней Серова объясняла исключительно воздействием со стороны Половиковой, так как до перехода к Половиковой девочка ее очень любила. Она просила суд разобраться в этой истории, длящейся полтора года.

Дело рассматривалось в Московском городском отделе народного образования в апреле 1960 года. Со всеми действующими лицами семейной драмы проводились беседы. Серова, Симонов, Половиковы, Толя, приехавший из армии, врачи, учителя, сама Маша. Собственно, все хотели одного и того же: покоя и мира. 18 апреля Симонов К.М. и Серова В.В. подали в городской отдел народного образования заявление от их имени и от имени К.М. Половиковой, (впрочем, не подписанное Роднушей), в котором они сообщили, что после выздоровления матери Маша должна быть возвращена ей, должна жить с матерью и воспитываться ею. Напряженные отношения между матерью и бабушкой ребенка, по общему согласию, они признают необходимым превратить в нормальные, дружелюбные, способствующие правильному воспитанию ребенка, что девочка после окончания учебного года и пребывания в детском санатории должна вернуться жить к матери. Условия жизни ребенка признали непедагогичными.

Наконец все вместе подписали соглашение, и дело в суде было прекращено.

Но с этого момента Валентина Васильевна стала вести дневник свиданий с дочерью. Так ей посоветовали врачи.

День за днем она записывала все свои горькие обиды, тяжелые переживания — подробно, болезненно. Ни слова, напоминающего о том, что эта женщина когда-то была знаменитой актрисой, знала прекрасные дни, была любима в семье, любима маленькой дочерью. Это была другая женщина, бесконечно уставшая, отчаявшаяся и все-таки сломленная. Только других — врачей, судей — она могла убедить в том, что сил у нее хватит, она выдержит все и возродится. Себя — не могла. С середины апреля 1960 года квартира на Никитской, двор дома, само это место, родное с ранней юности, стали ее Голгофой. Ей назначали свидания, она приходила, но к дочери ее не пускали, рассказывая, что та тяжело больна. Она приносила книжки, начинала читать, но вот приходил ее сын Анатолий, и муж Клавдии Михайловны Абрам Павлович грубо, громко, так, что слышала Маша, выгонял парня за дверь. Утром Толя должен был возвращаться в часть, он приезжал в кратковременный отпуск. Валентина должна была проглатывать обиду. Клавдия Михайловна гордо удалялась на съемки к И. Пырьеву (она снималась в фильме «Идиот»), безработная Серова должна была часами ждать и вспоминала, как сама когда-то пропадала в киностудии...

Клавдия Михайловна старалась не оставлять внучку наедине с Валентиной, вела себя так, словно Серовой и нет в комнате, но особенно злилась, если девочка в присутствии матери возражала ей по какому-нибудь пустяковому поводу, тогда она била ребенка по лицу. Валентина терпела, она знала, что любая ее ошибка приведет к новой вспышке скандала. В те дни в дом на Никитской приходил и Симонов, и они все вместе подписали договор о взаимопонимании и вежливости. Маша начала потихоньку реагировать на появления в доме мамы, даже целовала ее на прощание. Но затем как-то сникла и отстранилась, видимо, получив нагоняй от бабушки.

Были мелкие обманы, которые казались Валентине чудовищными и буквально разрывали ей сердце потому, что ей казалось, что сама дочь обманывает ее. Потрясла пионерская история. Это был пустяк, но он особенно ранил Серову. Она мечтала проводить дочь на Красную площадь, ту должны были принять в пионеры, но узнала, что Клавдия Михайловна вызвала к приболевшей Маше служебную машину Симонова и девочку отвезли прямо к Мавзолею. Машину беспрепятственно пропустили на Красную площадь — у водителя был пропуск, и на глазах учителей и учеников Маша подкатила к строю будущих пионеров.

Иногда ей удавалось приводить дочь в свой дом, и девочка боялась, словно совершала преступление, никогда не ходила к матери одна, только с подругами или родственниками, словно Валентина могла сотворить какое-нибудь кощунство.

Дела с работой тоже не налаживались сразу. Прошло долгое время, пока она снова решилась написать письмо в ЦК КПСС, Д.А. Поликарпову.

«Дорогой Дмитрий Алексеевич!

Простите меня за настырность, но больше нет сил висеть между небом и землей!.. Сегодня пошел 10-й месяц, что я безработная.

Когда я была у Вас, я не излагала Вам всего, с чем намеревалась обращаться к Екатерине Алексеевне. Вы так славно, по-человечески отнеслись ко мне, так обнадежили, что я ушла, воспрянув духом, решив, что раз будет работа, остальное окажется не так страшно и трудно осилить. А осилить надо много тяжелого, страшного и казалось бы невероятного: предательство родной матери, позорящей меня на каждом шагу, при полном и безоговорочном благословении ее на эти «подвиги» моим бывшим мужем. При их дружных усилиях, Клавдия Михайловна Половикова стала мощным рупором, раструбившим существовавшие и несуществующие мои пороки так громко и так приукрасив их, что они выросли в снежный ком гиперболических размеров, раздавивший у людей всякое представление обо мне как о человеке, женщине и актрисе. Эту грязь я не могу соскрести с себя никакими силами (усилиями), пока мне не помогут сильные руки, которые дадут мне работу и возможность прежде всего работой доказать, что я не то, чем меня представляют. Я готова на любой театр, только бы работать. Я недавно прочла несколько отрывков и статей о преступниках, возвращенных к жизни, которым помогли стать людьми сильные дружеские руки, добрые человеческие отношения, доверие.

Неужели я хуже других, хуже этих преступников. Почему мне не дают возможности вернуть мое доброе имя? Я по Вашему совету и в силу вышеизложенного не обращалась ни к кому кроме Родионова, еще до разговора с Вами, который отказал мне, ссылаясь на «трудную полосу в театре».

То, что делают с моим ребенком и со мной, то, что творится в моей личной жизни, Вы поймете, думаю, из письма, написанного моим лечащим врачом моему бывшему мужу в ответ на его письмо врачу, в котором он подтверждает свой отказ вместе с моей «матерью» вернуть мне моего ребенка, которого я временно отдавала ей, не предвидя, чем это для меня обернется. Я имею право дать Вам это письмо, потому что оно будет читаться судом и поэтому уже не является частным.

Сейчас я без работы, без семьи.

Помогите мне в первом, во втором мне поможет суд, в который я обратилась, исчерпав все возможности решить этот вопрос мирно. Очень прошу Вас дать мне ответ любой, нет ничего страшнее ожидания, вися в воздухе и пустоте.

Помогите!!!

Глубоко уважающая Вас
В. Серова.

P.S. Посылаю Вам мою трудовую книжку, может быть, она тоже что-нибудь докажет Вам за меня».

«Уважаемый Дмитрий Алексеевич!

Я знаю, что Ленин учил отвечать на просьбы людей, даже если нет возможности помочь.

Очень жалею, что не дождалась от Вас даже отказа в моей просьбе хотя бы через секретаря. Надеюсь, что мне не придется более Вас чем-либо беспокоить. Не сердитесь за прямоту.

В. Серова.
22.6.60 г.

P.S. С того дня, как я обратилась к Вам и Вы обещали помочь, прошло пять с половиной месяцев!

В.С.».

(Цитируется по книге В. Вульфа «Звезды трудной судьбы».)

Серова понимала, что только терпение ее спасет. В 1960 году она вновь поступила в труппу Театра имени Ленинского комсомола.

Симонов оказался у Хрущева в опале по причинам идеологическим и в какой-то мере субъективным: видимо, врожденное и благоприобретенное благородство манер Константина Михайловича раздражало Никиту Сергеевича. По журналистским делам, а в действительности — писать роман подальше от властного взгляда, Симонов переехал в Ташкент, где жил с 1958 по 1960 год. С новой, прекрасной семьей: женой Ларисой, дочерьми — Катей, приемной, и родной, маленькой Санькой.

Симонову было не до Валентины, он приезжал в Москву, пытался разобраться, но не мог посвятить себя целиком драматическим событиям в жизни бывшей жены. Те годы — годы его отчаянных боев за место в новом, изменившемся мире. Он писал доклады, он выступал, он доказывал, что никто не должен уклоняться от линии...

Интересно, но никому не дано заглянуть человеку в мысли. Даже писателю, несмотря на то что он, казалось бы, и творит для того, чтобы его мысли читали. И все же, неужели этот умнейший человек не понимал, насколько пустяковы буквально все эти горы его работ, где он снова и снова доказывал, что «писатель социалистического общества не тяготится, а гордится тем, что он работает под руководством коммунистической партии». Неужели в глубине души не признавался сам себе, что только истинная свобода для творческого человека единственно ценна и беспредельна... Так, как говорил Симонов, мог думать тот, кто не знал этого полета, а он знал. И его полет звался «Валентина», Васька. С ней он познал боль и восторг свободного чувства, когда оно легко превращается в строки... Были стихи и письма, и они были гениально просты и сложны одновременно. Теперь этот «полет» требовал, просил, умолял о помощи, о сочувствии, о своем дитя. Но ни «дитя», ни «любимая Васька» его не захватывали. Он силился доказать себе и окружающим, что вся его жизнь не просто блистательная карьера литератора-дипломата-чиновника. А доказательство с золотыми волосами и серыми печальными глазами, исколотое, израненное его доказательство, миф, сотворенный им, — Валентина билась и билась за то единственное, что по праву принадлежало только ей, — она хотела, чтобы в ней признали мать. Но он был глух. И ожесточен.

Мы помним про эротический магнетизм маленькой Вали Половиковой?

Через тридцать лет Клавдия Михайловна выкрикнет внучке Маше именно об этом свойстве матери одно грубое непечатное слово в характеристику. Одно. Добавит, что Валька развращена была с ранней юности и ровным счетом ничему путному свою дочь не научит. Потом, разошедшись, в истерическом откровении, с отчаяния выложит нечто недетально расшифрованное и оттого еще более жестокое и горькое на вкус: «Спала с целым фронтом!» И маленькая дочь Серовой под этим впечатлением представит мать нечеловеческим существом. У девочки в десять лет просто не найдется фантазии осмыслить сказанное бабушкой. И она будет отчаянно бояться каждого прихода этой ужасной, непристойной женщины на Малую Никитскую, в дом Роднуши.

Документальные страницы
(из публикации в газете «Настоящее», июль 1999 года)

Письмо В. Серовой — М. Симоновой:

«Дорогая моя девочка!
Очень рада была получить от тебя весточку. Жаль только, что так мало написала ты. Я хочу все знать о тебе: как

учишься, как живешь, что будешь делать на праздниках, куда пойдешь?

Напиши подробнее, не ленись. Твое письмо будет для меня очень важным лекарством. Мне было очень грустно последнее время от того, что ты была совсем невнимательна ко мне, когда я так сильно болела. Сейчас мне два раза влили кровь и мне стало гораздо лучше. Я очень соскучилась по тебе, очень хочу видеть тебя.

Напиши мне подробно о твоем житье. Целую тебя крепко и желаю тебе здоровья и веселых каникул.

30 декабря 1959 года   Мама».

Из письма отца Серовой — В.В. Половикова — К.М. Половиковой:

«Вы сказали, что гибель под забором единственное, что осталось у Вали, и чем скорее это случится, тем лучше — она всем Вам развяжет руки.

Несмотря на такое, как Вы старались убедить меня, безнадежное положение, я все же решил помочь Вале выйти из него, учтя в первую очередь, что она одинока и заброшена всеми Вами ее родными, близкими ей в лучшее время, а Вы, родная мать, превратились, по меньшей мере, в ее недруга и что при таком положении ей не у кого искать помощи и поддержки... никто другой, а только Симонов в лучшие времена супружества с Серовой привил ей любовь к спиртным напиткам как к удовольствию, постепенно перешедшему в привычку и страсть по мере того, как осложнялись супружеские отношения в связи с проникновением в их жизнь внешних разрушающих сил. Мною проверено у родных Серова, так и его здравствующих близких друзей и выяснено, что Ваши разговоры о пьянстве Вали еще с первым мужем — клевета... Войдя в дом в качестве матери Вали — тещи Симонова и введя за собой многочисленную родню, Вы в лучшую пору их супружества широко использовали незау-

рядные возможности супругов и в Москве и на дачах, не замечая или не желая замечать, как в семью начали вкрадываться разрушающие ее внешние силы и как, с легкой руки Симонова, дочь на почве тяжелых переживаний постепенно становилась алкоголиком.

Вы воспользовались первым представившимся случаем, когда доверчивая дочь, несмотря ни на что, продолжая видеть в Вас свою мать, попросила, в связи с переоборудованием квартиры и неприятностями с сыном, временно взять к себе Машеньку и присмотреть за ней, — Вы решили присвоить ребенка, усилив травлю дочери и соответственно настраивая Симонова, начали извлекать значительные доходы, в виде ежемесячного вознаграждения на содержание ребенка, дорогих выездов в летние каникулы на юг с ним и проч. крупные подачки, которые Симонов охотно оплачивает за, устраивающие его, Ваши подлые услуги.

15 февраля 1960 года».

Из письма К.М. Симонова — З.Л. Синкевич, лечащему врачу В.В. Серовой:

«Уважаемая Зинаида Лукинишна!

Если на этот раз Вам и Ивану Васильевичу Стрельчуку действительно удалось вылечить Валентину Васильевну, и если после минимальной проверки, хотя бы в течение полугода, окажется, что она действительно, в результате Ваших усилий, полностью выздоровела и прекратила пить, я буду глубоко благодарен вам обоим...

Я употребил слова «на этот раз» потому, что, как Вам наверное известно, не хуже чем мне, Валентину Васильевну лечили по тому же самому поводу два раза в Вашем институте, куда я сам привозил ее, настаивая на этом лечении — первый раз, будучи еще ее мужем, а второй раз уже разведясь с ней, и еще два раза лечили в двух других больницах, а всего четыре раза, — а последний раз, о котором Вы пишете, был стало быть пятым. К сожалению четырежды лечение оказалось совершенно безрезультатным: не позже чем через месяц она всякий раз к несчастью снова начинала пить. Поэтому у меня — и Вы, я надеюсь, это поймете, — кроме горячего желания, чтобы она на этот раз действительно вылечилась, есть воспоминания о четырех неудачах подряд, и поэтому отсутствие полной уверенности в том, что она действительно окончательно вылечена Вами сейчас. Пишу об этом последнем потому, что ведь Вы вступили со мной в переписку и не по поводу самой Валентины Васильевны, а в сущности по поводу, что раз она, как Вы считаете, окончательно вылечилась то ей, по Вашему мнению нужно немедленно вернуть десятилетнюю дочь, которая уже два с половиной года, как именно из-за состояния Валентины Васильевны и с ее согласия, — была переселена к матери Валентины Васильевны Клавдии Михайловне Половиковой... Нельзя рассматривать ребенка лишь как дополнительное средство для закрепления лечения ее, наконец, по Вашим словам бросившей пить матери. Ребенок не только лекарство, это маленький человек, и я думаю, при решении вопроса, где угодно, в том числе и в Суде, придется прежде всего решать его с точки зрения интересов ребенка. И уже во вторую очередь — с точки зрения интересов матери, моих или чьих бы то ни было еще... Человек, который действительно вылечился, и верит, что он вылечился не будет пороть горячки. Он постарается вернуть себе уважение окружающих, в том числе и собственной дочери, вернет себе доброе имя на работе и вообще, просто говоря начнет работать, а потом, почувствовав за собой действительно моральное право, с полной уверенностью скажет: «да я здорова, да я сумею воспитывать дочь, которую раньше не могла воспитывать», спокойно по человечески без всяких судов постарается убедить меня и свою собственную мать в том, что девочке будет лучше, полезнее воспитываться дальше именно у нее...

Ташкент, 26 февраля 1960 года».

Из письма врача З.Л. Синкевич — К.М. Симонову:

«Уважаемый Константин Михайлович!..
О Машеньке я упоминала в первом письме и оба раза очень
кратко, но все же вполне исчерпывающе. Я писала, что то
«истязание чувства человеческого достоинства», которому
всякий раз подвергается Валентина Васильевна, когда идет,
чтобы встретиться с Машенькой, последняя наблюдает и в
чем, в ряде случаев, участвует, подражая взрослым. Это та-
кое неблагополучие в воспитании Маши, что дальше некуда.
Ну пусть даже девочка знает, что мать была больна! Из это-
го вовсе не следует, что надо девочку вооружать против Ва-
лентины Васильевны. Ведь при этом искажается, травмиру-
ется естественное чувство любви и привязанности к родной
матери. Напротив, надо бы, чтобы дочка обрадовалась вмес-
те с бабушкой, что ее мать выздоровела. Валентина Василь-
евна открыла перед Вами доступ во все уголки ее жизни и до
того содержательной, большой и полной, обеспеченной. Ниче-
го почти не осталось от нее не занятого Вами — женское
самолюбие, творчество актрисы в театре, в кино, извест-
ность, широкий успех на сцене, семья, друзья, родные, быт,
дети, материальная обеспеченность, вино. Вы ушли, Ваш уход
вызвал разрыв всего этого! Затрещали авторитет, связи с
театром, кино, друзьями, родными, рушилась семья, нестер-
пимо страдало самолюбие и от всего происшедшего и от не-
возможности владеть собой. Только связь с вином осталась
прочной и без Вас вино как-то удаляло ее от реальности и
помогало преодолеть хоть призрачно, хоть на миг нестерпи-
мую внутреннюю боль.
Каждый раз после выписки из больницы экстенсивность и
интенсивность этих разрывов возрастала и окружала ее хо-
лодной, враждебной пустотой. А Вы еще разводите руками с
недоумением — 4 раза лечилась и 4 раза снова начинала пить!!!
Вашу рекомендацию — сказать Валентине Васильевне, чтобы
она отказалась от дочери еще на ряд месяцев, выдерживая
новое испытание, нельзя принять. В условиях тех отношений,

*которые у нее сложились с Клавдией Михайловной и Вами,
это значило бы: «терпи безропотно как тебя третируют, уни-
жают, как отстраняют от тебя дочь и вооружают ее против тебя. Неизвестно еще здорова ли ты»... Мы ей объяснили,
что она здорова, но перед ней закрыто в жизни лишь одно —
употребление алкоголя даже в ничтожных дозах исключается
совершенно и навсегда. Она это твердо знает, понимает и
выполняет.*

*Для Вас не секрет, что Валентина Васильевна глубоко
любящая мать и, когда здорова, жизнь дочери именно с ней
будет тем, что надо — счастьем для той и другой...*

3 марта 1960 года, Москва».

Письмо В.В. Серовой — К.М. Симонову:

*«Костя! Твой ответ по меньшей мере удивителен. Где чув-
ства человека, доводы твоего разума, где твои глаза?*

*Все потеряно, замусорено, развеяно посторонним влияни-
ем, ведь не могло же все это исчезнуть само по себе... По-
видимому поведение и информация Клавдии Михайловны в данном случае убедительнее и сильнее всех других для тебя. Я
говорю о Клавдии Михайловне потому, что она здесь играет
первую скрипку и ни от кого другого, как от нее, ты черпаешь
сведения о всем, что происходит, о ее методе «воспитания»
нашей дочери и ее поведения по отношению ко мне.*

*Ты считаешь все это настолько правильным, справедли-
вым и непогрешимым, что ни разу за последний год не потру-
дился поинтересоваться и выслушать другую сторону. Вот и
получилось у тебя однобокое и слепое отношение к этому делу.
Я не устраиваю пожара с возвращением дочери. Я с ужасом и
горечью увидела и почувствовала, что сделали с Машей за те
3 месяца, что я ее не видела и с ней самой и с ее отношением
ко мне. Маша стала маленькой старухой. Девиз «У нее все
есть», внушенный Клавдией Михайловной ребенку не только к
материальным условиям ее жизни, но и, что гораздо страш-*

нее, в отношении ее к людям, — ужасен! Это вредительский девиз.

Больше такого положения я ни одного дня терпеть не могу и не хочу потому, что каждый такой день это много дней уродования человека...

Я отдала Машу «матери», когда у меня началась ломка в квартире, после того как ты вселил в нее новых жильцов, когда Толя в связи с нашим разводом особенно, стал плохо вести себя, когда мне еще было тяжело и трудно справиться с собой, когда еще была слишком захвачена своим горем — я согласилась поэтому с Вами, оставить ребенка временно у Клавдии Михайловны, не предполагая, чем это обернется для меня и моего ребенка. Дальше все непереносимее стало быть без моего ребенка, невыносимо чувствовать и видеть, как его уродуют там, отрывают от меня, и приходить на Никитскую, где все, начиная с Клавдии Михайловны до домработницы, ее все больше восстанавливают против меня (при Маше) и без меня в мое отсутствие.

Довольно. Прошу знать твердо до конца, что я выздоровела, прозрела совершенно. Я ясно разобралась во всем и поняла, что произошло со мной за все 19 лет, что мы с тобой знаем друг друга, включая 15 лет, что я была твоей женой. Разобралась во всем, что делается сейчас с моим ребенком и для чего, что делается со мной и что хотелось бы сделать — на этот раз не выйдет.

Я возвратилась к себе такой, какой я была давно, пусть поздно, но лучше поздно, чем никогда. Зато не поздно еще вырастить и воспитать моего ребенка человеком, у которого пока не «все есть», а все будет и не то будет, которое нужно Клавдии Михайловне, а то будет, которое нужно для большой и хорошей жизни моей дочери.

Клавдия Михайловна и сейчас заявила совершенно постороннему человеку, что я спешу «потому, что все пропила и мне нужны симоновские деньги». Вот, как говорят, с больной головы на здоровую. Поистине вся она тут в этом «высказывании», с позволения сказать. На свой аршин мерить легче всего.

И вправду, жаль будет ей лишиться ежелетних выездов на море, а там ты, глядишь, оплатил бы и заморское путешествие. Ведь не важно, что ребенок хрупок, худ как тростинка — пусть для удовольствия бабушки попечется на жарком солнышке.

Мне твои «ассигнования» не нужны. Мне вернули то, что принадлежит мне и что было тобой беззаконно арестовано. На эти деньги я приобрела для Маши домик и сад такой, какой Вы постарались с Клавдией Михайловной отнять у нее. На этой приобретенной даче под Москвой в умеренном мягком климате в хорошем фруктовом саду, на свежем воздухе ребенок действительно может легко дыша отдохнуть и хоть немного прибавить в весе.

В самое ближайшее время я начинаю работать, так что Ваши денежные блага меня не прельщают. Сходясь с тобой, я была обеспечена лучше тебя, если тебе не изменяет память, и тогда у меня был сын, я воспитывала его не нуждаясь и воспитывала не плохо до того как вышла за тебя замуж.

Ваши с Клавдией Михайловной беспокойства о судьбе Маши меня не убеждают. Особенно твое, которое ты выражаешь сидя в Ташкенте и поручая на деле беспокоиться о судьбе нашего ребенка твоему адвокату, которая, кстати сказать, идет по Вашей линии и не хочет говорить ни со мной, ни с врачами, мнение которых, кажется, до сих пор было Вашим главным и основным условием возвращения мне дочери.

И последнее — я думаю, что не тебе — человеку, бросившему трех жен и трех детей, женившемуся на четвертой жене и приобретшему еще двух детей (ведь дети живущие с тобой хоть и не тобой зарожденные тоже твои. По крайней мере Толя считал тебя отцом с трех лет и ты относился очень нежно к нему по-отцовски, пока добивался меня), повторяю — не тебе говорить о том, что «ребенок не мячик».

*Завтра я подаю в Суд потому, что, повторяю, все сред-
ства мои договориться с Вами по-человечески исчерпаны и к
сожалению ни к чему не привели.*

*Вероятно странам с разными системами легче догово-
риться о мире, чем мне с Клавдией Михайловной и тобой —
человеком, с которым я прожила 15 лет и с которым много
приобрела, но и много потеряла, который обещал мне «остаться другом» и теперь забывшим все нормы человеческого и дружеского отношения к другому человеку — матери
своего ребенка.*

*Теперь пусть посторонние беспристрастные и объектив-
ные люди рассудят нас — Судьи.*

*В. Серова.
23 февраля 1960 года».*

Записи В.В. Серовой, апрель — май 1960 года (сохра-
нившийся фрагмент):

ДНЕВНИК СВИДАНИЙ С МАШЕЙ

Свидания с дочерью

*16 апреля после договоренности в ГОРОНО, Клавдия Михай-
ловна назначила нашу встречу в 11 часов, накануне не приняв,
мотивируя съемкой. Условились, что я приду на 15 минут позже.
За это время отец сообщит о нашем примирении с бабкой.*

*Я пришла в 11.15. Маша лежала в постели с t. 37.8. Бабка
тут же стала одеваться, чтобы уйти, предварительно сказав нам с отцом, чтобы мы долго не сидели, что Маше нужно
спать.*

*На все мои приветствия и вопросы «Как прошла съемка»[1]
и т.д. Клавдия Михайловна отвечала в обычной своей манере
сквозь зубы.*

*Аркадий Павлович[2] сидел в соседней комнате, ему она ска-
зала фразу:*

— Если придет, скажи, чтобы ушел.

Потом я узнала, что это относилось к Толе.

Мы сели оба около Маши, отец начал читать ей вслух «Гулливера». В середине чтения постучал Толя, который пришел навестить сестру. Выскочил разъяренный Абрам Павлович и грубо, громко, так, что слышала Маша, выгнал Толю за дверь. Назавтра Толя должен был возвращаться в часть.

При Маше мы с отцом не стали развивать этот инцидент, продолжили чтение и вскоре, увидев что Маша утомилась, вместе ушли.

Симонов на бульваре по выходе оттуда, показал мне проект договора[3] и сказал, что вечером будет опять у Маши и покажет договор Клавдии Михайловне, чтобы она подписала. Мы договорились, что назавтра мы опять вместе будем у Маши.

17 апреля. Воскресенье

Я пришла к Маше, отец[4] был уже там. Мы вместе разговаривали. Клавдия Михайловна в другой комнате учила роль. У Маши была нормальная температура, но сильный насморк и кашель. Я предложила дать ей принесенное мною, новое противогриппозное средство «Агриппноль», рекомендованное мне моим врачом, как легко и быстро устраняющее гриппозное состояние, но Клавдия Михайловна при Маше резко отказала дать его дочери, громко усомнясь в положительных качествах лекарства. Затем отец ушел. Я осталась у Маши еще. Маша попросила меня ей почитать. Клавдия Михайловна предложила Маше кофе, не предложив мне.

Я читала, Маша понемножку прихлебывала кофе, от еды отказалась, сказав, что ее подташнивает. Пришел Аркадий Павлович, принес еду, Клавдия Михайловна предложила Маше крэмок, который та стала есть. Тут же Клавдия Михайловна потребовала допивать кофе, говоря, что у нее не хватает чашки, девочка возразила, что не может так быстро пить, Клавдия Михайловна шлепнула Машу по щеке! Маша, отставив крэмок со слезами второпях допила кофе. На мой вопрос, где же ее чашечка, которую я ей подарила, она ответила, что стоит в шкафу «для красоты».

Я постаралась сгладить ее обиду, почитала еще и, поцеловав ее (так как Клавдия Михайловна с Абрамом Павловичем были в другой комнате, Маша ответила мне), ушла.

18 апреля. Понедельник

Утром Константин Михайлович сказал мне, что бабка отказалась подписать наш «договор о взаимопонимании и вежливости», а днем после отлета Константина Михайловича я была у Маши. Клавдии Михайловны не было. Без Клавдии Михайлвны, когда я пришла, Маша с нормальным детским интересом обследовала мою сумку и очень обрадовалась редиске и яблокам и цветам, которые я ей принесла.

Мы начали читать новую книжку, которая ей очень понравилась. Потом немножко поговорили, померили температуру, она была нормальная. Маша показала мне свой альбом с рисунками (хорошими), сделанными ею. Потом ей захотелось спать. Я ее уложила, укрыла и простилась с ней. Она была приветлива и ласкова. Все время присутствовала Наташа, домработница.

19 апреля. Вторник

Я пришла в 2.30 дня. Маша была на ногах. Температура нормальная. Весела. Клавдии Михайловны не было. Так же, до ее прихода, порадовалась крашенным яичкам и разбив своим мое с удовольствием съела его, поделившись со мной.

Сейчас же попросила меня читать дальше. Села прижавшись рядом со мной и внимательно слушала. Книжка ей нравится. Все время входила и выходила домработница, как и раньше, как бы боясь оставить нас с девочкой вдвоем. Маша продолжала слушать, все время сидя, прижавшись ко мне. В четыре часа постучала Клавдия Михайловна, похвалилась ей подарком (ночной рубашкой), якобы премией, сделанной ей за съемки. Утешила Машу, сказав, что в пионеры ее примут, потом ушла в другую комнату и легла отдохнуть. Мы хотели продолжить чтение, вошла мать Константина Михайловича, хотела с нами читать. Но Клавдия Михайловна заявила, что Маше нужно есть и лежать, спать. Прекратила довольно резко чтение, несмотря на то, что Александра Леонидовна[5] только что пришла. Нам с ней пришлось уйти.

Маша неохотно, но робко попрощалась. В начале прихода моего я сказала Маше, что очень жалею, что она заболела и откладывается прием ее в пионеры, но чтобы она не волновалась, ее все равно примут, домашняя работница это тоже подтвердила.

Ушли мы с другой бабкой в 4.30, и она на улице обещала мне помочь при первом посещении Машей моего дома после почти полуторагодового перерыва. (Она была у меня последний раз в начале февраля 59 года.)

20 апреля. Среда

Я пришла к Маше по договоренности с ней в 3 часа. Был розыгрыш, что она ушла и я сделав вид, что затрудняюсь ее найти, наконец обнаружила ее под висящим в коридоре пальто, вместе с ее подружкой Людой, к общему их восторгу. Принесенные мною по ее просьбе снова крашенные яички были тут же разбиты друг об дружку и весело съедены ими. Витамин, который я принесла, был разделен на три равные части, и был выигрышем каждому, кто выиграет в лото, за которое мы тут же сели.

Присоединилась непременная Наташа[6]. Побыть вдвоем опять не удалось, но встреча прошла дружелюбно, и даже слишком шумно. Маша начала возиться с Наташей, на мое замечание, что нельзя так много прыгать — еще больна и сердце натрудит, никто не обратил никакого внимания. Остановить удалось только тем, что я хочу смерить длину юбки, для сарафана, который я ей шью к 1 мая.

Пришла Клавдия Михайловна, и я ушла.

21 апреля. Четверг

Позвонила утром Наташа, сказала:
— Маша ушла к Марии Михайловне.
Позвонила в 2.30 дня.
— Все еще не вернулась оттуда.
Я дозвонилась врачу, которая сказала, что она Маше не разрешала выходить ни во двор, никуда. Не велела слишком много и резко двигаться.

Позвонила в 3 часа, поднял трубку Абрам Павлович, как всегда:
— Машеньку.
Ответ:
— Нет, — и брошенная трубка. Все в обычной хамской манере.

22 апреля. Пятница

Купила цветы и детский подарок — конфеты. Прихожу — делает урок с подружкой — Олей. Поздравила ее с днем рождения Ленина, пожалела, что неудачно сложилось, ведь она в этот день должна была приниматься в пионеры на Красной площади, а она вот болеет. На это она молча вытащила из-за двери красный галстук и сказала:
— Вот уже!
Я спросила:
— Сегодня?
— Нет, — отвечает, — девятнадцатого.
— Как?!
— Так.
— Почему же ты мне не сказала, Маша, как нехорошо, ведь я тебе и 19-го и 20-го сочувствовала, жалела, что ты болеешь, а ты уже была на площади.
— Я хотела тебе сюрприз сделать, хотела сказать вчера, а ты не пришла.

— Я хотела прийти, а тебя не было, я звонила три раза. Наташа тебе должна была передать. Почему же ты мне не позвонила?

— Мне было некогда.

— Некогда? Три минуты взять трубку и позвонить мне?

— Да.

— Ну вот, 4 мая приедет папа, я ему пожалуюсь на тебя.

Говорит:

— Ну извини меня, пожалуйста, мама.

Говорю:

— Это другое дело, прощаю, так и быть.

Сказала ей, чтобы продолжала заниматься с Олей, та ей объясняла дроби, которые без нее начали в классе, сама одеваюсь. Удивленно и просительно спрашивает:

— Куда ты, мама?

Говорю:

— На десять минут во двор, пока вы закончите урок.

Побежала я к директору школы выяснить, как же произошло с вступлением в пионеры. Рассказала директору наш с Машей разговор. Та сказала, что 19-го, когда уже школа была выстроена на площади, Машу привезли на машине (!!!) на площадь, не снимая пальто, когда все ребята были в парадных формах, она произнесла пионерскую присягу, и тут же ее на машине увезли обратно!

Вот так прием в пионеры — отдельные правила для дочери Симонова, на машине на площадь! Все не по-человечески, с вывихами, не как у нормальных детей, ее товарищей.

19-го, когда я жалела Машу, что она болеет и не сможет быть на площади, Клавдия Михайловна при этом была и тоже ничего не сказала.

Константин Михайлович звонил 22-го, так же как и я зная, что она должна приниматься в этот день.

Я вернулась из школы, поговорив с директором. Маша кончила урок. Пришел врач, посмотрела Машу и сказала, что в школу ей можно через два дня, в понедельник. Стала писать

*справку, забыла первый день болезни Маши, когда был. Я гово-
рю — 12-го, потому что 12 апреля мы должны были с ней
говорить у директора школы в присутствии ГОРОНО, поэтому я хорошо помню число, тогда встреча не состоялась,
сказали — Маша не пришла, больна.*

*Наташа же заявила, что Маша заболела 14-го?! Значит
ее не пустили нарочно для свидания со мной? Не понимаю.*

*Врач ушла, пришла другая подружка, стали играть в
настольный маленький бильярд. Вошла Клавдия Михайловна, разогнала, запретила есть крутые яйца крашенные, которые я принесла Маше в прошлый раз. Сказала Маше, что
она должна заниматься. Я ушла, поцеловав Машу. Она
грустно отпустила меня. Но быть там, в этой атмосфере
недоброжелательства и небрежности нет больше сил. Так
трудно ходить туда, невыносимо! Что делать? Как много
нужно терпения!*

23 апреля. Суббота

*Сегодня звонила два раза. Днем сказали, что Клавдия Ми-
хайловна увела ее к врачу. Вечером позвонила сказать спокойной ночи без пяти девять (она в 9 ложится) — прежняя песня.
Подошла Клавдия Михайловна, сказала:*

— Она уже спит.

— Ведь еще нет девяти.

— Ну и что же? Спит уже.

*— Когда позвонить завтра, чтобы не разбудить вас —
завтра воскресенье.*

— В десять.

— Позвоню в десять...

27 апреля. Среда

*Специально пришла договориться с Клавдией Михайловной
о 1 мая. Сказала, что хочу взять Машу на целый день. Клавдия*

Михайловна ответила, что в театр после болезни рано водить, нужно погулять, купить шары, пойти в кафе позавтракать.

Согласилась с тем, чтобы хоть как-то провести день с Машей не на Малой Никитской первый раз за полтора года!

28 апреля. Четверг

Пришла, она во дворе стоит спиной ко мне, разговаривает с Марией Михайловной. Та, увидев меня, что-то сказала Маше, повернулась и, не поздоровавшись, пошла к себе в подъезд. Маша повернулась и не подходит. Я подошла, хотела, как всегда, поцеловать ее, вдруг она с недовольной миной отстраняется!

Такого еще не было. Спрашиваю:

— В чем дело?

Отвечает:

— Ничего, — отстраняется еще и говорит: — Не тащи меня!

Я повернулась, попрощалась и ушла.

29 апреля. Пятница

Пришла поговорить с Клавдией Михайловной, как быть с 1 мая. Повстречала Машу во дворе, она попросила извинения. Договорились на 1-е мая.

1 мая. Воскресенье

Пришла, как договорились, к 11 часам утра. Пошли смотреть демонстрацию, купили цветов, дошли до Пушкинской. Маша была с подружкой Олей. Девочка очень неприятная и взрослая, все нашептывала Маше что-то.

С громадным трудом затащила их к себе, Маша очень трусливо шла, и, пошептавшись, они заявили, что их ждут обедать в два часа, Олина мама. Попили кофе с пирожным, поиграли, Маша восторженно приняла кофточку. Немножко поговорили и познакомились с двухлетней Леночкой соседей.

На вопрос, нравится ли ей ее комната, и вообще на вопрос Марии Осиповны, нравится ли ей у меня, ответила:

— Нет, раньше было лучше[7].

В 2.30 привезла на Никитскую их. Никакой Олиной мамы, никакого обеда, позвонила Клавдия Михайловна и кричала на Машу и на меня, что опоздали, что она волновалась, что их ждут обедать, на мой вопрос «где?» ответила, они знают.

Оказалось, не у Олиной мамы, а у Марии Михайловны[8] — опять вранье, в котором участвует Маша.

Договариваюсь с Клавдией Михайловной (ссылаясь на наш договор, что Маша 1-го со мной), заехать за ними в 8 часов и покатать по городу, посмотреть иллюминацию и самой.

Приезжаю в восемь. Дома только домработница, которая заявляет, что Машу Клавдия Михайловна взяла с собой в гости, что Маша устала, хватит ей развлечений, что иллюминацию она видела вчера и т.д.

Стало быть, в гости можно, со мной нельзя.

2 мая. Понедельник

Вечером позвонила, Маша на мой вопрос, что же она опять убежала, отвечает, что она забыла мне сказать, что они идут в театр, в ТЮЗ, смотреть спектакль «Во имя революции». (Кстати, спектакль для 17—19-летних.)

Я невольно рассмеялась и сказала Маше, чтобы они с Наташей в следующий раз сговаривались, а то Наташа сказала — в гости пошли, а Маша — что в театр.

— Неувязка!

4 мая. Среда

Поиграли немного во дворе. Пошел дождь. Маша пошла учить уроки к Люсе, мне был дан Клавдией Михайловной Машин дождевик, чтобы не намокла. Удивительное, неожиданное внимание. Правда, свидание началось при при-

ехавшем Константине Михайловиче, причем Маша что-то всплакнула и вообще была очень нервна. На мой вопрос, что с ней, который я ей задала наедине на улице, сказала, что это секрет.

7 мая. Суббота

Утром позвонила Клавдии Михайловне о том, что сегодня хочу взять Машу после школы к себе (суббота!), в ответ — неистовый обычный крик, «незачем, жалуешься в ГОРОНО, у нее в 6 урок музыки, приходи сюда» и т.д.

Я сказала, чтобы не кричала так при Маше, она ответила, что Маша в другой комнате. Крик такой, что и не только в другой комнате, а и на другом этаже слышен.

Я решила пойти все-таки к концу занятий в школу. Директор сказала, что Клавдия Михайловна была у нее, и сказала, что я Машу могу забрать после уроков.

Маша была дежурной по уборке класса, и директор сказала, что я могу пойти посмотреть, как она убирает, и подождать Машу в классе. Я пошла. Маша убиралась с энтузиазмом, увидев меня, поздоровалась вскользь и сказала, чтобы я не ждала ее, она долго. Я сказала, что я подожду. После конца уборки она заявила, что хочет остаться посмотреть вечер (для выпускников). Я сказала, что не нужно, мы пойдем ко мне, поедим, потом погуляем или куда-нибудь пойдем. Она сказала «подожди», куда-то улизнула, я ждала. Учительница ее разыскала и наконец привела. Тогда Маша заявила, что дойдет со мной только до угла, что у нее урок музыки. Я сказала, что мы договорились с Роднушей, что она пойдет ко мне. Тогда она сказала, что только зайдет положить портфель. Я согласилась.

Зашли. Сидит подружка Люся с учительницей занимаются.

Наташа заявляет, что нужно обедать и Маша никуда не пойдет.

И началось.

— Вот видишь, мама, ты врешь. Я никуда не пойду, ты меня оставишь у себя, — и т.д.

Отвечаю, что насильно не буду оставлять, и даю честное слово.

Зову пойти к директору, которая подтвердит, что бабушка действительно ее отпустила ко мне, — не идет.

Говорю ей, что она солгала, сказав, что только положит портфель, что это не по-пионерски. Тогда начала соглашаться, в это время звонок телефона, подошла она, сказала:

— Сейчас, — и заявила, что она идет к «Машухе».

Я сказала, что не пойдет.

— Нет, пойду. Сегодня суббота!»

(На этих словах «Дневник свиданий с Машей» обрывается.)

---

[1] Фильм Пырьева «Идиот», где К.М. Половикова играла мать Мышкина. Пырьев очень хвалил ее игру. М. Симонова помнит бабушку жестокой. Считает, что все дело было в ее желании получать от Симонова алименты — 500 рублей в месяц. Но Клавдия Михайловна очень тяжело переживала семейную трагедию. Она полагала, что Валентина нервирует дочь, несдержанна при ней. Она видела, что произошло со старшим ее внуком — Анатолием, и боялась, что Маша повторит судьбу брата.

[2] Аркадий Павлович — муж К.М. Половиковой. Иногда Валентина Васильевна называет его Абрамом Павловичем (т.е. настоящим именем).

[3] Текст проекта в главе 14.

[4] Василий Васильевич Половиков — отец Серовой.

[5] Александра Леонидовна — мать К.М. Симонова.

[6] Наташа — Наталья Михайловна Половикова, сестра Клавдии Михайловны. Ко времени описываемых событий перенесла инсульт и страдала временной потерей памяти.

[7] В. Серова жила еще на ул. Горького, д.19.

[8] Мария Михайловна — младшая сестра К.М. Половиковой, актриса ТЮЗа.

ГЛАВА 17

НА ДНЕ

Отчаянный страх охватил ребенка, когда эта страшная женщина, это исчадие ада, появилась в квартире бабушки. Едва только девочка различила голоса: один — голос деда, другой — матери, она бросилась под кровать и забилась в истерике. Все, что предшествовало этому, последнему явлению матери в дом бабушки, все, что обсуждалось громко и скандально в семье бабушки — тяжба, суд, ее, Машина, судьба, — казалось, произойдет когда-то, где-то, но не с ней. И вот — началось. За ней пришли, чтобы взять и навсегда увести. Мать пришла.

Дед долго уговаривал Машу выйти из укрытия. Ее тянули силой. Она не помнила, как одевалась, как садились в машину, как приехали. На мать она не смотрела, с ней не разговаривала. Ушла за выгородку, в свою маленькую комнатку, и сразу легла в кровать.

Поздно вечером дверь в ее комнату открылась. Мать стояла с сигаретой и смотрела на дочь. Курила. Спокойно, с улыбкой. Господи, какая красивая! Какая нежная! Другая. Совсем не та, о которой бабушка выражалась коротким непечатным словом. О которой выкрикивала вульгарные фразы, и выкрикивала так театрально и артистично, будто бы девочка слышала отрывок из страшной взрослой пьесы. А сейчас Маша видела добрую, почти незнакомую женщину, прелестно естественную, такую неуверенную и робкую.

Маша Симонова и Валя Серова — дочь и мать — прожили совершенно разное детство. Валя — в мире приближающегося, нарастающего волнами восхищения окружающих. Маша — в непрерывном страхе, болезненном ожидании трагедии. Они обе любили своих матерей. Несмотря ни на что. Для Вали мир матери был миром театра, осязаемого счастья творчества. Для Маши Симоновой мир матери был тяжелым, почти невыносимым миром одиночества.

Боль эту Маша не забыла. Она лучше всех помнит одиночество матери, и именно она разделила горькую ущербность выброшенного из жизни человека до самого дна. Именно она испытала на себе, что значит быть отвергнутой непонятно за какие грехи.

Ее не пускали в дом отца. Ребенок мог оказаться зараженным вирусом распада. А в доме росли две девочки. Сашка родилась в тот год, когда Серова и Симонов развелись. Маша всегда боялась и толком не знала отца, но однажды все-таки осмелилась спросить: почему ей не разрешалось раньше, когда была маленькая, когда росла, познакомиться с сестрами, прийти к нему в дом, в его новую семью? Он ответил, что разговор такой с женой, Ларисой Алексеевной Жадовой, завел, но та возразила: «Ты можешь поручиться, что Валя у нас не появится?»

Симонов поручиться не смог, и больше этот разговор не возобновлялся.

Жена Симонова оберегала своих дочерей, Катю и Саню, от дурного влияния. Так, во всяком случае, это выглядело. На самом деле ей было бы крайне неприятно встретиться с Валентиной Васильевной. Нереально. Словно в жизнь новой семьи могло войти разрушительное начало, которое Лариса Алексеевна связывала с этим именем. И ничего не могло переубедить ее. Она была абсолютно права. Дискомфорт страшный, и о нем нечего и думать. Ни единым намеком никогда деликатный Симонов не беспокоил жену этой тенью.

Вернувшись из Ташкента, он построил новую дачу — в Красной Пахре, купил новую квартиру — на улице Черняховского, из общего с Валентиной ему остался только дом в Гульрипши.

В один прекрасный день Симонов сжег все ее письма, записки, рецензии, где упоминалось имя актрисы. Все. Бросил в камин с ожесточением и ненавистью в сердце.

Он приезжал иногда в квартиру своей бывшей жены. Очень редко, но в первое время бывало. Валентина держалась гордо, независимо. Симонов рассказывал ей, о чем пишет. Он доверял ее интуиции, и даже больше — все, что он писал до самой смерти (не статьи, не свои воззрения), художественно осмысливал, касалось его и ее, войны, отношений в те годы, и он никогда не мог писать о другом. Словно жизнь и творчество навсегда замкнулись на том времени, когда он был так отчаянно счастлив и несчастен одновременно.

Отвечая отповедью на заверения лечащего врача Серовой, Симонов оказался, конечно, прав.

Сначала, в первые годы после развода, Валентина действительно вылечилась от алкоголизма. Война вокруг Маши придавала ей решимости побороть свою болезнь. Она страдала, страдала по-настоящему, и страдала по его вине — так ей казалось. И это придавало жгучую чувственную остроту событиям вокруг дочери. Она понимала тогда, что реально еще затрагивает болевые точки Кости, что он еще болен ею, что чувствует ее и думает о ней, пусть даже так. Эта острая болевая причастность к нему длилась на протяжении всего процесса и давала ей силы. И даже отсутствие ролей, отсутствие работы она понимала как проявление его воли (о чем неоднократно упоминает и Маша). Именно его усилиями она потеряла друзей и связи (так ей казалось), и это тоже придавало горький пряный вкус ее отчуждению от большого процесса искусства, как она его понимала. Большой процесс — это когда письма в ЦК, Костина манера общения с власть имущими и знание того, что от них, их воли, связанной с волей Кости, зависит, что где-то открываются поры и для ее дыхания и закрываются, как теперь, тоже благодаря ему. И она жила ощущением жертвы любви, большой и горькой любви когда-то близкого человека. Но все же и этот период закончился... И позже Валентина — она была человеком очень здравомыслящим в свои трезвые минуты в последние годы жизни — не могла не оценивать себя реальной — старой, морщинистой, тяжелой, некрасивой. И она прекрасно ощущала свою некрасоту. Да разве можно такой сниматься, показывать себя? Дилемма. В том, что ее не снимали, помимо Костиной вины, была виной и ее былая слава. Красота, нежный облик, такой важный для сознания советского зрителя, должен был оставаться в полной неприкосновенности, как святыня. Как трофей войны. А эта тетка с жалким лицом, выходящая на подмостки Ленкома, — мало ли теток на нашем экране, на сцене? — но именно эта конкретная тетка до содрогания напоминала символ верности и женской гармонии былых лет, женщину, в которой «две рядом живущих души» составляли одно-единственное — сумасшедшее, отчаянное, веселое существо, и понять ее было трудно, а не любить — невозможно. Она была лучше всех прекрасных женщин, а стала хуже обычных баб, стоящих в очередях и работающих на стройках. Одни из последних известных фотографий в роли Греч («Так и будет») были сделаны в 60-м году. Говорят, эту роль она играла очень сильно. Но какое старое, несчастное лицо! А ведь Серовой — 40 лет, может быть, 44 года... Но это лицо уже настолько нехорошо собой! Не некрасиво — красота осталась, но это была красота, утопленная в таком горе и беде, что впору было бы спросить: где и кого эта женщина могла ждать, чтобы *так измениться*?

Страшные следы непонятного ожидания, непостижимо бездомные глаза...

В начале 60-х она снова работала в Театре имени Ленинского комсомола. Она выходила на сцену в роли тети Симы в арбузовской пьесе «Годы странствий» или тети Таси в пьесе «Чемодан с наклейками». Зрители в зале удивленно перешептывались, шуршали программками. «Неужели Серова? Может быть, однофамилица?.. Слушай, а правду говорят...» — и нет спектакля для этих зрителей. Она играет, но, чуткая, шестым чувством, улавливает, как шепот в зале превращается в громовые раскаты, словно дым разъедает глаза, ей хочется плакать. Она слышит свой приговор: «Серова? Нет! Такого не может быть! Это не Серова».

Иногда ее узнавали, с ней знакомились и случались неприятные истории. Считали, с Серовой можно позволить всякое... Мужчины в ее доме появлялись постоянно. Дочь ей не мешала, она безумно боялась гостей матери, запиралась в своей комнате и старалась отвлечься от происходящего во внешнем мире. Иногда случались кровавые истории. Один из приятелей ранил Валентину. Ножевая рана долго не заживала. Шрам навсегда изуродовал грудь.

Дочь тем не менее оставалась с матерью. Собственно, до поры до времени ей просто некуда было деться. Симонов свою Машку-таракашку (так называл он М. Симонову в раннем детстве) вниманием не баловал. Он писал в дневниках о двух дочках — Кате, приемной, и Саньке. Но дневник что — литература... Он же не хотел знать о дочери в реальной жизни. Друзья, которых Валентина когда-то принимала в Москве и в Переделкине, не желая причинять лишние неприятности писателю, отвернулись от Серовой. Как-то в кремлевской поликлинике Валентина встретила Караганова. «Вот друзья, которые меня бросили!» — холодно и четко отрезала Серова.

Старые друзья поначалу Валентину поддерживали. Ее не оставляла своим вниманием Серафима Бирман, пока сама была здорова. «Пройдут годы, — пишет В. Вульф, — Бирман окажется в Театре имени Моссовета, гениально сыграет Карпухину в "Дядюшкином сне" Достоевского, поставленном для Раневской, "переиграет" всех, познает недолгий успех, уйдет из театра, попадет в психиатрическую клинику и закончит свою жизнь в больнице в 1976 году. Серова будет в беде, в отчаянии, в сущности, вне театра, но добрые отношения, теперь уже далекие, сохранятся.

Изредка Серова писала Бирман, и та всегда отвечала ей.

"Валентина! Спасибо за память, которую вы сохраняете светлой. И я помню нашу совместную работу с хорошим чувством. Когда вы были счастливой, сильной, я могла Вас ругать, кусать, а сейчас не могу... Да и у меня поубавились душевные силы. Вот так.

Серафима".

...На открытке была нарисована пчела, и рукой Бирман сделана запись: "Пчелы на красивом и душистом цветке..." Даты нет, судя по всему, открытка написана в начале 70-х годов.

Или другая открытка:

"Живу тяжело: и горе, и здоровье, в особенности глаз больной. Устала жить, а жить по-человечески хочется. Милая Валя, очень тронута, что так долго меня помните.

Серафима"».

Не оставляла Валентину и Фаина Раневская, ездила к ней на дачку, построенную В. Половиковым.

Когда Серова ушла из Театра Ленинского комсомола окончательно, году в 1965-м, режиссер Самсон Самсонов пригласил ее на небольшую роль жены рыжего клоуна в фильм «Арена». Клоуна играл Глеб Стриженов, и коллизия в фильме показалась актрисе довольно интересной. Она работала с азартом. Но когда фильм вышел и актриса пришла на премьеру... Трудно сказать, возможно, кто-то позвонил и приказал вырезать лишние кадры. Сюжет Серовой из фильма исчез. В итоге в титрах фамилия осталась, а актриса мелькнула в последней общей сцене.

Симонов? Слишком жестоко... Алексей Кириллович написал про отца (по поводу высказываний Т. Окуневской): «...В судьи... призываю многочисленных друзей отца, актеров и актрис, с которыми он работал, выпивал, и даже тех, с кем романы водил: нанес ли он хоть малый урон чьей-нибудь творческой судьбе?»

О том, что отец не хотел, чтобы мать снимали, говорила мне Мария Кирилловна. Но — не знаю...

В 1965 году, к Дню Победы, Симонов прислал приглашение К.К. Рокоссовскому на встречу писателей-фронтовиков. Тот почему-то не приехал. Расхворался. Возможно, не захотел, возможно, знал о судьбе Серовой, больной, постаревшей синеглазой девочки из далекого 1942 года.

Между тем именно в тот год Серова бросила пить и поступила на работу в Театр-студию киноактера.

За многие годы своего существования конгломерат этот с огромной труппой кинозвезд прошлого так и не смог стать действительно театром. Здесь упокоились дерзкие начинания множества режиссеров и актеров. Приходил А. Дикий, потом Б. Бабочкин и, наконец, Лев Сергеевич Рудник, красавец, приглашенный С. Герасимовым из Большого драматического театра Ленинграда для преобразования сего несчастливого пасынка кинопроизводства в настоящий храм искусства. Рудник прославился своими многочисленными любовными похождениями, за которые временно поплатился ссылкой в Ростов, но скоро вернулся в Москву. Громкий роман с последовавшим еще более громким скандалом разразился у Рудника с Лидией Смирновой. В том же году в театр пришла и другая еще молодая звезда — тридцатитрехлетняя Татьяна Самойлова.

Театр киноактера знаменит был не только альковными историями. Серова, не снимавшаяся по-настоящему долгие годы, попала в «приют комедиантов» неприкаянных. Здесь пили по-черному и мужчины, и женщины. Почему, интересовались зрители, покупая программки или буклеты «Театрально-концертной Москвы», на каждую роль такое соцветие известнейших народу имен? Очень просто. Известнейшие страдали длительными запоями.

Валентина пришла с твердым убеждением: начнется работа — пить не будет. В театре репетировалась пьеса Горького «Варвары». С Горького началась ее сценическая слава. С Горьким связана короткая, но яркая удача в Театре имени Моссовета. Она была уверена, что и теперь возродится с Горьким. Хорошая примета — Горький, и она хотела играть Надежду Монахову. Ей не было еще пятидесяти...

Она выучила эту роль — работала с ней самостоятельно. Наивная. Роль ей не дали.

Сыграла несколько крохотных возрастных эпизодов. В «Детях Ванюшина» — генеральшу Кукарникову. Прочла Т. Уильямса и загорелась сыграть в «Трамвае "Желание"». Купила учебник английского языка и стала заниматься. Садилась к Машиному фортепьяно с нотами, сочиняла себе роль Бланш, разучивала песенки. Она часто начинала готовиться к какой-нибудь роли, знала, что никому не нужна, и все-таки выучивала текст, разбирала пьесу, словно это вопрос решенный.

Рудник смотрел на актрису с жалостью. Ролей не предлагал. Платил зарплату, держал — до пенсии. Она все еще жила надеждой.

В 1966-м умер Василий Васильевич Половиков. Он сделал все, что от него зависело, чтобы вернуть дочери имя. Но силы его иссякли. В один прекрасный день пошел в сберкассу за что-то платить и не вернулся. Не выдержало сердце. Дочь и жена похоронили его на Головинском кладбище.

А в 1968-м Валентину потрясла другая смерть.

В тот день семья отдыхала на даче в Подлипках. Серова раскладывала пасьянс на террасе. «Маяк» передавал какую-то веселую музыку. Потом новости. И вдруг она услышала по радио — умер Рокоссовский. Она смешала карты, посидела, потом встала, взяла сумку и побрела в соседний поселок, в магазинчик. Вернулась пьяная, вбежала в комнату, опять куда-то собралась. Дочь пыталась задержать ее, но она ударила Машу. Уже не мать, не добрая подруга: в состоянии опьянения она не походила на себя. Взгляд непроницаемый, действия необъяснимые. Откуда бралось, из каких глубин возникало это чудовище?

Впрочем, в тот год Серова еще боролась с собой, могла остановиться. Она страстно хотела вернуться в большое кино, и эта мысль не давала ей покоя. В журнале «Советское кино» (14.09.1968) появилась хорошая, откровенная статья — «Скажи эту фразу странно!..».

В. Серова размышляла об актерских переживаниях. О себе говорила мало:

«Есть проблема, которая не только занимает меня, а прямо-таки ранит в сердце. О ней я и хочу говорить в первую очередь. Хотя вряд ли скажу что-либо новое, так как об этом много говорено и написано.

Это — положение в кино актера, и особенно актрисы среднего возраста. Не правда ли, как странно, что такая проблема вообще существует? Казалось бы, наступило самое время для творчества — человек окончательно сформировался как личность, накопил богатый жизненный и творческий опыт, отточил мастерство, — и вдруг он начинает ощущать, что весь его актерский и человеческий багаж никому не нужен. Он смотрит с тоской и ненавистью на телефон, который упорно молчит, и с радостью хватается за пустяковые роли. А потом к нему идут негодующие письма зрителей: «Вы снялись в плохой роли». Приходится отвечать что-то уклончивое, подчас не совсем честное. Очень трудно объяснять, что не может актер жить без своей работы и что в ожидании интересной роли проходят иногда долгие годы... И вот поневоле берешься за типажные роли, а это штука весьма неблагодарная — играть самого себя.

Сейчас, когда я смотрю старые фильмы со своим участием, часто ловлю себя на мысли, что вот здесь нужно бы так, а здесь эдак сыграть... Но возможности использовать накопленный опыт — увы! — нет. Так почему же иные режиссеры разыскивают актеров, порой посредственных, «выписывая» их из других городов, где есть свои кино-

*студии, из различных театров, а то и вовсе снимают не-
профессионалов?*

*Когда актер долго не снимается, у него появляется чуть
ли не комплекс неполноценности. К девяти годам я переиг-
рала все детские роли в театре у матери. Сниматься начала с 16 лет.*

*А вот теперь невольно закрадывается мысль: неужели все
это ничего не стоит?*

*Недавно мне пришлось побывать в Туле, там я выступала
перед студентами пединститута. По правде говоря, очень не
хотелось мне туда ехать. И наверное, вы поймете почему!
Ведь — думала я — моя последняя большая роль в кино сыграна
10 лет тому назад в фильме «Бессмертный гарнизон». Зачем
же выступать перед людьми, которые тебя совсем не знают?
Но вышло все иначе. Меня не отпускали четыре часа...*

*Я говорю об этом не в целях саморекламы. Я лишь хочу
напомнить о нас. Ведь в аналогичном положении находятся
прекрасные актеры — Л. Орлова, М. Ладынина, Е. Кузьмина,
Э. Гарин и многие — ох, как многие! — другие.*

*Почему сложилось такое положение, ответить нелегко,
но среди виноватых я бы назвала в первую очередь авторов
фильмов — сценаристов. И в самом деле, большинство фильмов рассказывает о людях молодых. Ну а те, кому больше
тридцати, сорока, — уже не люди, что ли, не личности? Они,
что, не представляют никакого интереса? Это неправда. В
жизни всегда есть место всему, она невероятно разнообразна.
Кино же порой отражает ее как-то весьма односторонне.
Конечно, я понимаю, что кино обладает огромной популярно-
стью у молодежи, сила его воздействия очень велика, и поэтому его нельзя не использовать в качестве прежде всего
воспитания молодого человека. Но я не думаю, что молодежь
можно воспитывать только на примерах молодых же. Разве
не бывает людей старшего возраста, которым хотелось бы
подражать, у которых можно было бы учиться? Я вспоминаю
великолепную работу Раневской в спектакле Театра имени
Моссовета «Странная миссис Сэвидж». После спектакля я*

видела, как многие зрители — заметьте, молодые — плакали. А что делает Раневская в кино? Одно и то же из фильма в фильм: смешные взбалмошные старухи.

Не меньшая, а может быть, главная вина в том, что создается такое положение с актерами, лежит, по-моему, и на режиссерах. Не могу не сказать этого, хоть и рискую навлечь на себя их гнев.

Большинство наших кинорежиссеров сравнительно молоды, и нам, актерам старшего поколения, трудно с ними сработаться. Я никак не могу примириться с их стилем работы, если можно это назвать стилем. С их панибратским отношением к актеру. С их жаргоном. Слыханное ли дело, когда в качестве режиссерского указания слышишь: «Скажи эту фразу странно» или в качестве одобрения тоже отпускается скупое и нелепое «молоток!». Они со всеми на ты. А когда отойдешь от режиссера на два шага, он спрашивает у ассистента: «Как ее зовут, эту пожилую даму?»

Вы скажете, что все это мелочи. Допустим. Хотя я не представляю, как мог бы Станиславский или Вахтангов так разговаривать с актером. Однако бывает и того хуже. Тебе звонят (долгожданный звонок!), предлагают эпизод или небольшую роль, вызывают на пробу. Срываешься с места, пускаешь по боку все личные планы, приезжаешь на студию. Худсовет одобряет пробу. Начинаешь размышлять о роли. Ждешь. Ждешь день, два, пять. Наконец, робко звонишь режиссеру и слышишь: «У меня изменились планы».

Нет у многих наших режиссеров любви к актеру. Вот снялся актер в фильме и немало способствовал его успеху. Казалось бы, у режиссера должно возникнуть желание работать с ним и дальше. Не может же актер исчерпать себя в одном фильме, да и с режиссером у него найден общий язык, понимание и т.д. Однако режиссера «тянет на новенькое». А ведь бывало, весь фильм ставился на одного актера. И как много может дать в таком случае этот один актер!

Бывает, что актер сразу же получает ту роль, которая как бы создана для него, полностью совпадает со всеми его

*данными, делает его известным. Но это бывает так редко!
Например, прекрасный актер И. Смоктуновский стал известен, когда ему было за 35, сыграв в театре роль князя Мышкина. Удачнейшее актерское и режиссерское попадание... Или появление Р. Марковой в фильме «Бабье царство». Ведь страшно даже подумать, что этого могло и не быть! Однако же как часто этого не случается. Об этом никто не знает. Режиссеры боятся риска, а в результате лишают себя чести и счастья открыть талант, а нас, актеров, — возможности искать себя.*

А ведь без риска нет открытий, как без поиска нет творчества».

Потом общественность вспомнила: тридцать лет назад вышел фильм «Девушка с характером». У Серовой («веха нашего кинематографа, национальное достояние») взяли интервью:

«В.В. Некоторые зрители считают вас актрисой комедийного плана. Согласны ли вы с такой оценкой?

— Мне думается, этого ошибочного мнения придерживается молодежь, не знакомая с моей работой на сцене. К комедийным никак не причислишь ни роль Роксаны в пьесе «Сирано де Бержерак», ни роль Джесси в «Русском вопросе» К. Симонова, ни роль Софьи Ковалевской в одноименной пьесе братьев Тур. Это роли драматического плана, доставившие мне в свое время огромное творческое удовлетворение.

Ни комедийной, ни голубой не назовешь и роль Лизы, над которой я работала в фильме А. Столпера «Жди меня».

Если говорить о несыгранных ролях, то не один год мечтаю я о героине повести Лескова «Леди Макбет Мценского уезда». Может быть, на сцене Театра киноактера, где я сейчас работаю, моя давняя мечта и осуществится...»

Конечно, она понимала, что говорит вздор. Ничего не будет больше. Никогда.

Она снова запила, очень похудела. Тряслись руки, мятое, серое лицо розовело и разглаживалось, когда хмелела.

Многим казалось, что ее уже давно нет, но она еще жила. Каждое утро начиналось со звонка в театр, и она искренне верила, что стоит только кому-то ответить ей, что работа есть, и жизнь возвратится к ней в полном своем звучании. Когда случайно ли, нет, но о ней вспоминали: «Есть небольшая работа», — она спешно собиралась, минимум косметики как всегда, как в молодости, и даже не выясняя, что за работа, какой спектакль, чей сценарий, бросалась в театр:

— На репетичку опаздываю, на репетичку!..

И вмиг легкой, звонкой и красивой становилась Серова, сквозь белую безжизненную маску словно видение возникала Катя, Лиза, Варя, юная девушка с блестящими огромными исподлобья глазами.

Вечером возвращалась. Выпившая. Сломленная. Глаза тусклые, мертвые, руки-ноги непослушные. Роли не нашлось.

Ее не обманывали. Просто в театре распределяли роли для нового спектакля, и диспетчер по старой памяти и любви считала, что Валентине в этом длинном списке найдется свой маленький эпизодик, свой мирок, в который она сможет окунуться.

А сама Валентина Васильевна не умела просить, заискивать, объяснять. Она умела говорить только прямо. И ей отвечали прямо — роли нет. И не будет. Она, как ни парадоксально, сохраняла такую недюжинную гордость, что одно это вызывало неприязнь.

Часто, ох как часто незнакомые люди шептали за ее спиной:

— Смотри, это Серова!

— Серова? Гляди, Серова!

— Не может быть, она же повесилась!

— Отравилась!

— Спилась!

А она еще ходила по заснеженным или грязным от сля-
коти московским тротуарам.

— Спилась... повесилась...

А она все видела и все слышала и старалась не замечать
этой холодной, как приговор, реакции.

— Никогда не оборачивайся, что бы ни случилось, что
бы ни сказали, как бы ни хотелось ответить, — учила она
Машу.

Маше хотелось вцепиться в этих теток, растерзать их.
«Не оборачивайся!» Легко сказать...

Откуда они все знают? Твою боль, неприкаянность. Нигде ничего не прочтешь. Никогда ничего не подтвердят. Но
холодными ветрами надует, напоет, наиграет — все знают.
Но знают не так, как ты хочешь. Не то, что ты знаешь про
себя. Ты думаешь, что все еще может измениться. Они точно знают, что с тобой кончено. Посторонние люди. А друзья? У них есть выбор. Все делится пополам. За — и против.
За — будет за того, кто сильнее. Ты уходишь с пути. Тебя
перестают замечать. Ты даже пытаешься выбраться, лечишь-
ся, ты приходишь к коллегам, но они словно зомбированы
ситуацией, словно запрограммированы на твою прозрач-
ность. Выбраться очень трудно. Власть Симонова делает тебя
именно жертвой. Идти не к кому. Просить некого. Даже
смешно. Постепенно у тебя отнимают любую возможность
реабилитироваться. Выбраться можно. Но если вспомнить,
если все время вспоминать те чудные, волшебные возможности, которые так рано подарила тебе жизнь, и перспекти-
вы, потерянные вместе с положением в обществе... Вспоминать, как в мозаике уходящего сна, парижские бутики
Диора и Шанель, московские барские, заставленные хрус-
талем и серебром столы, тонкие запахи непозволительной
по времени роскоши, улыбчивых, подпевающих твоим пес-
ням друзей на бесконечных вечеринках, любезных, готовых
исполнить любую прихоть, льстивых завистников. Сцену,
где ты царишь, съемочную площадку, которую плотным

кольцом окружают восхищенные твоей очаровательной улыбкой люди. Выбраться трудно. Редкие друзья постепенно стареют, теряются, уходят, не выдерживая твоего больного отчаяния.

Нет, она не жалела о потерянном. Не плакала у старого подъезда. Слишком гордая. И о своих изменах не жалела. «Нужно, чтоб исполнялись все желания. Тогда человек будет счастлив! И если желания не исполняются, человек делается несчастным. Неужели ты не понимаешь? Нельзя подавлять желания! Подавленные желания вызывают горечь!» — заповеди своей маленькой героини Лизы из запрещенного когда-то фильма А. Роома она следовала всегда. Другим она не лгала, так что ж лгать теперь себе? Так же воспитывала и Машу, с одобрением смотрела на ее искренность, на ее первые женские влечения и ошибки. Впрочем, взаимопонимания с дочерью она найти не могла.

Она почти ничего о себе Маше не рассказывала. Может, думала, что будет еще какое-то время, позже. Сначала, когда она вылечилась, говорить с ребенком на равных считала бессмысленным. Когда дочь подросла, ей не хотелось ничего узнавать. Напротив — забыть, уйти, сбежать из дома. Маша пробыла в доме бабушки недолго, но именно тогда усвоила уроки Клавдии Михайловны. К беде матери относилась точно так же, как те люди, которые окружали Серову. Раньше алкоголизм не воспринимали как болезнь. Тех, кто живет рядом, этот фактор безумно раздражает. Рушит семью, и выдержать невозможно.

Серова понимала, что ей надо продолжать лечение, но она безумно боялась и не хотела. Она еще много раз попадала в знакомую до боли «Соловьевку». Высокая изгородь разделяла отделения — интенсивное и терапевтическое. Однажды Серова лежала в терапевтическом отделении. В интенсивном — ее коллега по Театру киноактера Татьяна Самойлова. Они поддерживали, спасали друг друга, встречались у забора и часами беседовали.

Валентина выходила из состояния запоя с каждым разом все труднее и труднее. Ремиссия наступала быстро, все короче становились промежутки между приступами болезни.

Маша больше не находила в себе сил оставаться дома. Она сбегала, возвращалась и не могла общаться с матерью, выслушивать ее несвязные, сумбурные рассказы. Мать в периоды запоя ничего не ела, не спала, приходила к ней в комнату по ночам, но та затыкала уши и умоляла Валентину уйти...

Позже она жалела о своей жестокости, о чем писала в статье «Я помню...».

«...Помню смутно тепло и нежность, лучистые глаза на уже немолодом лице, которое неумолимо превращалось в искореженную временем и болезнью маску. Я не столько знала ее, сколько чувствовала ее душу. Но все-таки из двадцати пяти лет нашей с ней жизни, с моего рожденья до ее ухода, в общей сложности наберется десять лет, которые были отпущены мне, чтобы я жадно впитывала ее в себя. Но я не впитывала, предпочитала школьных подружек ее обществу. Стыдясь ее болезни, я боялась быть с ней на людях, сторонилась тех, кто ее хорошо знал, прогоняла ее, когда вдруг среди ночи она будила меня, чтобы рассказать что-то. Мне невыносимо было видеть ее лицо. Но были и другие — редкие дни, когда ей удавалось гасить свою боль-болезнь, когда мы дружили, она строила планы и — очень редко и скупо — вспоминала...

...У окна — бюро со множеством ящичков, в результате нескольких неквалифицированных реставраций чуть скособоченное. Над ворохом бумаг сидит женщина с копной изведенных пергидролем волос. Опухшие веки, резкие морщины. Над ее головой портретный снимок: красивое лицо, ненатуральность позы, улыбки, взгляда — чуть-чуть. Типичный снимок актрисы в роли. Как предсказано было:

> И, постарев, владелица сама
> Себя к своим портретам приревнует...

И эти два лица принадлежат одному человеку — не так давно актрисе в зените славы и теперь забытой почти всеми, исстрадавшейся, спившейся женщине. Моей матери...

Она сидит и, перебирая бумаги, что-то шепчет. Потом, подняв голову и обращаясь ко мне, с придыханием говорит:

— А хочешь, Маша, я прочту тебе стихи твоего отца, о которых он... забыл, конечно. — И уже только себе: — Не мог забыть, не смел, не смел!..

Она молчит, зажмурив глаза, и я вижу мутноватые слезы. Мне они кажутся неискренними, фальшивыми, я ненавижу мать, когда она пьяна, и не хочу, чтобы она читала.

— Нет, ты послушай, — говорит она, тряхнув головой. Этот жест, когда-то красивый и гордый, жалок сейчас, как и лицо ее в ореоле беспомощных, «пьяных» волос.

До 16 лет мать не показывала мне свой архив, над которым часто и подолгу сидела в нескончаемые периоды своих запоев. Трезвой она никогда не брала его в руки. Позже я узнала, что это были письма отца — довоенные, с фронта, после войны...

Тогда, сидя в своей комнате и перебирая эти письма, она ругалась и сыпала проклятия. Но никогда нельзя было понять, кого она проклинает, — об отце от нее я никогда не слышала ни одного дурного слова. Плакала, вдруг бросалась к телефону, звонить кому-то, но на середине номера замирала, медленно опускала трубку на рычаг...» (Цитируется по журналу «Огонек», № 7, 1995.)

Прелестная Роксана, создание юной Серовой, с красивым упреком обращалась к своему поэту — Сирано: «Письмо, что столько лет питало мне любовь...» Валентина была тогда дерзкая и сводила с ума своего поэта. Теперь она читала старые письма, и они казались самым ценным в жизни: «...*сейчас как будто держу тебя в руках и яростно ласкаю тебя до боли, до счастья до конца и не*

*желаю говорить ни о чем другом — понимаешь ты меня моя
желанная, моя нужная до скрежета зубовного».*

Симонов... Однажды она призналась: «Должно быть, я
была в чем-то очень виновата перед ним...»

Брошенная, ненужная, забытая, она много-много лет
подряд читала роман своей любви. Долго и несчастливо
жила одновременно с мифом о желанной Валентине Серовой. Была ли она в самом деле? Однажды решила, что
нужно вспомнить, как прошла жизнь. Хотела написать
автобиографию, но забросила. Остался только перечень
ролей да короткие сведения. Валентина Васильевна со-
ставила эту справку для получения какого-то документа.

АВТОБИОГРАФИЯ

1. ФИО: Серова Валентина Васильевна.

*2. Число, год, место рождения: 23 февраля 1919 г. в Харь-
кове.*

*3. Образование: незаконченное специальное — 1 курс ИТТИС
(теперь ГИТИС) им. Луначарского (1933—1934).*

4. Национальность: украинка.

5. Творческий профиль работы: актриса театра и кино.

*6. Звания, лауреатства, ордена, и т.д.: заслуженная ар-
тистка РСФСР (1948); орден «Знак Почета» (1948); орден
ФНРЮ «За заслуги перед народом» (1946); лауреат Гос. премии СССР (1949 г., за участие в фильме «Глинка»); медаль
«За победу над Германией» (1945); медаль «За доблестный труд
во время Великой Отечественной войны» (1945); Медаль «За
освоение целинных земель» (1962).*

7. Деятельность одновременно с работой в кино:

*1933—1950 гг. — Театр рабочей молодежи — ТРАМ. Впо-
следствии (с 1938 года) — Театр им. Ленинского комсомола.*

1950—1951 гг. — актриса Академического Малого театра.

1951—1959 гг. — актриса Театра им. Моссовета.

1959—1964 гг. — актриса Театра им. Ленинского комсомола.

С 1964 г. — актриса Театра-студии киноактера.

1941—1942 гг. — актриса Театра Драмы под руководством Горчакова.

8. Начало деятельности в кино: 1934 г. «Соловей-соловушка» — первый цветной фильм (Груня Корнакова в детстве), режиссер Н. Экк. Впоследствии, в связи с переработкой сценария, эпизоды в фильм не вошли.

9. Перечень картин, в которых принимала участие:

1934 г. «Соловей-соловушка» (эпизод в фильм не вошел).

1936 г. «Строгий юноша» (Лиза). Фильм не вышел.

1939 г. «Девушка с характером» (Катя Иванова).

1940 г. «Весенний поток» (Надя Кулагина).

1941 г. «Сердца четырех» (Галя Мурашова). Вышел в 1943 г.

1941 г. «Жди меня» (Лиза Ермолова).

1948 г. «Глинка» (жена М.И. Глинки).

1950 г. «Заговор обреченных» (Кира Рейчел).

1956 г. «Бессмертный гарнизон» (Мария Николаевна Батурина).

1967 г. «Арена» (жена клоуна).

1970 г. «Кремлевские куранты» (жена Забелина).

1972—1973 гг. «Дети Ванюшина». Эпизод.

РАБОТА В ТЕАТРЕ

Детские роли:
Театр-студия Малого театра:
1928 г. «Настанет время» Р. Роллана (Генри).
«За океаном» Гордона (Сын Эсфири).
1929 г. «Кин» (Слуга Кина).
1930 г. «Хижина дяди Тома».

ТРАМ (Театр им. Ленинского комсомола):
1934 г. А. Бруштейн «Продолжение следует» (Франци).
1935 г. А. Островский «Бедность не порок» (Любовь Гордеевна).

1936 г. Киршон «Чудесный сплав» (Ирина).

1937 г. А. Арбузов «Дальняя дорога» (Топсик).

1938 г. Н. Островский «Как закалялась сталь» (Тоня).

А. Пушкин «Дубровский» (Маша).

1939 г. И. Шток «Галина» (Галина).

К. Симонов «История одной любви» (Катя).

М. Горький «Зыковы» (Павла).

1940 г. Э. Ростан «Сирано де Бержерак» (Роксана).

Театр Драмы под руководством Горчакова:

1942 г. И. Тургенев «Дворянское гнездо» (Лиза).

К. Симонов «Русские люди» (Валя).

Театр им. Ленинского комсомола:

1944 г. Ч. Диккенс «Наш общий друг» (Белла Уильзаер).

К. Симонов «Так и будет» (Ольга).

1945 г. К. Симонов «Под каштанами Праги» (Божена Прохадко).

1946 г. К. Симонов «Русский вопрос» (Джесси).

1947 г. Агранович «В окнах горит свет» (Наташа).

1948 г. Братья Тур и Шейнин «Очная ставка» (актриса Асенина).

Братья Тур «Софья Ковалевская» (Ковалевская).

Малый театр:

1950 г. А. Островский «Без вины виноватые» (Коринкина).

Театр Моссовета:

1951 г. Н. Хикмет «Рассказ о Турции» (Гюзин).

1952 г. Пристли «Лиззи Маккей» (Лиззи).

1953 г. А. Софронов «Варвара Волкова» (Гончаренко).

«Чужой паспорт»

1954 г. А. Крон «Второе дыхание» (Лебедева).

1955 г. К. Симонов «История одной любви» (Катя).

М. Горький «Сомов и другие» (Лидия Сомова).

1956 г. Г. Мдивани «Тревожная ночь» (Наташа).

Театр им. Ленинского комсомола:

1959 г. К. Симонов «Так и будет» (Греч).

1960 г. Н. Погодин «Цветы живые» (Серафима).

1961 г. А. Арбузов «Годы странствий» (тетя Тася).

1962 г. Д. Угрюмов «Чемодан с наклейками» (тетя Сима).

1963 г. «Опасный возраст».

(Возможны ошибки: например, фильм «Жди меня» — 1943 год.)

Творческая биография ее уже оборвалась. В театре она сошлась одно время с Н. Мордюковой, З. Кириенко. Вместе уходили в загулы. Но Валентина — с обреченностью неизлечимо больного человека. В памяти актрис, у каждой из которых и своя жизнь складывалась не просто, встречи с Серовой в последние годы ее жизни оставили тяжелое впечатление.

«За несколько лет до смерти увидела на улице у винного магазина любимицу зрителей и испугалась. Неужели и я когда-нибудь могу так кончить? Сунула ей в руку какие-то деньги и побежала по тротуару...» — вспоминала Л. Пашкова.

«Валя была бедненько одета, очень нуждалась, наверное, не хватало на выпивку, и продавала все, что можно, — такой запомнила Серову в театре ее давняя подруга Л. Смирнова. — Помню, как она пришла за кулисы, у нас шел концерт, собралось много актрис — Ларионова, Алисова, Кириенко. Валя, видимо, очень хотела выпить, была возбуждена и предложила:

— Кто-нибудь купите кольцо.

Очень красивое кольцо было. Я так просила ее не продавать — мало ли что ее ожидает. Но одна из актрис тут же схватила его — дешево.

Через некоторое время Валя мне позвонила и сказала, что отыскала брошь, которую подарил ей когда-то Костя, и просила купить — ей нужны были деньги. Я снова умоляла не продавать. И покупать не стала, мне казалось, что это преступление».

Старалась в меру возможностей поддерживать Валентину (любимую актрису, идеал недосягаемой красоты и изысканности в 1946 году) И. Макарова:

«Как не хочется приближаться к этому «потом», а оно уже скоро, уже звенит долгими, нестерпимыми телефонными звонками, которые будят меня среди ночи. Я знаю, что это она, что сегодня она выпила больше, чем обычно, и ей плохо, надо с кем-то поговорить. Конечно, можно отключить телефон, ведь завтра с утра съемки, работа, нужно выспаться, но я беру в руки аппарат и плетусь с ним в ванную, чтобы никому не мешать своим полуночным разговором.

...Я знала, что она играла мало. Почти не снималась. Ее, конечно, по-прежнему помнили и любили, но время ее стойких, хрупких и своенравных героинь кончилось. Легенда Вали Серовой, потесненная волной новых имен и лиц, совсем отделилась от нее, став достоянием Госфильмофонда и редких юбилейных сеансов в Кинотеатре повторного фильма...

Прекрасная Валя Серова — неужели уход Симонова и все, что с ним связано, явилось для нее тем потрясением, после которого она не могла быть счастливой? Во время наших длинных бессонных разговоров по телефону я не спрашивала ее о К.М. Порой она сама порывалась мне что-то о нем рассказать, мило передразнивала его картавость и вдруг словно бы осекалась на полуфинале, замолкала или переводила разговор на другую тему. Но мне без всяких слов было ясно, что пятнадцать лет, прожитые с ним, не отпускают ее. Чужой, далекий, при всех своих регалиях и тиражах, при новой жене и дочке, он — никакое для нее не прошлое, в котором, как известно, было много других мужчин, а вечно длящееся настоящее. Его любовь, его стихи, его восторги и обиды, его обожание и ненависть, его усталость от нее, его одиночество и непроходящая тоска последних лет, когда стихи кончились и любовь кончилась, хотя тогда она нуждалась в нем больше, чем когда-либо прежде, — все это было сейчас, сию минуту. Всегда.

Мне кажется, я все еще слышу в трубке ее возбужденный, отрывистый голос. Она сдерживается изо всех сил и говорит с хладнокровным отчаянием пьяного человека, пытающегося сохранить невозмутимость, не взорваться потоком слез или проклятий. Похоже, она все еще пытается что-то доказать. Кому? Мне, себе, ему? Не важно! Ей надо выговориться. Только и всего.

...Что могло ее спасти — так это какая-нибудь хорошая роль, серьезная работа. Но призрак скандала, незримо присутствовавший за ее спиной, дурная молва и плохой диагноз, о котором все помнили, закрывали перед ней двери киностудий и столичных театров. К тому же ни для кого не было секретом, что Симонову неприятно любое упоминание имени Серовой, любое ее появление на сцене или экране. Об этом знало начальство, об этом знала она...

Иногда по ночам она читала мне стихи, пересказывала содержание понравившегося мне фильма или книги. Она восхищалась Симоной Синьоре, любила Чаплина, даже делала выписки из его мемуаров. Одну строчку помню до сих пор: «Я не был ангелом, но, насколько мог, старался быть человеком». Валя, вы не были ангелом, вы были женщиной. Абсолютной женщиной, может быть, поэтому вам было труднее, чем всем нам».

Константин Михайлович построил трем дочерям, Маше, Кате и, младшей, Саньке, по однокомнатной кооперативной квартире.

Маша наконец оставила мать окончательно, вышла замуж, родила сына, тяжело заболела, и Валентина сама взяла себя в руки, не прибегая к помощи лечебницы. Но продлилось затишье очень короткое время. Она пришла впервые к дочери и обнаружила в маленькой квартирке балкон. Она любила балконы, в Переделкине когда-то сама распорядилась сделать такой в ее спальне. Тут она загорелась, сразу предложила:

— Слушай, давай поменяемся.

Она очень хотела балкончик.

Меняться Валентина, конечно, не стала, осталась жить в своей большой квартире на улице Фадеева. Но продала дачу с прекрасным яблоневым садом, любовно построенную В.В. Половиковым для воссоединения семьи. Серовой дача была не нужна, дочь в Подлипки больше не приезжала, к себе Валентину старалась никогда не приглашать. Однажды сама собралась с двухлетним сыном к бабушке Вале, но та встретила ее нетрезвой. Маша испугалась за сына, развернулась и уехала. Больше Валентина никогда не видела внука. Машу видела, пару раз...

М. Симонова помочь матери не могла ничем. Ей пришлось уйти от Валентины, бросить ее, но сама она сумела устоять, устроить свою жизнь.

Толя Серов погиб... Он пришел из армии, мать не приняла его, не прописала. Он долго колесил по просторам Родины, пытался найти место под солнцем. Пил. М. Волина пишет об Анатолии Серове-младшем как о личности с ярко выраженным комплексом пиромании: устроил пожар на северной электростанции у зимовщиков, подпалил театр в городе Серове (бывшем Надеждинске, переименованном в честь отца, героя-летчика), куда временно устроился работать электриком, наконец, спалил дотла материнскую дачку в Подлипках. Ни об одном из этих поджогов тетка его, А. Серова, не рассказывала.

«Только был такой талантливый. Помню, он пришел к нам единственный раз в гости со своей женой, якуткой Ниной. Познакомился с моим сыном, тот учился тогда в МГИМО. Сына он покорил: «Мама, какой из него получился бы журналист! Какие бы он мог брать интервью. Какой язык!»

Но — его погубило вино».

У Анатолия родился сын Василий, внук Серовых. С женой он жить не стал, ребенка оставил, вернулся в Москву.

В Москве попал в компанию Изольды Извицкой, прекрасной, но пьющей актрисы, интересовался восточными религиями. Этот Анатолий Серов уже ничем не напоминал голубоглазого и белоголового мальчика Лапарузика: грузный, с грубым, оплывшим лицом и лысеющей головой дядька, инфантильный и больной алкоголизмом. Пьера Безухова из него не вышло, вышел заурядный алкоголик, опустившийся и беспомощный человек.

В столице он оказался человеком бездомным, скитался по знакомым и малознакомым приятелям, женщинам. Однажды, лечась в очередной раз в наркологической больнице, он встретил сестру милосердия Машу, верующую, немолодую, на много лет его старше, женился на ней и уехал жить в Монино, где наконец обрел какой-то угол.

А Валентина до последних дней своих привлекала внимание мужчин. Правда, внимание это близкие ее и знакомые расценивали по-разному. Собутыльники, аферисты, жаждущие получить неплохую квартиру больной актрисы...

А.К. Серова говорит, но, однако, не утверждает, что однажды в гости к Валентине приехал с Севера друг ее внука Василия, лет двадцати пяти, и остался жить на улице Фадеева на правах сожителя.

В черный период появилось несколько молодых людей. У Толиной жены был брат Борис, который приехал в Москву поступать в консерваторию и жил у Валентины, а потом появился его приятель, тоже музыкант. Возможно, речь идет о небезызвестном Юкочке — певце, работавшем постановщиком (рабочим сцены) в Театре киноактера, которого знала Л. Смирнова:

«Валя была одиноким больным человеком. Последнее время она дружила с одним рабочим. Он на съемочной площадке был постановщиком — то есть человеком, который должен прибить, починить, поставить. В театре это называется рабочий сцены. Парень был значительно моложе ее, красивый, образованный, тоже, конечно, пьющий. Он с ней делил досуг, провожал, встречал, заботился о ней. Валя долго вела дневники. Он с ней работал над ними и готовил их к изданию».

Однажды новая жена Анатолия, пожилая медсестра из Монина Маша, уговорила Анатолия поехать к матери, думая, что сможет примирить сына и Валентину. Анатолий к тому времени устроился в магазин грузчиком, пил, но находился под опекой своей милосердной жены-няньки.

Рассказ Маши, последней жены А. Серова-младшего, в пересказе М. Волиной печален:

«Анатолий букет купил агромадный... Явились в Оружейный (М. Волина пишет, что Серова жила в Оружейном проезде. — *Н.П.*)... с букетом! Позвонили. Вышел молодой человек... намного Анатолия помоложе... и говорит: «Валентины Васильевны нет дома!» Я спрашиваю: «А вы кто будете?» «Я — муж Серовой». Толя побледнел, из-под очков слезы ручьем, и не знает, куда букет девать. Я у него из рук эту роскошь вынула и говорю молодому человеку: «Ну что ж, раз вы муж ее — передайте ей от нас, поклонников ее таланта, цветочки». Спустились с лестницы, Анатолий остановился. Задыхается. «Она дома!.. Она меня из окна увидела... И велела своему очередному меня не пускать!» «Сволочь, а не мать!» — это я ему в утешение. А он? Солидный мужчина, брюхом дрожит и лопочет, и заикается: «Мамма! Ма-мма... Ма-м-мочка моя!» Я опять: «Сволочь!» А он: «Замолчи! Она самая несчастная!»

...Серова боялась одиночества... Кругом было пусто... Все, что можно продать, продано. Пропито. Из ценностей осталось пианино и сама квартира. Юкочка это усек. И охранял. И оберегал. И поэтому сам не пустил Анатолия на порог. Как Юкочка появился у Валентины — черт знает! Но ради Серовой он развелся с молодой женой и вселился в пустую (двухкомнатную!) квартиру в надежде на будущее.

Изящный, с миндалевидными глазами, Юкочка... пристроился в Театр-студию киноактера то ли рабочим сцены, то ли помощником реквизитора. На провокационные вопросы актеров: «Что вы здесь околачиваетесь? Кто вы такой?» — он отвечал, тупя глазки: «Я — муж Серовой!»

До «чертиков» Юкочка не напивался, знал меру. Серова зарплату принесет, пропьют вместе, а потом у него «сухой закон» до следующей выплаты. На вырученное от продажи остатков барахла (последней шубейки, последних туфлишек) он поил Серову (она дня без водки не обходилась), а сам грыз фисташки.

Валя Юкочкой любовалась и покровительствовала ему. Ущербный мальчик... Красив, нежен, а на одно ухо глух? И это при его музыкальности? Юкочка печально вздыхал: «Мечтал стать камерным певцом... роковой случай: дали по уху так, что барабанная перепонка лопнула». Наперекор глухоте Валя задумала сделать из Юкочки «камерного певца»! Садилась за пианино, аккомпанировала... Юкочка подпевал, не фальшивя, не детонируя. А потом подливал ей крепенького, целовал и спрашивал: «Валюнчик? А когда мы зарегистрируемся? Что же мне так на птичьем положении, без прописки у тебя жить?» Серова хлопала стакан за стаканом, не отвечала.

Юкочка был мерзок! Но лучше эта глухая, фальшивая, корыстная мерзость, чем пустые стены и черти в углах. При Юкочке черти не появлялись, а если появлялись, он умел прогонять их».

Сын Анатолий умер жарким днем 30 июня 1975 года от сердечной недостаточности, не дожив нескольких месяцев до тридцати шести лет.

«Он умер в Монино, — вспоминает А. Серова. — Похоронили мы его. Валентина на похороны даже не приехала. Не захотела. Такая деградация, что ничего знать не хотела. Словно и не мать она. Мы собрались, я, Надя, Володя мой. Последняя жена, Маша. Помню только кладбище деревенское, на кладбище церквушка, и мы вошли в эту церковь, а там он лежит и вокруг стоят монашки в черных платках и отмахивают мух. Страшно. Вот так... Мой брат трагически погиб в 1939-м, и вся его семья погибла... Наверное, останься Анатолий в живых, не случилось бы трагедии с его женой и сыном».

Впрочем, на похороны не приехала и сестра Анатолия, Мария Симонова, и его отчим, разумеется, тоже. Последний друг Серовой был, передал соболезнования. Сказал, что у Валентины Васильевны сердечный припадок.

Толя Серов прожил короткую, несчастливую, полную драматических событий жизнь, такую не похожую на короткую героическую жизнь отца. Следы его сына теряются в Якутии. Возможно, что у Серовых есть и правнуки. Возможно, они никогда не узнают о своих легендарных предках...

ГЛАВА 18

НЕЗАБВЕННАЯ

В конце осени 1975 года Константин Михайлович отпраздновал свой шестидесятилетний юбилей в Центральном Доме литераторов. На стендах выставки — вся жизнь писателя, и поразительно: ни одной фотографии Валентины Серовой. Ни единого намека, даже в афишах спектаклей, в которых она играла долгие годы, не было ее имени. Он был счастлив с новой семьей, и девочки — Катя, Саша, жена Лариса предстали перед публикой в милом домашнем фильме. Любой мог почувствовать — с этими женщинами связывает писателя самая искренняя нежность. Маша на юбилей пришла, и боль ее долго не проходила. Наверное, она нуждалась в отце, как ни один из гостей веселого праздника. Те люди, которым Симонов представлял старшую дочь, несказанно удивлялись: «Как, вы та самая?!» — как будто существование Маши прекратилось в далеком уже 1957 году.

Другие просто не замечали ее. Чужая, одна из всех детей — чужая. Она старалась никому не показать, как ей плохо. Позже, по горячим следам, рыдая, писала письмо, которое так никогда и не отдала отцу.

«Ты знаешь, как я отношусь к матери за то зло, которое она принесла тебе. Но ведь было же что-то хорошее, кроме ее тела, что сближало вас... Сложилось у нас с тобой так, что ты мне никогда не рассказывал, а я старалась ничего не спрашивать, кое в чем разобравшись сама, об остальном стараясь не думать... Папа, ты представь, мы никогда не говорили с тобой, а у меня столько накопилось за эти годы!.. Ведь я ничего никогда не знала о твоей жизни с мамой и без нее, с другой семьей...»

Она не нужна была отцу, мать не нужна была ей.

10 декабря 1975 года Валентина, прямая, угловатая, натянув сапоги на тощие ноги и надев старую шубу, отправилась за зарплатой в Театр киноактера. Вернулась, зайдя в магазин, домой. Маша ей не звонила. Зато звонила подруга, Елизавета Васильевна Конищева, набирала номер довольно часто. К телефону никто не подходил. Она знала о зарплате, и ее напугало недоброе предчувствие. Взяла сумку, купила по пути какие-то продукты: Валя давно, после смерти сына находилась в полубредовом состоянии, в магазин не ходила, дверь входную не открывала. У Лизы имелся свой ключ. Приехала на улицу Фадеева, открыла шаткую дверь. Один поворот... Квартира была необитаема.

Мертвая Серова лежала в коридоре на полу с разбитым, черным от запекшейся крови лицом, рядом валялась расколотая чашка.

Весть о смерти Серовой мгновенно облетела Москву. Слухи ходили самые разные. Прозвучало слово «убийство». Это было естественно: женщина, которую в памяти своей, и следовательно, в многочисленных сплетнях и вымыслах давно «похоронили», все еще жила! И теперь вот, пожалуй-

ста. Погибла. При невыясненных обстоятельствах. Сколько
ей лет? Пятьдесят девять? Пятьдесят шесть? Толком никто
не знал.

Естественно, что такая жизнь и должна была в сознании современников действительно завершиться трагически.
Еще не старая женщина, умерла одна (одна ли?), сутки лежала в пустой, обворованной спаивающими ее проходим-
цами квартире. Что случилось, кто виноват?

Из дома вынесли все, что поддавалось переноске вруч-
ную. Ни мебели, ни картин на голых щербатых стенах, ни
посуды. Что-то Серова продала сама, что-то было утащено.
Грязный пол, запах грима, дешевых папирос и вина. Архив
остался нетронутым, никто из приятелей Валентины Васильевны не посчитал, что старые письма представляют хоть
малейшую ценность. Все бумаги унесла дочь. Пришел сле-
дователь. Спросил, где архив. Собственно, он интересовался не уникальными документами, а связями погибшей,
которые могли бы пролить свет на странную смерть Серовой.

«Умерла она при невыясненных обстоятельствах, — пишет М. Волина. — Получила зарплату. Напилась. (Одна или
нет — неизвестно.) Утром пришел Юкочка. Он ее уже оставил (со своей ровесницей-женой опять жил), но ключ от
квартиры у него был. И он к Серовой иногда захаживал. 11
декабря он пришел, отпер дверь своим ключом: Серова в
кухне на полу мертвая. Позвонил в театр. Забрали. Официальное вскрытие показало: сердечная недостаточность, усу-
губленная ударом (падая, ударилась затылком. — *Н.П.*). Ра-
ботники морга говорили другое: удар по черепу был нанесен
тяжелым предметом, молотком или пестиком от медной
ступки...

Юкочку не задержали и не допрашивали. На него подозрение не пало. Слишком нежен и хлипок. Да и зачем Юкочке старую любовницу убивать? В квартире своей она его так
и не прописала, квартира государству отойдет, а взять с мерт-
вой нечего.

...Прошел слух: возле пивной неизвестный «коллега» бахвалился: «Я убил Серову, чтобы отомстить ей за Анатолия». Убийцу не искали. И естественно, не нашли».

Впрочем, Л. Смирнова писала, что последнего любовника даже не пустили на порог дома, когда он узнал о смерти актрисы: никто из родственников не признал его другом, имеющим право проститься с Серовой.

Придя в тот страшный день на квартиру к матери, М. Симонова взяла ее записную потрепанную книжку, исписанную сотнями номеров и адресов, и потом, рыдая, долго обзванивала знакомых.

— Нет, очень соболезнуем, прийти не можем...

— Заняты.

— Очень сожалеем, но — репетиция.

Многие жалели Серову, но почти никому не хотелось присутствовать на мучительной процедуре...

13 декабря 1975 года в маленькой колонке «Вечерней Москвы» сообщалось о смерти Валентины Серовой:

«Госкино СССР, Союз кинематографистов СССР, Театр-студия киноактера с глубоким прискорбием извещают о безвременной кончине заслуженной артистки РСФСР, лауреата Государственной премии СССР Валентины Васильевны Серовой и выражают соболезнование родным и близким покойной».

Только сообщение. И все. Не было никаких некрологов, статей и публикаций, сопровождающих обычно кончину людей, чем-то замечательных, известных и популярных.

Формально Валентина Серова была актрисой Театра киноактера. Ее панихиду разрешили устроить в здании театра на улице Воровского. Все организовали спешно-стремительно. Гроб с телом стоял в вестибюле. Было холодно, настоящий декабрьский мороз. Пришли немногочисленные коллеги. Венки купили дешевые, бумажные.

«Все стояли в зимних пальто, — писал В. Вульф, — и ждали, когда начнется гражданская панихида, а она все

не начиналась. Кто-то должен был приехать, то ли из
Союза кинематографистов, то ли из Госкино СССР, но
«начальство» все не приезжало. И вдруг за кулисами включили магнитофон, и над вестибюлем поплыл голос Серовой:

> Сколько б ни было в жизни разлук,
> В этот дом я привык приходить.
> Я теперь слишком старый твой друг,
> Чтоб привычке своей изменить.

В фойе послышались рыдания. Мгновенно началась панихида, как будто сорвалась плотина, актрисы и актеры выходили к гробу и говорили о Серовой с нежностью, болью,
обидой, горечью...

Шрамы от падения не мог скрыть грим, наложенный на
лицо покойной... На портрете, висевшем у гроба, у Серовой
было живое, нежное лицо, очень правдивое, уникально жен-
ственное, лицо, ставшее знамением 40-х годов, а в гробу
лежала измученная женщина, совсем не похожая на ту, что
была на портрете».

Есть вещи непостижимые. Как часто писали об этих печальных, жалких похоронах зимним днем 1975 года, но кажется — никто ничего не помнит.

«В это время Костя... находился в Доме творчества, в
Ялте. Мы бросились ему звонить, — вспоминает Л. Смирнова. — И когда я сказала Косте, что Вали нет, он закричал.
Я поняла, как ему было тяжело — такая любовь не прохо-
дит. Он попросил, чтобы купили побольше цветов и чтобы
на похоронах играла музыка, чтобы она пела свои песни.
Мы это выполнили. Ее слабенький, тоненький, нежный го-
лосочек звучал во время траурной церемонии...

Меня огорчила Клавдия Половикова, мать Серовой.
Та самая Клава Половикова, актриса Театра Революции,
которая дружила с Раневской. Она приехала. Всю жизнь

у матери с дочерью были плохие отношения. Мне кажется, они ревновали друг друга. На похороны дочери она пришла с каким-то мужчиной, постояла у гроба и ушла. Не поехала на кладбище. Мы Валю похоронили. Сын приходил, хулиганил, дрался. Как сложилась его жизнь дальше, не знаю...»

Это все поразительно. По сути. Сын умер в июне, за полгода до трагической гибели Серовой. М. Симонова утверждает, что и К.М. Половикова тоже умерла раньше Валентины. Кого видела Лидия Смирнова? Призраков? Загадка. Легенды продолжались, бессмысленно, но это так. Почему? Нет ответа. Неточность в жизнеописании, неточность в описании ее ухода...

Но вот А. Серова рассказала мне:

«Когда Валя умерла, то на похоронах ее не узнавали. Так, лежит какая-то женщина, старая, дряхлая, простая. А мать сидит и кулаком на нее — дескать, «вот до чего ты дожила!». Мать еще жива была. Маша пришла в цигейковом пальто и джинсах. Симонова на похоронах не было, он в Кисловодске отдыхал. Не далеко. Но он не захотел приехать. Любить так женщину и так отнестись! Говорят, он послал ей сто гвоздик».

Пятьдесят восемь — пишут биографы, пятьдесят восемь гвоздик пятидесятивосьмилетней покойнице.

Из книги «Розовые розы» Льва Карчера:

«Есть тайны человеческой души, тонкая, едва заметная в суете буден, давняя, но неисчезающая боль... Он был в Париже, когда умерла актриса Валентина Серова. Между ними давным-давно все было кончено... У каждого шла своя жизнь. Но поэт узнал, что ее больше нет, а далее — звонок международной:

— Лев Наумович, вас Константин Михайлович Симонов хочет слышать...

Он хотел меня слышать для того, чтобы попросить... Я выполнил его просьбу в точности. Купил огромный букет розовых роз — пятьдесят восемь — столько лет было Валентине Серовой, и принес в Дом кино, где стоял гроб с телом актрисы, и положил у ее ног эти прекрасные цветы. И произнес негромко:

— От Константина Симонова...»

Удивительная деталь! Даже после ее смерти, даже во время похорон, когда, казалось бы, совершенно не важно, какая версия истинна, тем не менее пишет человек, который сам лично возложил именно розовые розы (вместо гвоздик, которые запомнили многие), и не в Театре киноактера, где была панихида, а именно в Доме кино. Казалось, ничего не меняется — и все же. Дом кино — место, куда более в Москве престижное, как и розы престижнее, чем гвоздики, а Париж — чем Кисловодск или Ялта, куда отправляют Симонова другие очевидцы в день смерти Валентины...

Кто-то возмущался равнодушием бывшего супруга умершей, кто-то, напротив, восхищался красивым жестом — розами (или гвоздиками?).

Но нежелание прийти на похороны, на панихиду выглядело странным только в глазах людей посторонних. Дело заключалось вовсе не в том, что Симонов не мог приехать. И жена его, Лариса Алексеевна, поняла бы его, она знала, что эти чувства в нем живы. Но он не хотел видеть мертвую старую женщину с разбитым лицом. Симонов — среди бумажных венков, убогой процессии, пустых разговоров? На похоронах чужой, незнакомой женщины? Не его Васьки, а несчастной алкоголички. Невозможно.

На Головинском кладбище Валентину похоронили рядом с отцом, Василием Половиковым.

В богемных кругах скоро стали рассказывать за стаканчиком стишок:

> *Здесь спит Серова Валентина,*
> *Поэта верная жена.*
> *Здесь спит Серова Валентина...*
> *Впервые спит она одна...*

Эпитафию московская молва приписывала Константину Симонову: «*Моя и многих верная жена...*»

Впрочем, возможно, этот стишок написал о Валентине Серовой какой-нибудь известный московский поэт-острослов, имевший к Валентине чисто мужские претензии и брезгливо ею когда-то отвергнутый.

А Симонов вдруг, внезапно начал писать и писать, одну повесть за другой, пьесы, сценарии. Все — о войне, о любви, о женщине.

«Смерть Вали отпустила что-то в его душе. Странно, чужой уже, в сущности, человек, совсем-совсем забытый, а ушла — и словно закрыла за собой дверь из одной половины жизни в другую, и оттого та, первая, почти уж нереальная, вдруг потянула к себе. Он окончательно понял, что допишет две повести, которые одновременно просились на свет божий. Собственно... это будет роман в повестях. И назовет он его в соответствии со своими нынешними настроениями "Так называемая личная жизнь"».

Б. Панкин не упомянул — та, закрытая половина жизни тянула Симонова всегда. Связь не прерывалась.

До той поры он долго не писал прозы. Собственно, как закончил свой военный цикл. О чем писать? Все, о чем мог думать, было связано духовно с Валей.

Теперь ее смерть оживила, вернула силы. Плохое словно исчезло. И опять он вернулся к прошлому, о котором только и мог серьезно писать. И главным героем нового цикла он сделал военкора. Назвал его Лопатин. Скорее всего корреспондент «Красной звезды». Все как всегда. Еще раз уже старый человек — классик — писал о своей молодости.

Известной стала пьеса «Из записок Лопатина». Галина Волчек поставила ее в «Современнике». Лопатина играл В. Гафт. Персонажи все те же, знакомые. И судьба. Угадывался и старый Ленком, герои — его обитатели. Персонажи пьесы — Ксения, бывшая жена, Ника — любимая...

«В Лопатине все, конечно, узнавали его, Симонова, в «бывшей жене» — его бывшую жену, кого же еще. Ну а вот с Никой в воображении зрителей происходила заминка. В антракте, когда они с Ларисой степенно прогуливались в фойе, люди, он видел это, останавливали взоры на ней с немым вопросом и, судя по тому, как отводили глаза, не находили ответа. Замечал это не он один. Замечала Лариса. И замечали девочки, Катя с Санькой, которые в конце концов отбили у него мать и, взяв ее с двух сторон под руки, водили по фойе с таким видом, как будто бы кроме них троих на этом свете вообще никого не существовало».

Странно, почему Б. Панкин думает о «заминке» в сознании современников. Все помнили, и, конечно, все понимали, что и «бывшая жена», и Ника — всё это Женщина его судьбы. К которой у автора остались вопросы, не разрешаемые никогда. Женщина в разных ипостасях. Не та, которую совсем недавно хоронила на Головинском маленькая смущенная группа старых коллег. Другая, та, которой суждено было остаться в памяти людей благодаря ему, его редким давним поэтическим озарениям. Та, благодаря которой вспомнят иногда и о нем. Он мог сколь угодно убедительно отрицать след Валентины, и перед дочерью Машей в первую очередь. Он был гениальным оратором, мог блестяще оспаривать любое слово, и любую мысль, и предположение. Но там, где он бывал искренен, как в «Записках Лопатина», яркий образ той, единственной проступал со всей очевидностью. Уже тогда Симонов знал, не мог не знать и не понимать, что, собственно, только «С тобой и без тебя» останется в памяти поколений. Все. Он утверждал, что сжег мосты, что доказал — больше нет той любви. Но вышло наоборот.

> Я здесь ни с кем делиться не хочу,
> Свое ты редко здесь услышишь имя.
> Но если я молчу — я о тебе молчу,
> И воздух населен весь лицами твоими.
> Они кругом меня, куда ни кинусь я,
> Все ты в мои глаза глядишь неутомимо...

Десятилетия минули, старуха алкоголичка умерла. Лицо — осталось.

Можно отрицать безапелляционно. Но «К.М. Симонов, автор сценария «Двадцать дней без войны», сказал, что в пробе на героиню фильма я слишком напоминаю ему Серову, чем-то послужившей прообразом героини. А я-то как раз старалась напомнить... Потом попробовала другой вариант — все равно не утвердили», — удивлялась А. Демидова яростному симоновскому сопротивлению. Он злился, нервничал, требовал заменить актрису, хотя о схожести говорить смешно, так, легкие штрихи, ниточки бровей, волна белых волос, стиль сороковых. Но намека было достаточно. Демидову сняли с роли. Нику в фильме сыграла Людмила Гурченко.

Он все еще продолжал проживать заново и заново те годы, ту любовь, ту боль. И свою обиду.

Написал еще — «Мы не увидимся с тобой». Опять о жене, не слишком милой, не такой уж любимой. Ну и что же? Все-таки она одна владела им на странной, пограничной территории воображения, и он опять проживал сначала свою жизнь с ней, Валентиной.

Лариса Алексеевна была совсем другой, умной женой, авторитетным искусствоведом, чей интеллект ничуть не уступал симоновскому. Отношения складывались сложно, как сложны они бывают всегда между близкими талантливыми людьми в современном мире. Он не писал ей стихов, не делал ее героиней своих пьес и повестей.

Лариса Алексеевна родила Сашку, а ее Симонов любил не меньше, чем Валентину. Мистика, но из всех его детей именно Санька больше всего походила в юности на Серову. Непосредственная, своевольная, стихийная, непредсказуемая. И внешне — как ни парадоксально, единственная из всех детей Симонова — светленькая, очаровательная.

Как-то, году в 1982-м, я спросила Саню (мы вместе учились в аспирантуре), были ли у ее отца дети от Серовой. Я не знала. Саня сказала: «Да, сестра, Маша. Но она живет совершенно обособленно от нас, работает в газете. Мы редко видимся».

Саня никогда не оттолкнула бы Машу. Ни в детстве, ни в юности. Не ее вина... Но видимо, тогда Маша казалась действительно чужим человеком. Ревновала...

Симонов изъял упоминание о Серовой со страниц стихов. Посвящения. Только «Жди меня» — факт исторический, который уже не перечеркнешь с посвящением «В.С.».

В последних изданиях, десятитомнике 1979 года, цикл «С тобой и без тебя» завершается признанием в нелюбви... В «Разных днях войны» написал: «Все сколько-нибудь существенное, связанное с моей личной, в узком смысле этого слова, жизнью в те военные годы, сказано в тех из моих стихов этого времени и первых послевоенных лет, которые впоследствии соединились в цикл «С тобой и без тебя», в наиболее полном виде напечатанном в моей книге «Тридцать шестой — семьдесят первый». Желающих прочесть отсылаю к этой книге стихов, потому что ни дополнять их чем бы то ни было, ни комментировать их у меня давно уже нет ни причин, ни желания».

Симонов сделал все возможное и невозможное, чтобы стереть из памяти ту страсть, что сжигала его. Лирических стихов он больше не писал, с дочерью Машей был нарочито сух, имя Серовой не произносил никогда.

«Мама уничтожила многое. Оставшееся уничтожил перед своей смертью отец. Я долго не могла взяться, прочитать письма. Трудно... Но потом я все прочла. Я ходила все время как сомнамбула. Под впечатлением от прочитанных писем: его — ей.

А потом приехал папин секретарь Марк Келлерман:

— Маш, папа просит, чтоб все эти бумаги ты отдала ему.

— Папа просит? — говорю. — А он сам не может попросить?

Отец уже лежал в больнице. Я попыталась сопротивляться. Но это было невозможно. И тогда я села снимать ксерокопии. Ну какие ксерокопии — просто стала переписывать письма, муж помогал. Переписала не все, несколько десятков писем. Сколько успеешь за сутки? Было всего — листов 200, еще — рисунки, открытки, телеграммы, стихи от руки, записки.

На следующий день привезла этот архив к нему в больницу. Я увидела отца таким, каким привыкла видеть. Даже в эти последние дни тяжкой болезни он был как всегда в делах, собран, подтянут, шутил... Сказал мне:

— Оставь, я почитаю, посмотрю кое-что. Приезжай послезавтра. Может быть, я что-то верну тебе, я знаю, тебе нелегко расставаться с этой единственной памятью о матери.

Я приехала через несколько дней. И... не узнала его. Он как-то сразу постарел, согнулись плечи. Ходил, шаркая, из угла в угол по больничной палате, долго молчал. Потом остановился против меня и посмотрел глазами, которых я никогда не смогу забыть, столько боли и страдания было в них.

— Знаешь, прошло столько лет... А я вот перечитал все эти письма, и ощущение такое, что это было только что... Я говорил тебе, что уничтожу письма. Я уничтожу их. Не хочу, чтобы после моей смерти чужие руки копались в этом. — Потом, наверное, увидев мою растерянность, добавил: — Я не могу оставить это тебе. Всякое может случиться, а то, что здесь, — он легким движением тронул бумаги, — касается только меня и ее. Из тех писем, в которых речь о тебе, я вырежу личное и оставлю то, что касается тебя, и верну тебе их. Прости меня, девочка, но то, что было у меня с твоей матерью, было самым большим счастьем в моей жизни... и самым большим горем...»

Вскоре Симонов умер. Странно выглядело давно высказанное желание поэта — рассеять его прах по Буйническому полю под Могилевом, где сражался в 1941 году Кутеповский полк. Почему он так распорядился? Потому что не погиб там в 40-е годы? Он не был большим военным, полководцем. Но... вот единственный способ остаться с ней. Вернее, так — если не с ней, значит, ни с кем. Он не хотел, чтобы его хоронили с кем-то? Впрочем, все это не важно. Эта любовь, которой восхищались, эта книжка, маленькая книжка стихов для двоих, должны были соединить их там, и в любом случае он не мог бы ошибиться адресом. День выдался ветреный, тучи быстро бежали по небу, вечерело, но когда открыли урну и пепел полетел, внезапно тучи развеялись и показалось красное закатное солнце...

О Серовой долго не вспоминали, но прошли годы, и отношение к ней изменилось. Она стала героиней легенды, а забывать начали Симонова. Сначала переосмысливали его необозримое наследие, критиковали, осуждали и ругали за всевозможные властные деяния и нравственные ошибки, но еще иногда — печатали. В один прекрасный день художник Владимир Медведев, издававший книгу Симонова «Самые мои стихи...», обратился к Марии Кирилловне, и она дала прочесть несколько писем к матери — для настроения. Егор Яковлев напечатал эти письма в «Общей газете». Против воли Симонова. Наверное, Валентина Васильевна сама никогда бы не отдала их в газету, но, возможно, осталась бы довольна, узнав о публикации.

Удивительно, но читатели принимают эту старую историю близко к сердцу. Свидетелей романа и трагического разрыва поэта и актрисы почти не осталось. Легенд больше, чем фактов. Что правда, что фантазия в печальной драме актрисы, начавшейся в тот день, когда сияющая, как подсолнух, девочка, буквально ошеломив видавших виды знатоков, впервые вышла на московскую сцену вместе с матерью, и до той минуты, когда немногие любопытствующие и совсем редкие друзья пришли посмотреть в последний раз на разбитое, плохо загримированное лицо, белую маску?

Долгое время фильмы Серовой изредка показывались в Кинотеатре повторного фильма. Теперь, за неделю-другую до любого праздника, так или иначе связанного с войной, появляются в газетах программы, а рядом статьи о женщине, «не умеющей ждать», «безрассудно-щедрой на ласки», любимой и любившей, красивой и пропавшей. Статьи, похожие на правду, и вымышленные — с первого и до последнего слова.

А затем, после этих стратегических приготовлений, следует искать в программе те немногие фильмы 40-х годов. Они обязательно будут. В нужные дни тот, кто захочет, увидит героиню большой трагедии двадцатого века. Единственную. Ни с кем не сравнимую. По всему облику — ошибку, просчет нашего старого кино. Живую, естественную, обожествляемую и опозоренную Серову.

И затем — до нового праздника — о ней забудут...

Театральные старожилы рассказывают, что первым вспомнил о Серовой Марк Захаров на 40-летии Ленкома в 1978 году. Симонов, заслуженный автор театра, со всей семьей (кроме Маши) — на почетных местах. На стендах среди фотографий ни одного спектакля с участием Серовой, как будто тридцатые — сороковые, даже пятидесятые прошли без нее, она испарилась. И вдруг Захаров говорит:

— Нельзя не вспомнить прекрасную актрису, которая украшала наш театр, была его душой в те годы, — Серову. Валентину Васильевну Серову.

В зале — овация.

С тех пор о ее жизни много писали: Серова и Симонов — миф о великой любви, легенда об одном из самых громких романов XX столетия.

А правда Серовой — трагедия горького и безысходного отчуждения...

ВМЕСТО ПОСЛЕСЛОВИЯ

Бесспорно, Мария Кирилловна Симонова — единственный человек, чувствующий по-настоящему трагизм ушедшей для всех в прошлое истории, переживающий каждое написанное о ее матери слово. Подсознательно она боится цепкости мифа, имеющего свойство косить все новые поколения.

Но миф — категория философская. Мифы не придумываются специально, они рождаются самостийно, неподвластные чьей-то воле. Среди многих знаменитых, известных людей время выбирает, возможно, и не самых талантливых, уж точно не самых правильных героев и героинь, а тех, в чьей судьбе оно отразилось самым полным и в то же время самым причудливым образом. Чья жизнь — тайна, куда проникнуть не дано никому. И ошибаются исследователи, друзья и уж особенно больше всех пристрастные близкие люди...

Дочь слишком болезненно реагирует на беспардонность журналистов, когда они грубо, хотя и беззлобно, порой равнодушно вторгаются в жизнь давно умерших родителей. И старые письма она еще хранит, сожженные и несгораемые, и мать для нее существует как самый близкий человек и — как легенда, в которой она сама не в силах разобраться.

Я не хотела бы ее обидеть этой книгой, но...

Сохранились разные точки зрения, всевозможные версии, и я старалась ни одну не упустить — ведь вся история Серовой существует в легендах, пересказах — и показать актрису такой, какой она представала в глазах людей, запомнивших ее.

Трудно писать биографии известных людей. Книга не статья, ты вживаешься в коллизии чужой судьбы настолько, что,
кажется, начинаешь чувствовать персонаж. Так и с Серовой.
С тех пор как я увидела впервые ее детские, отроческие фотографии, она буквально заворожила меня. Само превращение
забавной девчонки в белокурую красавицу казалось загадоч-
ным, словно существовали две девочки. Одна — резкая, смелая, скандальная. Отпетая. Другая — тихая, нежная, милая, не
знающая ни одного дурного слова. Они так и выросли — в
двух разных женщин. Я долго думала: отчего? Отчего они не
вместе — Валька Половикова и Валентина Серова? Потом
поняла. Одна, та, которая была мила и нежна, возродилась
из старых фильмов, из рассказов Марии Кирилловны Симоновой.

Между тем история, изложенная дочерью Серовой в
многочисленных статьях, — такая же легенда, возможно,
самая трепетная и нежная, но это история запоздалой любви Марии Кирилловны к матери. Любви, которая гнезди-
лась глубоко внутри, но сформировалась постепенно, по
мере того как детская неприязнь дочери к матери-алко-
голичке была преодолена. *«Ведь я ничего никогда не знала
о твоей жизни с мамой и без нее, с другой семьей»*, — писала она отцу в декабре 1975 года. О перипетиях материнской судьбы рассказывали ей подруги Серовой после смерти актрисы.

Образ другой Валентины,

> ...злой и бесценной,
> Проклятой, — такой
> Нет в целой вселенной
> Второй под рукой,

возник по мере того, как я знакомилась решительно со
всеми источниками. Будь то рассказы Агнии Серовой, воспоминания Татьяны Окуневской, письма Серафимы Бирман, дерзкая, по сути, хулиганская книга Маргариты Во-

линой. И конечно, стихи Константина Симонова, его романы, дневники, повести, письма... Особенно стихи: поэт любил ее двойственность, он воспевал ее, он желал этой загадки...

Чтоб встретясь с ней взглядом
В бессонной тиши,
Любить в ней две рядом
Живущих души.

Не знать, что стрясется
С утра дотемна,
Какой обернется
Душою она...

Две женщины? Или же все-таки одна — разная, сложная? Та, что любила, без рассуждений отдавалась стихийным порывам, не умела лгать. Расплата последовала неминуемо. Она страдала, в конце концов — пропала, но все же прожила прекрасную и трагическую жизнь.

Содержание

РЕГИОНЫ:

- Архангельск, 103-й квартал, ул. Садовая, 18, т. (8182) 65-44-26
- Белгород, пр. Хмельницкого, 132а, т. (0722) 31-48-39
- Волгоград, ул. Мира, 11, т. (8442) 33-13-19
- Екатеринбург, ул. Малышева, 42, т. (3433) 76-68-39
- Калининград, пл. Калинина, 17/21, т. (0112) 65-60-95
- Киев, ул. Льва Толстого, 11/61, т. (8-10-38-044) 230-25-74
- Красноярск, «ТК», ул. Телевизорная, 1, стр. 4, т. (3912) 45-87-22
- Курган, ул. Гоголя, 55, т. (3522) 43-39-29
- Курск, ул. Ленина, 11, т. (07122) 2-42-34
- Курск, ул. Радищева, 86, т. (07122) 56-70-74
- Липецк, ул. Первомайская, 57, т. (0742) 22-27-16
- Н. Новгород, ТЦ «Шоколад», ул. Белинского, 124, т. (8312) 78-77-93
- Ростов-на-Дону, пр. Космонавтов, 15, т. (8632) 35-95-99
- Рязань, ул. Почтовая, 62, т. (0912) 20-55-81
- Самара, пр. Ленина, 2, т. (8462) 37-06-79
- Санкт-Петербург, Невский пр., 140
- Санкт-Петербург, ул. Савушкина, 141, ТЦ «Меркурий», т. (812) 333-32-64
- Тверь, ул. Советская, 7, т. (0822) 34-53-11
- Тула, пр. Ленина, 18, т. (0872) 36-29-22
- Тула, ул. Первомайская, 12, т. (0872) 31-09-55
- Челябинск, пр. Ленина, 52, т. (3512) 63-46-43, 63-00-82
- Челябинск, ул. Кирова, 7, т. (3512) 91-84-86
- Череповец, Советский пр., 88а, т. (8202) 53-61-22
- Новороссийск, сквер им. Чайковского, т. (8617) 67-61-52
- Краснодар, ул. Красная, 29, т. (8612) 62-75-38
- Пенза, ул. Б. Московская, 64
- Ярославль, ул. Свободы, 12, т. (0862) 72-86-61

Заказывайте книги почтой в любом уголке России
107140, Москва, а/я 140, тел. (095) 744-29-17

ВЫСЫЛАЕТСЯ БЕСПЛАТНЫЙ КАТАЛОГ

Звонок для всех регионов бесплатный
тел. 8-800-200-30-20

Приобретайте в Интернете на сайте www.ozon.ru
Издательская группа АСТ
129085, Москва, Звездный бульвар, д. 21, 7-й этаж

Справки по телефону:
(095) 615-01-01, факс 615-51-10
E-mail: astpub@aha.ru http://www.ast.ru

Литературно-художественное издание

Пушнова Наталья
Валентина Серова. Круг отчуждения

Редактор О.М. Тучина
Художественный редактор О.Н. Адаскина
Технический редактор О.В. Панкрашина
Младший редактор А.С. Рычкова

Общероссийский классификатор продукции
ОК-005-93, том 2; 953000 — книги, брошюры

Санитарно-эпидемиологическое заключение
№ 77.99.02.953.Д.001056.03.05 от 10.03.05 г.

ООО «Издательство АСТ»
170000, Россия, г. Тверь, пр. Чайковского, д. 19А, оф. 214
Наши электронные адреса:
WWW.AST.RU E-mail: astpub@aha.ru

ООО Издательство «АСТ МОСКВА»
129085, г. Москва, Звездный б-р, д. 21, стр. 1

Отпечатано с готовых диапозитивов в типографии
ФГУП «Издательство «Самарский Дом печати».
443080, г. Самара, пр. К. Маркса, 201.
Качество печати соответствует качеству предоставленных диапозитивов.